Pâtés et galantines

Couverture
- Maquette:
GAÉTAN FORCILLO
- Photo:
JEAN-FRANÇOIS AMANN

Maquette intérieure
- Conception graphique:
JEAN-GUY FOURNIER
- Illustrations:
ANDRÉ LALIBERTÉ

Équipe de révision
Daniel Ariey-Jouglard, Liane Bergon, Jean Bernier, Monique Herbeuval,
Hervé Juste, Jean-Pierre Leroux, Odette Lord, Linda Nantel,
Paule Noyart, Jacques Vaillancourt, Jacqueline Vandycke

Nous tenons à remercier tout particulièrement les personnes suivantes qui nous
ont gracieusement fourni quelques recettes:
Mme Armande Barrette, Chambly
M. Jean-Marie Gaultier du *Coin du Traiteur*,
900, Rachel est, Montréal
M. Dominique Truchon, cuisinier à l'*Auberge des Peupliers*,
381, Saint-Raphaël, Cap-à-l'Aigle, comté de Charlevoix

DISTRIBUTEURS EXCLUSIFS:

- Pour le Canada:
AGENCE DE DISTRIBUTION POPULAIRE INC.*
955, rue Amherst, Montréal H2L 3K4 (tél.: 514-523-1182)
* Filiale de Sogides Ltée

- Pour la France et l'Afrique:
INTER-FORUM
13, rue de la Glacière, 75013 Paris (tél.: (1) 43-37-11-80)

- Pour la Belgique et autres pays: S. A. VANDER
Avenue des Volontaires, 321, 1150 Bruxelles (tél.: (32-2) 762.98.04)

Patrice Dard

Pâtés et galantines

LES ÉDITIONS DE L'HOMME *

CANADA: 955, rue Amherst, Montréal H2L 3K4

*Division de Sogides Ltée

Données de catalogage avant publication (Canada)

Dard, Patrice

   Pâtés et galantines

   (Collection Cuisine d'aujourd'hui)

   2-7619-0559-8

   1. Pâtés (Cuisine). 2. Terrines. 3. Galantines.
I. Titre. II. Collection

TX740.D37 1985   641.8'12   C85-094277-2

© 1985 LES ÉDITIONS DE L'HOMME,
DIVISION DE SOGIDES LTÉE

Bibliothèque nationale du Québec
Dépôt légal — 4ᵉ trimestre 1985

ISBN 2-7619-0559-8

collection
CUISINE D'AUJOURD'HUI

Journaliste, écrivain, mais aussi restaurateur de grand renom, Patrice Dard, fils de Frédéric Dard, alias San-Antonio, est devenu, à quarante ans, l'un des plus célèbres auteurs d'ouvrages de cuisine.

Mariage subtil entre l'imagination du romancier et la précision technique du cuisinier, les livres de recettes de Patrice Dard connaissent partout un vif succès.

Patrice Dard appartient à cette génération de nouveaux chefs qui, tels Georges Blanc, Bernard Loiseau, Jacques Maximin, Marc Meneau, Joël Robuchon ou Guy Savoy, ses amis, préparent aujourd'hui les traditions de demain.

Cuisine d'aujourd'hui, c'est précisément le nom que Patrice Dard a choisi pour sa collection. Et ce n'est certes pas, vous le verrez, l'effet du hasard.

Avertissement

Le lecteur remarquera sans doute que quelques produits mentionnés dans ce volume sont introuvables dans sa région ou à certaines périodes de l'année. Pourtant, rien ne l'empêche de les remplacer par d'autres produits qu'il peut se procurer plus facilement.

Lorsque, par exemple, une recette parle d'un "merlan", le fait de remplacer ce "merlan" par un autre poisson oblige simplement le lecteur à un petit travail d'adaptation et d'invention qui lui permettra peut-être de progresser, d'affiner son goût et de parfaire ses techniques.

Bien qu'il soit toujours préférable d'utiliser les herbes fraîches, on peut les remplacer par des herbes séchées dans la plupart des cas. C'est la raison pour laquelle nous avons indiqué la quantité d'herbes fraîches et la quantité équivalente d'herbes séchées.

Certaines expressions utilisées comme une pointe ou une pointe de couteau ne correspondent à aucune mesure précise mais indiquent que le produit doit être versé avec parcimonie. Cela équivaut, si l'on veut, à une bonne pincée.

I

Avant-propos

Histoire et
petites histoires
du pâté et
de ses dérivés

Le pâté, la terrine, la galantine et les autres

On englobe généralement sous la dénomination de "pâté" toute nourriture réduite en hachis et suffisamment cuite pour être conservée plusieurs jours. Encore faut-il qu'il s'y mêle suffisamment d'aromates et d'épices pour en affermir et affiner la saveur et pour en assurer la conservation.

L'imagination créatrice et la gourmandise aidant, le pâté revêt plusieurs formes. Il peut être: terrine, pâté proprement dit, galantine ou ballottine.

Quand il s'agit de la "terrine", contenant et contenu se trouvent étymologiquement confondus puisqu'une terrine est, d'abord, un récipient en terre capable de supporter la chaleur du feu, puis par extension en porcelaine... à feu, voire en "pyrex". Et, tout naturellement, on a nommé "terrine" les préparations à base de viande, de poisson ou de légumes cuites, sans pâte, dans ces récipients, généralement tapissés de bardes de lard.

Puis, on a également donné le nom de terrines aux préparations cuites dans un moule métallique — pour plus de facilité — pourvu qu'elles ne soient pas enrobées de pâte.

Enfin, il arrive qu'on dépose dans des terrines utilisées alors comme de simples moules, des mélanges de petits dés de viande, de poisson ou de légumes, parfumés de fines herbes et d'épices et enrobés de gelée et qu'on leur donne également le vocable de "terrine".

En revanche, les pâtés sont faits de hachis de viandes ou de poissons, toujours enrobés de pâtes: soit feuilletée, soit briochée, soit — le plus souvent — de la pâte spécifique, dite "pâte à pâté". À la différence de la tourte, toujours servie chaude, le pâté... en croûte est le plus souvent servi froid et conservé plusieurs jours. Il atteint d'ailleurs son maximum de perfection après deux ou trois jours de repos et est fréquemment rendu plus délicieux par l'adjonction de gelée qu'on coule entre chair et pâte, en fin de cuisson.

Pour les galantines, c'est la peau de l'animal qui sert de "contenant" à la préparation de hachis et de farce. Plus besoin de pâte ni de terre cuite. L'animal est utilisé tout entier: peau, chair et très souvent os ou arêtes puisque ceux-ci entrent dans la confection de la gelée d'accompagnement ou du fumet.

La ballottine, enfin, est un sac, un "ballot" de toile dans lequel on enferme pour les cuire plus commodément les chairs et les épices qui feront le régal des gourmets.

Joindre l'utile à l'agréable

Entrée somptueuse, "protège-rôti", masque aimable pour l'utilisation des restes, terrines et pâtés sont toujours un moment privilégié dans le repas, ne serait-ce que pour la somme d'amour de la gastronomie et pour le souci du travail bien fait qu'ils représentent, pour l'imagination qu'ils requièrent aussi.

Quel artiste, quel gourmet, quel cuisinier inspiré a eu, le premier, l'idée de faire un pâté? Inconnu, il mérite que nous lui rendions grâces chaque fois que notre gourmandise est réjouie à cause de son talent.

Une chose est sûre: on trouve des recettes écrites et décrites de terrines et de pâtés dans les traités de cuisine grecque et romaine, dans les descriptions de festins des chroniqueurs et historiens.

Il y a fort à parier que, de toute antiquité, les maîtresses de maison économes, avisées et "gourmettes" ont compris l'intérêt qu'elles avaient à couper une viande en petits morceaux et à la cuire longtemps pour lui assurer une plus longue conservation. Rapidement, elles durent penser à mélanger plusieurs sortes de viandes, quand une seule catégorie ne suffisait pas, à y adjoindre épices et aromates pour flatter le goût des convives tout en préservant leur digestion, à les maintenir dans des lanières de viande ou de graisse, voire à les enrober dans de la pâte pour les cuire plus facilement.

Et puis, l'absence de fourchettes à table jusqu'à la fin du XVe siècle, en France tout au moins, faisait des pâtés des aliments pratiques et précieux.

Au Moyen Âge, les pâtés enchantèrent déjà les gourmets

C'est pourquoi ils abondent dans les traités de cuisine du Moyen Âge où l'art de la table s'est sophistiqué, pour employer un mot qui n'avait pas à l'époque le même sens qu'aujourd'hui. Les pâtés séduisaient en ce temps d'abord parce qu'ils donnaient lieu à des préparations savoureuses, ensuite parce qu'il fallait bien trouver une solution élégante et gourmande pour conserver pour les jours moins fastes le gibier qui arrivait parfois en abondance à la cuisine. Contrairement à une idée répandue, le Moyen Âge n'a pas été qu'une période où la famine a sévi. Les XIe, XIIe et XIIIe siècles ont été siècles d'abondance. Non seulement seigneurs et manants avaient le droit de chasser, mais ils avaient le devoir de le faire tant le gibier proliférait dans les énormes forêts. Les rivières étaient également fort poissonneuses. L'imagination des cuisiniers et le raffinement de l'art de la table firent le reste. D'utiles, terrines et pâtés devinrent agréables et se firent régal pour les palais. Une corporation naquit, les "pasticiers", ancêtres de nos traiteurs, chez qui on trouvait de délicieux pâtés tout faits, mais chez qui on pouvait également porter cuire ceux cuisinés à la maison, à moins qu'on ne leur apporte que la farce, leur réservant de l'enrober d'une pâte dont ils gardaient le secret.

Le goût de la farce

Le goût de la farce (sans jeu de mots) et du spectacle se donne d'ailleurs libre cours à cette période. Nous avons retrouvé une recette dans laquelle des oiseaux vivants étaient enfermés dans une croûte où on avait eu la précaution de déposer également des graines et du feuillage, et dont il est bien recommandé de percer le couvercle de petits trous pour que les bestioles n'étouffent pas. L'hôte à qui on souhaitait faire honneur avait le privilège de fendre le pâté et de voir les oiseaux effarouchés s'envoler sous son nez. Dans un de ses livres, Jeanne Bourin se fait l'écho du célèbre festin "Le Voeu du faisan" offert "en 1453 par le fastueux duc de Bourgogne Philippe le Bon... et dont l'un des plats était un énorme pâté qu'il avait fallu amener sur un chariot car il contenait 28 musiciens et leurs instruments". Ils n'étaient pas destinés à être consommés et... nous ne vous en donnerons pas la recette.

Si la Renaissance modifia les goûts culinaires de tout le sud de l'Europe, les pâtés restèrent au premier plan des préoccupations culinaires. Il n'est que de se reporter, entre autres, aux descriptions des fastueux festins qui abondent dans les contes de fées de Perreault, de Mme d'Aulnoy ou de Mme de Beaumont.

Toutefois, jusqu'à la fin du XVIIIe siècle, si l'on en croit le Grand Larousse, encore que le mets existât, le terme de pâté désignait d'abord un récipient en pâte, fabriqué par l'artisan pâtissier (survivant du pasticier du Moyen Âge) qu'il remplissait ensuite, ou qu'il vendait pour être rempli *ad libitum* à la maison. C'était en fait plutôt une croûte de vol-au-vent.

Plus près de nous, Grimod de la Reynière, Ali-Bab, Curnonsky et bien d'autres cuisiniers et gourmands célèbres, tels Charles Montselet ou Alexandre Dumas, accordent une grande importance aux pâtés et terrines dans leurs traités culinaires.

Au XIXe siècle, pas un banquet, officiel ou non, pas une réception de tête couronnée, pas un repas de fête, bourgeois ou paysan, où un pâté ne figure au menu.

Des recettes célèbres ont traversé le temps. Je n'en veux pour preuve que le fameux "Oreiller de la Belle Aurore" ainsi nommé par Lucien Tendret pour rendre hommage à Aurore Récamier, mère de Brillat-Savarin.

Terrine et diététique

La cuisine moderne, soucieuse de diététique autant que de raffinement fait une large place aux mousses de crustacés et de légumes. Tous les restaurants réputés ont à leur carte des terrines de gibier, de volaille, de poisson ou de légumes.

Les maîtresses de maison modernes, souvent absentes de chez elles toute la journée, cependant soucieuses de recevoir agréablement et de régaler leurs amis sans pour autant passer trop de temps aux fourneaux ont parfois recours à la formule: pâté-salade, ce qui est loin d'exclure raffinement et gastronomie.

Nous allons tenter d'en apporter la preuve et de donner, si possible, beaucoup d'idées nouvelles aux amateurs de pâtés, sans oublier pour autant les grandes recettes classiques qui ont fait la gloire de notre patrimoine culinaire.

II

Recettes de base

1. Court-bouillon
2. Fumet de poisson
3. Gelée de poisson au vin blanc
4. Gelée de volaille
5. Gelée de viande
6. Gelée de gibier
7. Gelée au madère ou au porto
8. Gelée à l'estragon
9. Fond de viande, de volaille, de gibier ou de poisson
10. Panade au pain ⎫
11. Panade à la farine ⎪
12. Panade à la frangipane ⎬ bases de farces
13. Mousse ou mousseline ⎪
14. Pâte à pâté ⎭
15. Pâte à brioche
16. Pâte feuilletée
17. Pâte demi-feuilletée

1. Court-bouillon

Pour 3 litres (12 tasses) de court-bouillon

2 litres (8 tasses) d'eau
1 bouteille de bon vin blanc sec (muscadet, bourgogne aligoté ou vin blanc de Savoie)
150 ml (2/3 tasse) de bon vinaigre de vin
2 gros oignons coupés en rondelles
2 carottes taillées en bâtonnets
Les queues d'un bouquet de persil
2 gousses d'ail
1 branche de thym frais ou 1 c. à soupe (1 c. à table) de thym séché
2 feuilles de laurier
1/2 c. à café (1/2 c. à thé) de graines de coriandre
2 c. à soupe (2 c. à table) rases de gros sel
10 g (1/3 oz) de poivre en grains

- Mettez tous les ingrédients (sauf le poivre) dans une casserole et laissez bouillir doucement pendant 1 heure.
- 10 minutes avant la fin de cuisson, ajoutez le poivre.
- Passez. Laissez refroidir.

2. Fumet de poisson

Pour 1 litre (4 tasses) de fumet

1 kg (2 lb 3 oz) d'arêtes et de parures de poisson: merlan, sole, barbue, etc.
1 litre (4 tasses) d'eau froide
150 ml (2/3 tasse) de bon vin blanc sec (muscadet, bourgogne aligoté ou vin blanc de Savoie)
Le jus d'un citron et éventuellement le zeste du citron, si vous êtes sûr qu'il n'a pas été traité aux produits chimiques
1 échalote
2 oignons
1 bouquet garni: persil, thym, laurier et 1 branche de céleri
Si possible, des parures de champignons
1 pincée de sel
Quelques grains de poivre
50 g (2 oz) de beurre
1 carotte

- Épluchez, lavez et émincez finement la carotte, l'échalote, les oignons et les parures de champignons.
- Dans une casserole, mettez le beurre et faites revenir, sans dorer, l'émincé de légumes.
- Concassez les parures et les arêtes de poisson. Ajoutez-les dans la casserole.
- Faites revenir le tout en tournant avec une cuillère en bois pendant 4 à 5 minutes. Mouillez avec l'eau, le vin et le jus de citron. Ajoutez le bouquet garni. Salez.
- Faites bouillir et laissez ensuite frémir à découvert pendant 20 minutes. À mi-cuisson, ajoutez les grains de poivre. Passez au chinois. Pressez les arêtes avec une cuillère.
- Réservez jusqu'à l'emploi, au réfrigérateur où il peut se conserver pendant une huitaine de jours, si vous avez la précaution de le remettre à bouillir 5 minutes, tous les deux jours.

- **Note** : Pendant la première cuisson, ne laissez surtout pas votre fumet bouillir plus de 20 à 25 minutes, faute de quoi il deviendrait amer.

3. Gelée de poisson au vin blanc

Pour 1 litre (4 tasses) de gelée

750 ml (3 tasses) de fumet de poisson (voir recette n° 2)
150 ml (2/3 tasse) de bon vin blanc sec
2 blancs d'oeufs et leurs coquilles
2 c. à café (2 c. à thé) de gélatine en poudre ou quelques feuilles de gélatine

• Faites bouillir le fumet de poisson auquel vous aurez ajouté le vin blanc sec.

• À ébullition, jetez dans le liquide les blancs d'oeufs et les coquilles concassées, et faites bouillir de nouveau. Toutes les impuretés du fumet vont se rassembler autour des blancs d'oeufs coagulés et des coquilles. Laissez frémir 20 minutes.

• Passez au chinois pour avoir un liquide très clair.

• Ajoutez la gélatine et remuez constamment jusqu'à ce que la gélatine soit entièrement fondue.

• Mettez à prendre au froid.

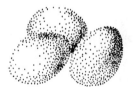

4. Gelée de volaille

Pour 3 litres (12 tasses) de gelée

1 kg (2 lb 3 oz) de jarret de veau
1 kg (2 lb 3 oz) de gîte de boeuf
2 pieds de veau
600 g (1 lb 5 oz) d'os de veau
1 kg (2 lb 3 oz) d'abattis de volailles et de carcasses. Demandez à votre volailler de vous donner des pattes de volailles.
3 carottes
1 poireau
2 oignons piqués chacun d'un clou de girofle
1 bouquet garni: persil, thym, laurier et 1 branche de céleri
Sel et poivre
5 litres (20 tasses) d'eau
2 blancs d'oeufs et les coquilles concassées

- Échaudez et grattez bien les pattes de volaille.
- Concassez tous les os et procédez ensuite comme pour la gelée de viande (recette n° 5).

5. Gelée de viande

Pour 3 litres (12 tasses) de gelée

1,25 kg (2 lb 11 oz) de jarret de veau
1 kg (2 lb 3 oz) de rondin de gîte de boeuf
2 pieds de veau
1 kg (2 lb 3 oz) d'os de veau
150 g (5 oz) de couenne de lard
3 carottes
1 poireau
2 oignons piqués chacun d'un clou de girofle
1 gros bouquet garni: persil, thym, laurier et 1 branche de céleri
2 gousses d'ail
5 litres (20 tasses) d'eau

- Désossez les pieds de veau. Concassez les os. Mettez tous les éléments dans un grand fait-tout. Salez. Portez à ébullition. Écumez et dégraissez en cours de cuisson. Laissez mijoter doucement à feu réduit pendant 4 heures au moins.
- Retirez la viande. Passez une première fois à travers une passoire pour recueillir les débris de légumes et d'os, puis mouillez une étamine et passez de nouveau le liquide.
- Remettez-le dans un récipient allant au feu, et portez à ébullition. Ajoutez les blancs de 2 oeufs et les coquilles concassées et faites bouillir doucement pendant 20 minutes. Toutes les impuretés du bouillon s'aggloméreront aux blancs d'oeufs coagulés.
- Filtrez de nouveau à travers une étamine. Faites prendre au froid.

- **Note** : Il est rare qu'on ait besoin de 3 litres (12 tasses) de gelée à la fois. Je vous conseille de fractionner cette gelée en portions de 500 ml (2 tasses) ou de 1 litre (4 tasses), et de les conserver au congélateur.

6. Gelée de gibier

Pour 3 litres (12 tasses) de gelée

600 g (1 lb 5 oz) de jarret de veau
1,25 kg (1 lb 11 oz) de gîte de boeuf
500 g (1 lb) d'os de veau
1 kg (2 lb 3 oz) au moins de carcasses et de bas morceaux de gibier
3 carottes
1 poireau
2 branches de céleri
2 oignons piqués chacun d'un clou de girofle
1 gros bouquet garni: persil, thym et laurier
4 ou 5 baies de genièvre
Sel
1 c. à café (1 c. à thé) de poivre en grains
5 litres (20 tasses) d'eau
2 blancs d'oeufs et les coquilles concassées

- Procédez comme pour la gelée de volaille (recette n° 4).
- Poivrez 10 minutes avant la fin de cuisson.

7. Gelée au madère ou au porto

Pour 1 litre (4 tasses) de gelée de viande (recette n° 5)

100 ml (1/3 tasse) de madère ou de porto

- Faites fondre doucement 1 litre (4 tasses) de gelée de viande.
- Ajoutez 100 ml (1/3 tasse) de madère ou de porto. Mélangez bien.
- Faites de nouveau prendre au froid.

- **Note** : Attention, si vous utilisez de la gelée que vous avez conservée au congélateur, ne la remettez en aucun cas à congeler.

8. Gelée à l'estragon

Pour 1 litre (4 tasses) de gelée de viande (recette n° 5)

3 branches d'estragon frais ou 5 c. à soupe (5 c. à table) d'estragon séché

- Faites fondre doucement 1 litre (4 tasses) de gelée de viande.
- Ajoutez les branches d'estragon et laissez frémir pendant 10 minutes.
- Faites de nouveau prendre au froid.

9. Fond de viande, de volaille, de gibier ou de poisson

- Utilisez les mêmes éléments et les mêmes proportions que pour les gelées de viande (recette n° 5), de volaille (recette n° 4), de gibier (recette n° 6) ou de poisson (recette n° 3), mais compensez l'évaporation du liquide à la cuisson en ajoutant le même volume d'eau.
- Votre fond restera liquide.
- Vous pourrez l'utiliser pour la cuisson des ballottines, pour la confection de sauces d'accompagnement pour les pâtés, terrines et galantines, ou, si vous êtes très pressé, pour en faire des gelées, en y ajoutant de la *gélatine* en feuille ou en poudre, dans les proportions suivantes:

5 feuilles pour 1 litre (4 tasses) de liquide, ou 2 à 3 c. à café (2 à 3 c. à thé) de poudre pour 1 litre (4 tasses) de liquide.

- Faites dissoudre la gélatine dans un peu d'eau froide, puis ajoutez-la au fond que vous portez à ébullition *sans cesser de remuer.*
- Retirez du feu au premier tour de bouillon.

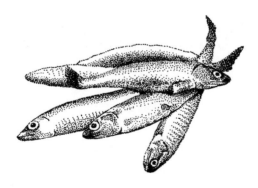

Bases de farces

Un des éléments constituant les pâtés, terrines, et galantines est une farce, différente suivant qu'il s'agit de poissons, de légumes, de viande, de volaille ou de gibier.

Mais ces farces ont une base commune qui peut être soit une panade (au pain, à la farine ou à la frangipane) soit une mousse (ou mousseline) à base de blancs d'oeufs et de crème fraîche.

Cette dernière a eu notre préférence dans la plupart de nos préparations, mais elle peut être à votre goût remplacée par une farce à la panade.

En règle générale, les panades ne doivent pas dépasser la moitié du poids de l'élément de la farce. Nous donnons donc les proportions pour 250 g (8 oz) de panade. Il vous sera facile de modifier les quantités nécessaires.

Il est évident que la crème utilisée pour les mousselines doit être de première qualité et très fraîche. Quant au blanc d'oeuf, je ne crois pas nécessaire de vous rappeler les dangers que présente l'absorption d'un blanc d'oeuf de fraîcheur douteuse.

Enfin, il est indispensable de placer dans un grand saladier rempli de glaçons le récipient dans lequel vous travaillerez votre mousseline. C'est une des conditions de la réussite.

Nous vous donnons ci-après les recettes de base des farces pour pâtés, terrines et galantines. Mais les foies gras se suffisent à eux-mêmes et se présentent sans farce. Par contre, ils peuvent entrer dans la confection de farces particulièrement savoureuses.

Il va sans dire que ces farces peuvent être parfumées au cognac, au porto, aux fines herbes, etc. ou enjolivées de noisettes, noix, pistaches... mais nous le précisons dans chaque cas.

A. Les panades

10. Panade au pain

Cette panade convient pour les farces de poisson épaisses.

Pour 250 g (8 oz) de panade

150 g (5 oz) de lait bouillant
125 g (4 oz) de mie de pain blanc rassis
1 pincée de sel

- Faites bouillir le lait.
- Versez-le sur la mie de pain coupée en tout petits morceaux. Salez.
- Cuisez à feu vif en tournant constamment jusqu'à l'obtention d'une pâte homogène et qui se détache de la cuillère.
- Versez sur une assiette beurrée et laissez complètement refroidir en ayant soin de couvrir la panade d'un papier beurré pour éviter qu'elle noircisse.

11. Panade à la farine

Cette panade convient pour toutes les farces.

Pour 250 g (8 oz) de panade

150 g (5 oz) d'eau
25 g (1 oz) de beurre
75 g (2 1/2 oz) de farine
1 pincée de sel

- Dans une casserole, faites bouillir l'eau, le sel et le beurre. Hors du feu, ajoutez la farine d'un seul coup et fouettez vigoureusement.
- Remettez à feu vif et sans cesser de remuer, faites dessécher la pâte comme vous le feriez pour une pâte à chou. Quand la pâte se détache de la casserole en formant une boule, déposez-la sur une assiette beurrée et laissez-la refroidir en ayant soin de la recouvrir d'un papier beurré.

12. Panade à la frangipane

Cette panade convient aux farces de volaille ou de poisson.

Pour 250 g (8 oz) de panade

2 jaunes d'oeufs
50 g (2 oz) de beurre fondu
75 g (2 1/2 oz) de farine
125 g (4 oz) de lait
1 pincée de sel
2 tours de moulin de poivre
1 pincée de noix muscade en poudre

- Dans une casserole, mélangez bien les jaunes d'oeufs et la farine à feu doux, puis ajoutez le beurre fondu, le sel, le poivre et la muscade. Montez un peu le feu.
- Délayez avec le lait bouillant que vous ajoutez petit à petit sans cesser de remuer vivement.
- Faites épaissir au feu pendant 5 à 6 minutes en travaillant constamment cette préparation au fouet.
- Versez dans un plat beurré et recouvrez d'un papier beurré jusqu'à complet refroidissement.

B. Les mousses

13. Mousse ou mousseline

Pour 500 g (1 lb) de mousse

500 g (1 lb) de chair (poisson, viande, volaille ou gibier) bien préparée, sans déchet
2 blancs d'oeufs
500 g (1 lb) de crème fraîche (crème à 35 p. 100)
Sel et poivre

• Hachez très menu (ou broyez au mixer) les chairs entrant dans la composition de la recette choisie; puis passez-les au tamis.
• Placez ce hachis dans un récipient que vous placez dans un grand saladier rempli de glaçons. Salez et poivrez.
• Ajoutez peu à peu en remuant constamment les blancs d'oeufs, puis la crème par petites quantités.
• Si vous constatez que le mélange devient trop liquide, remettez le récipient dans son saladier au réfrigérateur pour qu'il redevienne ferme, ce qui demande généralement 15 minutes. Puis continuez à incorporer la crème fraîche en fouettant toujours vigoureusement jusqu'à l'absorption complète de la crème.
• Remettez au réfrigérateur en attendant d'incorporer cette mousse aux autres éléments de votre recette.

Différentes pâtes pour enrober les pâtés

Comme leur nom l'indique, les pâtés sont essentiellement constitués de chair (poisson, viande, volaille ou gibier) enrobée de pâte.

Cette pâte peut être, suivant les recettes:

- une pâte à pâté;
- une pâte à brioche;
- une pâte feuilletée;
- une pâte demi-feuilletée.

Nous vous donnons ces recettes dans les pages qui suivent, pour ne pas avoir à faire de redites fastidieuses tout au long des chapitres.

14. Pâte à pâté

Pour 1 kg (2 lb 3 oz) de pâte

550 g (1 lb 3 oz) de farine
150 g (5 oz) de beurre
150 g (5 oz) d'eau tiède
2 oeufs entiers plus 1 jaune pour dorer la pâte
15 g (1/2 oz) de sel
Lait

• Mélangez tous ces éléments dans une terrine après avoir fait fondre le beurre dans l'eau chaude, puis l'avoir laissé tiédir avant de le verser sur la farine.

• Ajoutez immédiatement le sel et les oeufs entiers, et mélangez vivement le tout.

• Roulez cette pâte en boule et laissez-la reposer dans un torchon dans le bas du réfrigérateur 5 heures au moins, une journée au plus.

• Au moment de vous en servir, abaissez-la sur une planche ou un marbre fariné.

• Réservez-en une quantité suffisante pour faire 2 couvercles à votre moule à pâté.

• Avec la plus grande partie de cette pâte, bien étalée, garnissez le fond et les parois d'un moule lisse. Remplissez avec les éléments de votre pâté.

• Abaissez la pâte qui reste pour en faire deux couvercles à la dimension du moule, l'un étant beaucoup plus mince que l'autre.

• Placez ce premier couvercle mince sur le pâté dont vous aurez humecté les bords pour que la pâte adhère bien. Faites de nombreuses entailles dans ce couvercle pour faciliter le passage des vapeurs de cuisson.

• Placez alors le deuxième couvercle, plus épais. Soudez-le à l'eau également. Faites un trou au centre et maintenez les bords écartés à l'aide d'un petit rouleau fait de bristol ou de papier d'aluminium.

• Si vous êtes adroit, découpez les restes de pâte en forme de feuilles ou de fleurs et, avec de l'eau, soudez-les sur le deuxième couvercle de pâte pour faire décor.

• Dorez avec un jaune d'oeuf délayé dans un peu d'eau et de lait légèrement salé.

• Laissez cuire environ 1 heure 30 minutes à four chaud, à 220°C (425°F).

15. Pâte à brioche

Pour 1 kg (2 lb 3 oz) de pâte

500 g (1 lb) de farine
200 g (7 oz) de beurre ramolli
15 g (1/2 oz) de levure sèche
100 g (3 oz) de lait tiède
4 oeufs entiers
1 c. à soupe (1 c. à table) rase de sel
2 c. à soupe (2 c. à table) d'eau ou de lait tiédi

• Préparez le levain avec 125 g (4 oz) de farine que vous posez sur une plaque farinée. Faites un trou au milieu. Délayez la levure dans le lait tiédi.
• Versez le liquide doucement dans la farine et incorporez du bout des doigts jusqu'à ce que la pâte soit assez molle.
• Roulez-la en boule, mettez-la dans une petite terrine et placez cette terrine, couverte, dans un endroit chaud pour que le levain fermente. La pâte doit doubler de volume.
• Pendant ce temps étalez en couronne le reste de la farine. Cassez 2 oeufs au milieu et 2 c. à soupe (2 c. à table) d'eau ou de lait tiédi. Mélangez à la farine du bout des doigts, puis travaillez vigoureusement la pâte en la soulevant et en la fouettant sur la table.
• Incorporez peu à peu les deux autres oeufs, puis le sel et le beurre. Vous devez avoir une pâte bien lisse et homogène.
• Renversez le levain dessus et mélangez encore en travaillant bien votre pâte.
• Remettez la pâte dans une terrine, couvrez-la et remettez-la à lever dans un endroit tiède.
• Au bout de 6 heures, travaillez-la de nouveau.
• Au moment de vous en servir, renversez-la sur une plaque farinée et étalez-la au rouleau. Elle doit donc être assez ferme.
• Pour chemiser le moule, procédez comme avec la pâte à pâté (recette n° 14).

16. Pâte feuilletée

Pour 1 kg (2 lb 3 oz) de pâte

400 g (14 oz) de farine
400 g (14 oz) de beurre
200 g (7 oz) d'eau
1 c. à café (1 c. à thé) de sel
Pour dorer: 1 jaune d'oeuf délayé avec un peu d'eau ou de lait

- Versez la farine en dôme sur une planche et faites un trou au milieu de la farine. C'est ce qu'on appelle "faire une fontaine".
- Mettez dans la fontaine un peu d'eau et le sel. Malaxez, puis ajoutez l'eau peu à peu sans cesser de travailler la pâte. Agissez rapidement, du bout des doigts. Allongez la pâte avec la main, puis repliez-la sur elle-même à plusieurs reprises. Quand la pâte est bien lisse, roulez-la et laissez-la reposer 2 ou 3 heures.
- Étendez-la alors au rouleau en carré d'épaisseur régulière et de 25 cm (10 po) de côté, environ.
- Vous aurez eu la précaution de laisser le beurre dans la pièce à température modérée de façon qu'il soit à consistance de pommade ni trop molle, ni trop dure.
- Tartinez le beurre sur la pâte jusqu'à ce qu'il la recouvre en entier.
- Repliez la pâte sur le milieu pour bien enfermer le beurre.
- Étalez la pâte au rouleau sur une largeur de 20 cm (8 po) environ et sur 1 cm (1/2 po) d'épaisseur. Pliez-la en trois comme une serviette: c'est le premier tour de feuilletage. Pliez-la de nouveau en 3 dans l'autre sens. Ce sera le second tour de feuilletage.
- Laissez reposer au frais pendant 10 minutes au moins.
- Abaissez de nouveau la pâte dans le sens contraire de ce que vous avez fait avant. Puis repliez-la par deux fois comme indiqué ci-dessus, mais toujours en inversant le sens. Laissez de nouveau reposer 10 minutes.
- Recommencez l'opération une troisième fois, et laissez encore reposer 10 minutes.
- La pâte est alors prête à être abaissée au rouleau dans la forme demandée par le pâté que vous voulez faire. Procédez comme pour la pâte à pâté (recette n° 14).

40

- **Note** : Tout ceci est long et peut vous sembler difficile. Votre pâtissier consentira peut-être à vous vendre la quantité voulue de pâte feuilletée si vous le lui demandez à l'avance.
- Vous pouvez aussi utiliser de la pâte feuilletée surgelée.

---

17. Pâte demi-feuilletée

Pour 1 kg (2 lb 3 oz) de pâte

400 g (14 oz) de farine
400 g (14 oz) de beurre
200 g (7 oz) d'eau
1 c. à café (1 c. à thé) de sel

- Mélangez la farine et le sel dans une terrine. Coupez le beurre en tout petits morceaux et amalgamez-le à la fourchette avec la farine et le sel, en mouillant avec l'eau que vous ajoutez peu à peu.
- Travaillez rapidement avec une ou deux fourchettes pour obtenir une boule lisse et ferme que vous enveloppez dans un papier beurré pour la mettre à raffermir au réfrigérateur pendant 1 heure.
- Farinez une planche et étalez votre pâte au rouleau comme il est dit pour la recette de la pâte feuilletée (recette n° 16). Repliez votre pâte de la même façon, et autant de fois que la pâte feuilletée.
- Pour foncer le moule, procédez comme pour la pâte à pâté (recette n° 14).

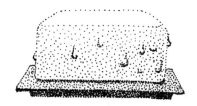

III

Sauces et salades d'accompagnement

Sauces pour pâtés,
terrines et galantines

18. *Beurre blanc*
19. *Coulis de tomates*
20. *Sauce aux canneberges (airelles) ou aux bleuets (myrtilles)*
21. *Crème au bacon*
22. *Sauce antiboise*
23. *Sauce à la menthe*
24. *Sauce fraîche aillée*
25. *Sauce à l'oseille*
26. *Sauce au cresson*
27. *Sauce aux anchois*
28. *Sauce aux champignons*
29. *Sauce aux groseilles*
30. *Sauce béchamel*
31. *Sauce froide au cari*
32. *Sauce mayonnaise*
33. *Mayonnaise à l'ail*
34. *Mayonnaise aux câpres*
35. *Mayonnaise au basilic*
36. *Mayonnaise aux fines herbes*
37. *Mayonnaise à l'estragon*
38. *Sauce Périgueux à ma façon*
39. *Sauce piquante aux tomates*

18. Beurre blanc

Pour 6 personnes

3 échalotes
150 ml (2/3 tasse) de vinaigre de vin
200 g (7 oz) de beurre très frais
Sel et poivre

- Épluchez et hachez finement les échalotes.
- Faites revenir les échalotes dans une noix de beurre, pendant 1 ou 2 minutes, sans les faire brunir. Salez, poivrez et ajoutez le vinaigre.
- Faites bouillir jusqu'à ce qu'il ne reste dans la casserole que 1 c. à café (1 c. à thé) de liquide.
- Passez à travers une passoire fine en pressant sur les échalotes pour qu'elles donnent tout leur parfum et tout leur suc.
- Mettez la casserole au bain-marie, sur le feu.
- Ajoutez le beurre par petits morceaux. Battez le mélange au fouet, sans arrêt. La sauce doit avoir une consistance onctueuse et légère.
- Salez, poivrez et servez immédiatement.

- **Note** : Ce beurre blanc peut être parfumé avec n'importe quelle herbe aromatique: cerfeuil (en fin de cuisson seulement, le cerfeuil ne supporte pas de cuire), basilic, estragon, etc.
- Vous pouvez le colorer avec un peu de paprika ou l'aromatiser d'une pointe de couteau de safran. Laissez libre cours à votre imagination.
- *Un truc* généreusement donné par Jacques Manière. Pour ne pas rater un beurre blanc, ajoutez à la réduction de vinaigre et d'échalotes 2 c. à soupe (2 c. à table) de crème fraîche (crème à 35 p. 100). Débutants, débutantes... *remember!!*

19. Coulis de tomates

Pour 600 g (1 lb 5 oz) de sauce

1,2 kg (2 lb 10 oz) de tomates bien mûres et fermes
2 échalotes
1 branche de basilic frais ou 1 c. à soupe (1 c. à table) de basilic séché
1 pincée de poudre d'anis
Quelques graines de coriandre
1 petite branche de thym frais ou 1 c. à soupe (1 c. à table) de thym séché
60 g (2 oz) de beurre
Sel et poivre

- Trempez pendant quelques secondes les tomates dans l'eau bouillante, l'une après l'autre. Vous pourrez ainsi beaucoup plus facilement enlever la peau.
- Coupez-les en 4 et enlevez les pépins.
- Dans une grande casserole, faites fondre le beurre, 30 g (1 oz) seulement.
- Épluchez et hachez finement les échalotes. Faites-les blondir, mais pas dorer.
- Ajoutez les tomates, le basilic, le thym, l'anis et la coriandre. Salez, poivrez et montez pour faire bouillotter pendant 15 minutes.
- Passez au chinois. Remettez sur le feu pour faire évaporer l'excès d'eau, s'il y a lieu.
- Retirez du feu et incorporez le reste du beurre.

- **Note:** Le basilic peut être remplacé, au besoin, par deux branches d'estragon frais ou 2 c. à soupe (2 c. à table) d'estragon séché.

20. Sauce aux canneberges (airelles) ou aux bleuets (myrtilles)

500 g (1 lb) de canneberges (airelles rouges) ou de bleuets (myrtilles)
1 litre (4 tasses) d'eau
150 ml (2/3 tasse) de bon vin de Bourgogne
Sucre

- Dans une casserole couverte, faites cuire les canneberges (airelles) bien lavées dans 1 litre (4 tasses) d'eau.
- Quand les canneberges (airelles) sont bien cuites, égouttez-les et passez-les au tamis fin.
- Remettez sur le feu avec le vin rouge, du sucre à votre goût et suffisamment d'eau pour obtenir une purée assez épaisse. Donnez un tour de bouillon pour que le sucre fonde bien et s'incorpore au mélange.
- **Note** : Il existe dans le commerce d'excellentes conserves de canneberges.

21. Crème au bacon

150 g (5 oz) de bacon en tranches fines
2 échalotes
250 g (8 oz) de crème fleurette (crème à 15 p. 100)
2 c. à soupe (2 c. à table) de vinaigre de vin
Poivre (pas de sel, le bacon étant lui-même assez salé)

- Épluchez les échalotes et hachez-les finement.
- Mettez à feu doux une casserole contenant le bacon coupé en petits morceaux et les échalotes, sans matières grasses. Remuez constamment.
- Dès que les échalotes sont translucides, ajoutez le vinaigre et faites cuire plus fort pour que le vinaigre s'évapore. Surveillez beaucoup, car le mélange brûle facilement.
- Ajoutez alors la crème. Poivrez et laissez mijoter à feu très doux (ou au bain-marie) jusqu'au moment de servir.

22. Sauce antiboise

Sauce mayonnaise (recette n° 32)
150 g (5 oz) de champignons de Paris
Le jus d'un demi-citron
2 tomates moyennes bien fermes
1 gousse d'ail
1 petite échalote
2 c. à soupe (2 c. à table) d'un mélange de fines herbes fraîches hachées: persil, basilic, menthe, cerfeuil, estragon (ou une partie de ces herbes seulement, suivant les possibilités du marché). Ou 1 c. à café (1 c. à thé) de ces herbes séchées.

* Coupez les champignons en petites lamelles, arrosez-les d'un peu de jus de citron pour qu'ils ne noircissent pas.
* Coupez les tomates épépinées en petits dés.
* Hachez au mixer l'ail et l'échalote, ainsi que les fines herbes.
* Incorporez le tout à la sauce mayonnaise.

23. Sauce à la menthe

Pour 6 personnes

1 beau bouquet de menthe fraîche ou 1 1/2 c. à café (1 1/2 c. à thé) de menthe séchée
1 1/2 c. à soupe (1 1/2 c. à table) de sucre en poudre
360 ml (1 1/2 tasse) de vinaigre
Sel et poivre
120 ml (1/2 tasse) d'eau

* Broyez la menthe pour obtenir 1 1/2 c. à soupe (1 1/2 c. à table) de menthe écrasée. Ajoutez le sucre et continuez à broyer pour obtenir une pâte.

- Faites réduire le vinaigre sur le feu jusqu'à l'obtention de l'équivalent de 3 c. à soupe (3 c. à table).
- Mélangez à la pâte de menthe. Ajoutez 120 ml (1/2 tasse) d'eau.
- Salez et poivrez abondamment.
- Faites bouillir une minute.
- Passez au tamis avant de servir.

---

24. Sauce fraîche aillée

---

250 g (8 oz) de yogourt nature
2 c. à soupe (2 c. à table) de menthe fraîche ou 2 c. à café (2 c. à thé) de menthe séchée
1/2 gousse d'ail pilée
1 pincée de poudre de cumin
Quelques gouttes de jus de citron
Sel et poivre

- Au mélangeur, broyez les feuilles de menthe et l'ail pour les réduire en purée.
- Mélangez-les vigoureusement au yogourt battu avec le citron, le cumin, le sel et le poivre, et servez immédiatement.

25. Sauce à l'oseille

Pour 6 personnes

150 g (5 oz) d'oseille
15 g (1/2 oz) de beurre
300 g (10 oz) de crème fleurette (crème à 15 p. 100)
Le jus d'un citron et demi
Sel et poivre
1 c. à café (1 c. à thé) de ciboulette hachée

- Lavez l'oseille.
- Mettez fondre le beurre dans une poêle sur feu doux. Ajoutez l'oseille égouttée. Laissez-la fondre doucement.
- Passez-la au tamis quand elle est bien cuite.
- Dans un grand bol, mélangez au fouet la purée d'oseille, le jus de citron, la crème fleurette, le sel et le poivre. Saupoudrez avec la ciboulette hachée.

26. Sauce au cresson

1 botte de cresson
150 g (5 oz) de crème fleurette (crème à 15 p. 100)
150 g (5 oz) de fumet de poisson
Sel et poivre

- Épluchez et lavez soigneusement le cresson.
- Réservez une vingtaine de petites feuilles pour décorer.
- Ébouillantez le reste des feuilles à l'eau salée pendant 1 minute. Refroidissez à l'eau froide.
- Laissez égoutter, puis pressez les feuilles dans vos mains pour obtenir 125 ml (1/2 tasse) de jus de cresson, au moins.
- Dans un grand bol, mélangez au fouet ce jus de cresson avec la crème et le fumet de poisson.

- Goûtez pour rectifier l'assaisonnement suivant la concentration du fumet de poisson.
- Remettez la sauce à chauffer au bain-marie sans bouillir.
- Au moment de servir, parsemez-la des feuilles de cresson réservées.

---

27. Sauce aux anchois

Pour 6 personnes

6 filets d'anchois à l'huile
3 jaunes d'oeufs
2 petites gousses d'ail
225 ml (7 oz) d'huile d'olive
1 1/2 c. à soupe (1 1/2 c. à table) de câpres
Sel et poivre

- Passez au mixer l'ail, les anchois et les jaunes d'oeufs crus, pour obtenir une purée très homogène.
- Ajoutez l'huile, peu à peu, comme vous le feriez pour une sauce mayonnaise.
- Poivrez. Goûtez avant de saler: les filets d'anchois, même à l'huile, sont généralement assez salés pour qu'il soit inutile d'en rajouter.
- Au moment de servir, ajoutez les câpres (facultatif).

28. Sauce aux champignons

Accompagne un plat pour 6 personnes

100 g (3 oz) de champignons de Paris
150 g (5 oz) de crème fraîche (crème à 35 p. 100)
2 jaunes d'oeufs
30 g (1 oz) de beurre
Sel et poivre

- Nettoyez et essuyez les champignons.
- Mettez le beurre à fondre dans une poêle et coupez dedans les champignons en lamelle dans le beurre fondu. Faites cuire pour que les champignons rendent leur eau de végétation.
- Battez ensemble les jaunes d'oeufs et la crème.
- Mélangez peu à peu à l'eau de cuisson des champignons en remuant constamment.
- Éventuellement, mouillez d'un peu de bouillon de viande (ou de fumet de poisson, si cette sauce est destinée à accompagner un plat de poisson) ou d'eau très parfumée de cuisson d'un légume (si la sauce doit être servie avec une terrine de légumes, par exemple).
- Salez et poivrez.

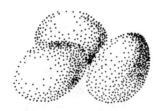

29. Sauce aux groseilles

260 g (8 oz) de beurre
35 g (1 oz) de farine
1/2 litre (2 tasses) d'eau salée
4 jaunes d'oeufs
1 c. à soupe (1 c. à table) de crème fraîche (crème à 35 p. 100)
1 filet de citron
500 g (1 lb) de groseilles à maquereau bien vertes
3 c. à soupe (3 c. à table) de sucre en poudre
2 c. à soupe (2 c. à table) de vin blanc
Sel et poivre

Faites cette sauce en deux temps:

- 1. Dans une grande casserole, faites fondre 35 g (1 oz) de beurre.
- Incorporez la farine, mélangez bien. Ajoutez d'un seul coup l'eau bouillante et remuez vigoureusement au fouet.
- Dans un bol, mélangez les jaunes d'oeufs, la crème fraîche et le jus de citron.
- Ajoutez au mélange de farine et d'eau. Passez au chinois, puis mélangez, hors du feu, aux 225 g (7 1/2 oz) de beurre ramolli.
- 2. Entre-temps, vous aurez jeté dans l'eau bouillante les groseilles lavées. Laissez blanchir 5 minutes. Égouttez.
- Remettez les groseilles sur le feu avec le sucre en poudre et le vin blanc. Laissez réduire en purée. Passez au tamis.
- Mélangez avec la préparation 1.

30. Sauce béchamel

Pour 1 litre (4 tasses) de sauce

1 litre (4 tasses) de lait
4 petites carottes
2 branches de céleri
2 gros oignons
1 petite botte de persil
1 morceau de macis (écorce de noix muscade)
100 g (3 oz) de beurre
100 g (3 oz) de farine
Sel

- Épluchez et lavez tous les légumes et le persil.
- Mettez-les dans le lait et portez doucement à ébullition, après avoir ajouté le macis. Tournez souvent. Dès que le lait bout, retirez du feu. Couvrez la casserole et laissez reposer pendant une heure.
- Passez le lait au tamis.
- Dans une grande casserole, faites doucement fondre le beurre.
- Dès que l'écume apparaît, ajoutez la farine d'un coup, réduisez la chaleur et tournez vivement à la cuillère de bois. Quand le mélange est bien fait (sans le laisser se colorer), retirez la casserole du feu et ajoutez un peu de lait. Fouettez le mélange et remettez-le sur feu doux pour qu'il épaississe, puis retirez de nouveau du feu pour remettre un peu de lait, et ainsi de suite.
- Quand tout le lait est incorporé, laissez un moment la casserole sur feu doux, sans cesser de remuer pour que le mélange épaississe.
- Goûtez pour rectifier l'assaisonnement si nécessaire. Ne salez qu'à la fin de la cuisson.

- **Note** : La sauce béchamel se conserve facilement au congélateur.
- La quantité habituelle pour 6 personnes est de 250 g (8 oz). La recette que nous vous donnons ici peut donc faire 4 portions à conserver en congélation.
- Réchauffez au bain-marie.
- N'employez jamais autre chose que le beurre pour la confection d'une sauce béchamel.

31. Sauce froide au cari

Pour 6 à 8 personnes

200 ml (3/4 tasse) de mayonnaise au citron
2 petits-suisses *
2 c. à soupe (2 c. à table) de crème fraîche (crème à 35 p. 100)
1 petit oignon haché très fin
1/2 pomme hachée
2 c. à café (2 c. à thé) de cari en poudre
Sel et poivre

- Épluchez et broyez ensemble au mixer la demi-pomme et l'oignon.
- Incorporez-les à la mayonnaise. Ajoutez les petits-suisses, la crème fraîche et le cari. Mélangez bien.
- Goûtez avant d'ajouter le sel et le poivre si nécessaire.
- Laissez reposer une heure au moins au réfrigérateur.

---

* Petit-suisse: fromage très crémeux en forme de petit cylindre. On peut le manger avec du sucre ou avec du poivre.

32. Sauce mayonnaise

Conseils préliminaires:

Pour réussir une sauce mayonnaise, il faut impérativement que tous les éléments qui la composent soient à la même température. Deux heures avant de faire votre sauce, rassemblez donc dans un coin de la cuisine: oeuf, moutarde, huile, citron ou vinaigre et le bol dans lequel vous monterez la sauce.

Toutefois, vous pouvez être pris de court et obligé de faire une mayonnaise très vite avec un oeuf sorti du réfrigérateur. Dans ce cas, séparez le jaune du blanc de l'oeuf. Mélangez au jaune d'oeuf son volume de moutarde. Remuez bien et laissez reposer 10 minutes. La moutarde "réchauffe" le jaune d'oeuf, justifiant son étymologie: moût ardent, c'est-à-dire "qui brûle".

Un truc pour rendre la mayonnaise plus légère: quand la sauce est terminée, incorporez rapidement 2 c. à soupe (2 c. à table) d'eau presque bouillante.

De même, en cours de confection, si votre sauce fait mine de tourner, ajoutez rapidement 1 ou 2 c. à soupe (1 ou 2 c. à table) d'eau très, très chaude. Cela suffit généralement pour la ramener à de meilleurs sentiments.

Toutefois, si elle persistait dans ses mauvaises intentions, il ne vous resterait plus d'autre ressource que de mélanger dans un autre bol un nouveau jaune d'oeuf et son volume de moutarde, et à incorporer à ce nouveau mélange, peu à peu, précautionneusement, la mayonnaise récalcitrante.

Pour 1 bol de mayonnaise:

1 jaune d'oeuf
Son volume de moutarde forte ou de moutarde aromatique
180 ml (3/4 tasse) d'huile d'olive, d'arachide, ou de tournesol, etc.
2 c. à soupe (2 c. à table) de vinaigre de vin ou de cidre, etc. ou de jus de citron
Sel et poivre

- Tous les ingrédients étant à la même température dans la pièce, mélangez rapidement dans un bol le jaune d'oeuf et la moutarde. Quand le mélange est homogène, ajoutez l'huile en filet tout en remuant vigoureusement, toujours dans le même sens.
- Salez, poivrez et ajoutez le vinaigre ou le citron.
- Laissez au frais.

33. Mayonnaise à l'ail

- Faites une mayonnaise au vinaigre.
- Broyez au mixer 2 gousses d'ail frais et incorporez cette purée à votre mayonnaise.

34. Mayonnaise aux câpres

- Acidulez la mayonnaise avec le vinaigre dans lequel les câpres sont conservées.
- Ajoutez à la mayonnaise 1 ou 2 c. à soupe (1 ou 2 c. à table) de câpres, selon votre goût.

35. Mayonnaise au basilic

- Ajoutez 1 c. à soupe (1 c. à table) de basilic haché à une mayonnaise acidulée au jus de citron.

36. Mayonnaise aux fines herbes

• Suivant ce que vous trouverez dans votre jardin ou au marché, incorporez à une mayonnaise au *citron* 1 c. à soupe (1 c. à table) (au moins) d'un mélange de fines herbes hachées: persil, cerfeuil, ciboulette, estragon, basilic, menthe, hysope*; ou une partie seulement de ces fines herbes, voire une seule espèce.

---

* Hysope: plante aromatique à saveur forte et amère connue depuis l'Antiquité. Aujourd'hui, on l'utilise pour fabriquer des liqueurs comme la chartreuse. On peut aussi en assaisonner les farces, certaines charcuteries, salades ou compotes de fruits.

37. Mayonnaise à l'estragon

• Incorporez 1 c. à soupe (1 c. à table) d'estragon haché à une mayonnaise citronnée ou acidulée au vinaigre à l'estragon.

38. Sauce Périgueux à ma façon

1/2 litre (2 tasses) de fond de viande (recette n° 9)
50 g (2 oz) de beurre
50 g (2 oz) de farine
1 c. à soupe (1 c. à table) de jus de citron
30 ml (1 oz) de madère ou de porto
60 g (2 oz) de crème fraîche (crème à 35 p. 100)
100 g (3 oz) de champignons émincés (ou 2 c. à soupe (2 c. à table) de truffes)
Sel et poivre moulu

- Faites fondre le beurre dans une grande casserole. Quand il devient mousseux, saupoudrez de farine et mélangez bien.
- Incorporez peu à peu le bouillon de viande, en retirant chaque fois la casserole du feu, puis remettez-la quand le mélange est fait, pour qu'il épaississe. Cuisez à feu très doux. S'il y a cependant quelques grumeaux, passez au tamis.
- Ajoutez les champignons émincés et faites réduire à feu très doux, casserole couverte, pendant une petite demi-heure, en remuant souvent.
- Mélangez alors le jus de citron, la crème fraîche, le madère ou le porto et laissez au chaud sans plus bouillir.
- Salez et poivrez.

- **Note** : Si vous mettez des truffes dans cette sauce, il va sans dire qu'il ne faut pas les faire cuire non plus, mais seulement chauffer.

39. Sauce piquante aux tomates

100 g (3 oz) de vin blanc
100 g (3 oz) de vinaigre
50 g (2 oz) d'échalotes hachées
1/2 litre (2 tasses) de coulis de tomates (recette n° 19)
20 g (2/3 oz) de cornichons
Cerfeuil
Estragon
Sel et poivre (facultatif)

- Épluchez et hachez les échalotes, très menu.
- Dans une casserole, faites réduire le vin blanc et le vinaigre avec les échalotes. Il faut réduire de moitié.
- Ajoutez le coulis de tomates. Portez de nouveau à ébullition pour que le tout s'amalgame convenablement.
- Laissez refroidir. Au moment de servir, ajoutez les cornichons coupés en tout petits morceaux, le cerfeuil et l'estragon hachés.
- Goûtez pour ajouter sel et poivre, si nécessaire.

Quelques petites salades d'accompagnement

40. Salade acidulée
41. Salade croquante au gingembre
42. Salade de riz à l'antillaise
43. Salade exotique
44. Salade hawaïenne
45. Salade de romaine (ou de laitue) à l'orange
46. Salade de concombre et de betteraves à la crème
47. Salade de tomates et d'oignons
48. Salade de chou rouge au carvi

40. Salade acidulée

4 pommes acides
2 bananes
1 coeur de céleri
7 c. à soupe (7 c. à table) de crème fleurette (crème à 15 p. 100)
Le jus d'un citron
1 pointe de couteau de cari

- Épluchez les pommes, coupez-les en tout petits dés et arrosez-les de jus de citron.
- Pelez les bananes, coupez-les en rondelles.
- Épluchez et lavez un coeur de céleri. Coupez-le en petits dés.
- Mélangez le tout. Répartissez en autant de coupelles que vous avez de convives.
- Versez sur chaque assortiment la sauce faite de crème, citron et cari.
- Laissez au frais jusqu'au moment de servir.

41. Salade croquante au gingembre

1 salade croquante: romaine, scarole ou frisée
100 g (3 oz) de champignons de Paris
Le jus d'un demi-citron
1 échalote
1 racine de gingembre frais
Fines herbes: cerfeuil, ciboulette, estragon
3 c. à soupe (3 c. à table) d'huile d'olive
1 c. à soupe (1 c. à table) de jus de citron
Sel et poivre

• Épluchez, lavez et égouttez la salade. Coupez-la en petits morceaux (chiffonnade).
• Nettoyez les champignons, émincez-les; arrosez-les d'un peu de jus de citron pour les empêcher de noircir.
• Épluchez la racine de gingembre et coupez dedans une dizaine de lamelles très fines (si vous ne trouvez pas de racine fraîche de gingembre, remplacez par 1/2 c. à café (1/2 c. à thé) de gingembre en poudre que vous mélangez à l'huile.
• Épluchez l'échalote. Lavez les fines herbes. Hachez le tout ensemble.
• Faites la sauce en mélangeant l'huile, le jus de citron, le gingembre et les champignons. Salez et poivrez.
• Placez la chiffonnade de salade dans un saladier. Versez la sauce dessus.

42. Salade de riz à l'antillaise

250 g (8 oz) de riz
100 g (3 oz) d'ananas
4 bananes
1 pomme
150 g (5 oz) de raisin blanc
1 c. à soupe (1 c. à table) de noix de coco râpée
2 c. à soupe (2 c. à table) de noisettes hachées
1 c. à soupe (1 c. à table) de raisins de Corinthe gonflés dans le thé
Quelques feuilles de salade verte
6 c. à soupe (6 c. à table) d'huile d'olive
2 ou 3 c. à soupe (2 ou 3 c. à table) de jus de citron
1/2 c. à café (1/2 c. à thé) de moutarde douce
Sel et poivre
1 pointe de couteau de poivre de Cayenne

- Faites cuire le riz environ 15 minutes, à l'eau bouillante salée, casserole découverte. Passez-le sous l'eau froide et laissez-le bien égoutter.
- Pelez les bananes. Coupez-les en rondelles et arrosez-les de jus de citron pour qu'elles ne noircissent pas.
- Pelez la pomme et coupez-la en morceaux.
- Égrenez le raisin. Pelez les grains et épépinez-les.
- Épluchez l'ananas et coupez les tranches en morceaux.
- Épluchez et lavez la salade. Laissez-la bien égoutter.
- Mélangez le riz, le raisin frais, l'ananas, les rondelles de banane, les noisettes hachées et les raisins secs trempés et égouttés. Faites la sauce avec huile, citron, moutarde, poivre de Cayenne, sel et poivre. Mélangez bien.
- Dans un grand saladier, mettez les feuilles de laitue tout autour. Versez le mélange de riz-fruits au centre, bien assaisonné de la sauce.
- Parsemez avec la noix de coco râpée.

43. Salade exotique

3 pamplemousses à chair rose
3 avocats bien mûrs
3 kiwis
1 laitue

Sauce:

100 g (3 oz) de crème fleurette (crème à 15 p. 100)
Le jus de 2 citrons
3 c. à soupe (3 c. à table) d'huile sans goût
Sel et poivre

- Épluchez, lavez et égouttez soigneusement la laitue. Coupez-la en petits morceaux (chiffonnade).
- Pelez les fruits. Épluchez les tranches de pamplemousse pour ne laisser aucune membrane transparente.
- Coupez la chair des avocats en petits dés.
- Coupez les kiwis en rondelles.
- Faites la sauce à la crème. Mettez-la au fond du saladier.
- Posez la chiffonnade de laitue au milieu du saladier.
- Disposez les différents fruits en couronne autour.
- Réservez au frais. Ne mélangez qu'au moment de servir.

44. Salade hawaïenne

Pour 6 personnes

1 laitue
3 endives
300 g (10 oz) de fromage frais maigre (genre yogourt)
6 tranches d'ananas frais coupées en 2
3 grosses oranges épluchées
1/2 concombre en tranches

Sauce:

4 c. à soupe (4 c. à table) d'huile sans goût
1 c. à soupe (1 c. à table) de jus de citron
1 pointe de couteau de gingembre en poudre
1/2 c. à café (1/2 c. à thé) de moutarde forte
Quelques tranches de pommes pour décorer

- Recouvrez le fond du plat de feuilles de laitue.
- Placez les feuilles d'endives à chaque extrémité. Étalez le fromage blanc au centre du plat. Entourez-le d'une rangée de rondelles de concombres, puis de rondelles très fines d'oranges pelées à vif, puis des morceaux d'ananas.
- Plantez quelques tranches de pommes dans le fromage.
- Versez la sauce sur le plat au moment de servir, ou mieux, servez la sauce à part.

---

45. Salade de romaine (ou de laitue) à l'orange

---

1 belle romaine
2 oranges
3 c. à soupe (3 c. à table) de crème fraîche (crème à 35 p. 100)
1 c. à café (1 c. à thé) de moutarde douce
1 pincée de poudre de cari
Sel et poivre

- Épluchez la laitue, lavez-la et égouttez-la soigneusement.
- Pelez les oranges à vif et épluchez les quartiers pour qu'il ne reste absolument plus de membrane transparente.
- Dans le fond du saladier, mélangez vivement la crème fraîche, la moutarde et le cari. Goûtez pour apprécier si vous devez ajouter sel et poivre.
- Disposez les quartiers d'oranges au centre du saladier et les feuilles de romaine autour.
- Ne remuez qu'au moment de servir.

46. Salade de concombre et de betteraves à la crème

1 beau concombre
1 ou 2 betteraves rouges (suivant leur grosseur) cuites à l'étuvée
3 c. à soupe (3 c. à table) de crème fleurette (crème à 15 p. 100)
1 c. à soupe (1 c. à table) de vinaigre de vin vieux
1 pointe de couteau de cari
Sel et poivre

• Épluchez le concombre. Enlevez le coeur avec les graines et coupez la chair en petits dés.
• Épluchez les betteraves et coupez-les en petits dés.
• Dans un petit bol, mélangez la crème fleurette, le vinaigre, le cari, le sel et le poivre.
• Disposez les dés de betteraves au centre d'un saladier. Posez les dés de concombre autour en couronne. Laissez au frais. Versez la sauce au moment de servir.

47. Salade de tomates et d'oignons

1 tomate bien ferme par convive
1/2 oignon doux par convive
3 ou 4 c. à soupe (3 ou 4 c. à table) d'huile d'olive très parfumée
Le jus d'un citron
Sel et poivre
Quelques olives noires ou quelques câpres (facultatif)

• Lavez les tomates. Coupez-les en rondelles.
• Épluchez les oignons, coupez-les en rondelles.
• Sur un ravier, alternez rondelles de tomates et rondelles d'oignons. Parsemez d'olives noires ou de câpres.
• Arrosez avec la sauce faite d'huile d'olive, de jus de citron, sel et poivre.

48. Salade de chou rouge au carvi

1 petit chou rouge
1 c. à café (1 c. à thé) de graines de carvi
75 g (2 1/2 oz) de lard maigre
1 c. à soupe (1 c. à table) d'huile
1 c. à soupe (1 c. à table) de vinaigre de vin
Poivre

- Enlevez les premières feuilles du chou rouge et découpez la pomme de chou en lanières aussi fines que possible.
- Mettez de l'eau bouillante dans un saladier.
- Coupez le lard en petits morceaux. Mettez-les à fondre doucement dans une poêle.
- Jetez l'eau du saladier. Mettez les lanières de chou rouge, parsemez de graines de carvi, saupoudrez de poivre (avec parcimonie, toutefois) et ajoutez la cuillerée d'huile.
- Le lard étant bien fondu, retirez la poêle du feu (sans éteindre) et versez rapidement la graisse et les lardons sur la salade de chou. Remettez la poêle sur le feu, versez le vinaigre, chauffez fort. Quand le vinaigre bout, versez-le également sur la salade. Remuez rapidement et servez aussitôt. Il ne faut pas que la graisse des lardons ait le temps de refroidir, ce qui rendrait la salade très indigeste.

IV

Les pâtés, terrines et galantines

Recettes à base de légumes

49. *Pain d'aubergines aux raisins*
50. *Terrine d'aubergines comme à Alger*
51. *Mousse froide d'aubergines*
52. *Terrine de quatre purées*
53. *Pâté aux trois légumes*
54. *Terrine légère*
55. *Galantine maigre aux légumes*
56. *Pâté de pommes de terre*
57. *Pain de chou-fleur*
58. *Terrine aux primeurs*
59. *Terrine paysanne*
60. *Terrine de l'été*
61. *Terrine de légumes au fromage*
62. *Pâté soufflé au fromage*
63. *Terrine de légumes au poulet*
64. *Pâté de légumes au poisson*
65. *Terrine d'asperges*
66. *Terrine de coquillettes à l'oseille*
67. *Terrine de légumes au cumin*
68. *Mousse de tomates à la menthe*
69. *Terrine de riz aux olives*
70. *Couronne de coeurs de palmier*
71. *Mousse d'avocats*

49. Pain d'aubergines aux raisins

600 g (1 lb 5 oz) de panade à la frangipane (recette n° 12)
1 kg (2 lb 3 oz) d'aubergines
Le jus de 1 citron
750 g (1 lb 10 oz) de belles tomates
3 oignons doux
250 g (8 oz) de raisins de Smyrne gonflés dans de l'eau parfumée au pastis ou à la liqueur d'anis
Sel et poivre
20 g (2/3 oz) de beurre

- Faites la panade à la frangipane. Séparez-la en deux parties égales et réservez au froid.
- Ouvrez les aubergines dans le sens de la longueur. Arrosez-les du jus d'un citron. Mettez-les dans un plat à gratin et passez-les au four à 180°C (350°F) pendant 20 minutes.
- Plongez une à une les tomates dans l'eau bouillante pendant quelques secondes pour pouvoir les éplucher facilement.
- Ouvrez-les en deux et épépinez-les.
- Épluchez les oignons et coupez-les en rondelles que vous poivrez.
- Les aubergines étant attendries, retirez la pulpe en grattant la peau avec une cuillère.
- Mélangez au mixer la pulpe des aubergines avec la moitié de la panade. Salez et poivrez.
- Mélangez les tomates et les oignons avec l'autre moitié de la panade. Salez et poivrez.
- Égouttez les raisins.
- Beurrez un moule à cake.
- Mettez au fond la préparation aux aubergines, puis les raisins de Smyrne, puis la panade à la tomate.
- Couvrez le moule d'un papier sulfurisé bien beurré ou d'une feuille bien beurrée de papier d'aluminium et placez ce moule dans un plat à gratin rempli aux 3/4 d'eau très chaude.
- Faites cuire au four pendant 45 à 55 minutes. Laissez refroidir avant de démouler.

50. Terrine d'aubergines comme à Alger

Pour 6 personnes

1 kg (2 lb 3 oz) d'aubergines
1 poivron rouge
7 oeufs
1 tasse de coquillettes déjà cuites
3 citrons (le jus de l'un et les 2 autres coupés en quartiers)
2 gousses d'ail
1 petit bouquet de menthe fraîche (1 c. à soupe (1 c. à table) une fois hachée)
ou 1 c. à café (1 c. à thé) de menthe séchée
1 petit bouquet de persil frais ou 1 c. à café (1 c. à thé) de persil séché
Sel et poivre
1 pincée de cumin en poudre
1 pointe de couteau de poivre de Cayenne
1 c. à soupe (1 c. à table) d'huile d'olive

- Ébouillantez pendant 5 minutes les aubergines entières.
- Égouttez-les et laissez refroidir.
- Ouvrez-les, et avec une cuillère, recueillez la pulpe en raclant la peau.
- Passez le poivron au four pour le peler plus facilement. Pelez-le. Ouvrez-le pour enlever les peaux blanches et les pépins.
- Broyez les aubergines au mixer ainsi que les gousses d'ail.
- Lavez, séchez et hachez les fines herbes.
- Coupez le poivron en petits dés.
- Dans une terrine, mélangez à la fourchette la purée d'aubergines à l'ail, le jus de citron, les coquillettes, les poivrons, les fines herbes et les 7 oeufs entiers battus en omelette.
- Salez, poivrez et ajoutez les épices. Goûtez pour rectifier l'assaisonnement si nécessaire. Il doit être assez relevé.
- Huilez un moule à cake et préchauffez le four à 230°C (450°F). Versez la préparation dans le moule. Couvrez d'une feuille de papier d'aluminium.
- Faites cuire au four pendant 45 minutes.
- Servez chaud, chaque convive arrosant du jus de quartiers de citrons présentés en même temps, ou laissez refroidir. Démoulez et nappez d'un coulis de tomates (recette n° 19).

51. Mousse froide d'aubergines

Pour 6 personnes

5 ou 6 aubergines (suivant leur grosseur)
1 ou 2 oignons doux
3 c. à soupe (3 c. à table) d'huile d'olive
150 g (5 oz) de crème fraîche (crème à 35 p. 100)
2 c. à café (2 c. à thé) de miel
2 c. à café (2 c. à thé) de gélatine en poudre
Le jus d'un citron
Sel et poivre

- Lavez les aubergines.
- Coupez-les en deux dans le sens de la longueur, saupoudrez-les de sel et laissez-les dégorger pendant 1 heure.
- Rincez-les et mettez-les dans un plat à gratin.
- Épluchez les oignons, hachez-les finement. Posez-les sur les aubergines. Mouillez avec l'huile d'olive.
- Faites cuire au four votre plat en retournant les aubergines de temps en temps, jusqu'à ce qu'elles soient tendres. Faites attention aux oignons. Il ne faut pas qu'ils soient trop colorés.
- Sortez les aubergines du plat et prélevez la pulpe en raclant la peau avec une cuillère.
- Écrasez la chair des aubergines et les oignons cuits au mortier. Incorporez la crème, le sel, le poivre et les cuillerées de miel.
- Faites fondre la gélatine dans le jus de citron, au besoin en le chauffant.
- Incorporez la gélatine fondue au mélange ci-dessus.
- Versez dans le récipient de service et faites prendre au réfrigérateur pendant 6 heures au moins.

52. Terrine de quatre purées

Pour 6 personnes

400 g (14 oz) de haricots verts
400 g (14 oz) de navets
400 g (14 oz) de carottes
400 g (14 oz) de fonds d'artichauts
4 oeufs
4 c. à soupe (4 c. à table) de crème fraîche (crème à 35 p. 100)
Le jus d'un demi-citron
1 pincée de cumin en poudre
Sel et poivre
20 g (2/3 oz) de beurre

- Épluchez et lavez les légumes.
- Faites cuire les haricots 10 minutes dans l'eau bouillante salée. Égouttez-les bien.
- Même opération pour les navets, puis pour les carottes, dans des casseroles séparées.
- Ajoutez le jus du demi-citron à l'eau de cuisson des fonds d'artichauts.
- Réduisez séparément chaque légume en purée.
- Ajoutez à chaque purée 1 oeuf entier et une cuillerée de crème fraîche. Salez, poivrez et mélangez au mixer.
- Parfumez la purée de haricots verts d'une légère pincée de cumin en poudre.
- Beurrez un moule à cake.
- Étalez d'abord la purée de navets puis la purée de carottes puis la purée de haricots pour terminer par la purée de fonds d'artichauts.
- Couvrez le moule d'un papier sulfurisé beurré.
- Faites cuire au bain-marie dans un four préchauffé pendant 30 minutes à 200°C (400°F).
- Démoulez et servez chaud avec une sauce aux champignons (recette n° 28) ou attendez pour démouler que le pâté soit bien refroidi et servez froid avec une sauce au cresson (recette n° 26) ou un coulis de tomates (recette n° 19).

53. Pâté aux trois légumes

Pour 6 personnes

500 g (1 lb) de pâte à pâté (recette n° 14)
150 g (5 oz) de fromage Saint-Nectaire ou de tome de Savoie
350 g (12 oz) de fromage blanc à pâte lisse
2 c. à soupe (2 c. à table) de crème fraîche (crème à 35 p. 100)
3 oeufs

150 g (5 oz) de petits pois écossés	**1 pincée de paprika (facultatif)**
150 g (5 oz) de carottes	**Sel et poivre**
150 g (5 oz) de céleri-rave	**20 g (2/3 oz) de beurre**

- Faites la pâte à pâté et laissez-la au froid.
- Épluchez et lavez les carottes et le céleri-rave.
- Plongez les 3 légumes ensemble dans l'eau bouillante salée pendant 10 minutes. Laissez refroidir et égouttez, puis coupez les carottes et le céleri-rave en petits dés.
- Battez ensemble la crème fraîche et le fromage blanc. Battez les oeufs en omelette et ajoutez-les au mélange. Salez et poivrez. Si vous le voulez, ajoutez une pincée de paprika (ce n'est pas indispensable). Ajoutez alors les 3 légumes à cette préparation et mélangez bien.
- Abaissez la pâte. Faites-en deux parts: 2/3 et 1/3.
- Préchauffez le four à 200°C (400°F).
- Beurrez un moule à cake. Foncez le fond et les bords avec la plus grande partie de la pâte. Laissez déborder le surplus de pâte.
- Coupez le fromage Saint-Nectaire (ou la tome de Savoie) en fines lamelles. Utilisez la moitié du fromage pour garnir le fond du moule.
- Versez la préparation. Terminez avec le reste des lamelles de fromage.
- Humectez les bords de pâte. Abaissez le reste de la pâte aux dimensions d'un couvercle pour le moule. Posez la pâte sur le moule et soudez bien les bords en faisant un cordon de pâte avec le surplus. Percez un trou au milieu du couvercle et maintenez les bords écartés à l'aide d'un petit rouleau en papier d'aluminium, pour permettre aux vapeurs de cuisson de s'échapper.
- Laissez cuire pendant 45 minutes au moins, au four. Il faut que la croûte soit bien dorée.
- Laissez refroidir 1/4 d'heure avant de démouler.
- Servez avec une salade verte.

54. Terrine légère

Pour 6 personnes

2 kg (4 1/2 lb) de courgettes	2 oignons moyens
250 g (8 oz) d'oseille	6 oeufs

1 c. à soupe (1 c. à table) de menthe fraîche, hachée aux ciseaux ou 1 c. à café (1 c. à thé) de menthe séchée
3 c. à soupe (3 c. à table) d'huile d'olive
300 g (10 oz) de panade au pain (recette n° 10)
Sel et poivre
30 à 40 g (1 à 1 1/3 oz) de beurre

- Faites la panade et laissez-la au froid.
- Lavez bien les courgettes. Si elles sont petites et très fraîches, ne les épluchez pas. Coupez-les en rondelles fines.
- Épluchez les oignons, coupez-les en rondelles.
- Mettez l'huile dans une poêle et faites fondre les légumes à feu doux. Quand ils sont bien tendres, retirez-les du feu et écrasez-les à la fourchette.
- Lavez l'oseille, enlevez les queues. Essorez bien.
- Mettez 20 g (2/3 oz) de beurre dans une casserole. Coupez les feuilles d'oseille en lanières aux ciseaux et versez-les dans le beurre fondu. Faites cuire quelques minutes à feu doux. L'oseille doit fondre. Réservez.
- Mélangez alors la panade à la purée de courgettes.
- Battez les oeufs en omelette. Ajoutez la menthe hachée. Incorporez au mélange panade-courgettes-oignons.
- Faites chauffer le four à 160°C (325°F).
- Beurrez un moule avec le beurre qui reste.
- Étalez la moitié de la préparation dans le moule, puis mettez l'oseille fondue. Lissez bien et versez le reste des courgettes-oeufs-panade.
- Couvrez le moule avec un papier d'aluminium bien beurré et enfournez pour 1 heure 15 minutes.
- Coupez la cuisson, mais laissez le moule dans le four jusqu'à refroidissement. Il faut que la terrine dessèche le plus possible, car les courgettes donnent beaucoup de liquide à la cuisson.
- Mettez au froid et ne démoulez qu'au moment de servir.
- Accompagnez — si vous le voulez, mais ce n'est pas indispensable — d'une crème au bacon (recette n° 21).

55. Galantine maigre aux légumes

Pour 6 personnes

300 g (10 oz) de carottes
300 g (10 oz) de haricots verts
300 g (10 oz) de pommes de terre
3 courgettes
5 oeufs
3 tomates
3 c. à soupe (3 c. à table) d'huile d'olive
50 g (2 oz) de beurre (dont 20 g (2/3 oz) pour beurrer le moule)
Sel et poivre

- Épluchez les légumes. Coupez les pommes de terre et les courgettes en rondelles moyennes, puis les carottes en bâtonnets.
- Épépinez les tomates. Coupez-les en petits dés.
- Faites revenir les tranches de pommes de terre dans l'huile bien chaude. Retirez-les.
- Faites dorer rapidement les courgettes dans l'huile. Retirez-les. Faites-les sécher sur un papier absorbant.
- Mettez un peu de beurre dans une casserole. Versez les carottes. Mouillez de 75 ml (2 1/2 oz) d'eau et faites cuire de 5 à 10 minutes.
- Ébouillantez les haricots dans de l'eau salée pendant 5 minutes. Faites-les égoutter.
- Battez les oeufs en omelette. Salez et poivrez.
- Beurrez largement le fond et les parois d'une terrine en porcelaine à feu.
- Disposez au fond une couche de pommes de terre. Arrosez avec quelques cuillerées d'omelette. Disposez une couche de légumes mélangés de façon à former un ensemble agréable à l'oeil. De nouveau une couche d'omelette et ainsi de suite en faisant alterner avec les légumes. Terminez avec une couche de pommes de terre recouvertes du reste d'omelette. Parsemez de noisettes de beurre. Couvrez la terrine.
- Faites cuire au four à 220°C (425°F) pendant 20 à 25 minutes.
- Laissez bien refroidir avant de démouler.

- **Note** : Cette galantine, bien compacte, peut être facilement emportée pour un pique-nique.

56. Pâté de pommes de terre

Pour 6 personnes

150 g (5 oz) de lard bien maigre
1 kg (2 lb 3 oz) de pommes de terre (bintje)
2 oignons
1 petit bouquet de persil frais haché ou 1 c. à café (1 c. à thé) de persil séché
Sel et poivre
1 pincée de noix muscade en poudre (facultatif)
150 g (5 oz) de crème fleurette (crème à 15 p. 100)

Pâté:

400 g (14 oz) de farine
200 g (7 oz) de beurre en pommade
150 g (5 oz) d'eau tiède
1 pincée de sel
1 jaune d'oeuf et 1 c. à soupe (1 c. à table) de lait pour dorer la pâte
20 g (2/3 oz) de beurre pour le moule

- Préparez la pâte en plaçant la farine dans un saladier. Faites tiédir le beurre jusqu'à consistance de pommade. Ajoutez à la farine et mélangez rapidement. Ajoutez l'eau tiède et le sel. Travaillez très rapidement, du bout des doigts. Roulez la pâte en boule et laissez reposer au moins 2 heures dans un endroit frais.
- Chauffez le four à 200°C (400°F).
- Épluchez les pommes de terre. Lavez-les et essuyez-les bien. Épluchez les oignons et coupez-les en rondelles.
- Prenez un moule à tourte ou à manqué de 22 cm (9 po) de diamètre, au moins. Beurrez-le largement.
- Farinez une planche et étalez la pâte que vous aurez séparée en 2 parties inégales: 2/3 et 1/3.
- Abaissez la plus grosse part.
- Foncez le moule avec cette pâte en la laissant déborder tout autour.
- Garnissez, en alternance, la tourtière de couches de pommes de terre coupées en rondelles fines et d'oignons, puis ajoutez du persil haché. Salez et poivrez.

• Abaissez le reste de la pâte pour obtenir un couvercle pour la tourtière. Humectez les bords pour que les deux parties de pâte se soudent et repliez les bords en torsade pour fermer hermétiquement le pâté.

• Mélangez le jaune d'oeuf et le lait. Salez et étalez au pinceau sur le couvercle de pâte.

• Montez le four à 230°C (450°F) et enfournez pendant 1 heure 30 minutes.

• Il est possible que la croûte dore trop en cours de cuisson. Protégez-la avec une feuille de papier d'aluminium.

• Servez dès la sortie du four après avoir soigneusement et légèrement percé le couvercle pour faire glisser la crème fluide bien froide à l'intérieur du pâté.

• Si vous servez ce pâté avec une salade de laitue dans laquelle vous aurez émincé un blanc de poulet et des lamelles de fromage de gruyère, vous aurez un plat complet et suffisant pour un dîner familial.

57. Pain de chou-fleur

Pour 4 à 6 personnes

1 beau chou-fleur
4 grosses pommes de terre
250 ml (1 tasse) de lait
80 g (2 3/4 oz) de beurre (30 + 30 + 20 g) (1 + 1 + 2/3 oz)
5 oeufs
Sel et poivre
1 pincée de noix muscade en poudre
1 croûton de pain

- Épluchez le chou-fleur en ne gardant que les bouquets. Lavez bien.
- Faites pocher 10 minutes à l'eau bouillante salée dans laquelle vous aurez mis un croûton de pain, pour absorber l'amertume du chou-fleur.
- Retirez les bouquets de chou-fleur et faites-les bien égoutter.
- Passez-les au mixer pour en faire une purée, à laquelle vous ajouterez 30 g (1 oz) de beurre. Salez, poivrez et ajoutez la poudre de muscade.
- Épluchez et lavez les pommes de terre. Faites-les cuire de 15 à 20 minutes à l'eau bouillante salée. Égouttez-les. Réduisez-les en purée à laquelle vous ajouterez 30 g (1 oz) de beurre et le lait *chaud*. Salez et poivrez.
- Battez les oeufs en omelette. Incorporez les deux purées l'une après l'autre. Mélangez bien.
- Beurrez largement un moule à cake ou à charlotte avec les 20 g (2/3 oz) de beurre qui restent.
- Chauffez le four à 180°C (350°F).
- Placez le moule dans un plat à gratin rempli aux 3/4 d'eau très chaude et enfournez pendant 45 à 50 minutes.
- Si le pain est trop doré sur le dessus avant la fin de la cuisson, recouvrez-le d'une feuille de papier d'aluminium.
- Vous pouvez servir ce pain de chou-fleur chaud, accompagné d'une sauce béchamel (recette n° 30) à laquelle vous aurez ajouté, éventuellement, 70 g (2 1/3 oz) de fromage de gruyère râpé.
- Si vous voulez servir ce plat froid, laissez bien prendre au frais (mais pas au réfrigérateur) pendant plusieurs heures avant de le démouler. Nappez-le d'un coulis de tomates fraîches (recette n° 19).

58. Terrine aux primeurs

Pour 6 personnes

125 g (4 oz) de haricots verts	125 g (4 oz) de fonds d'artichauts
125 g (4 oz) de petits pois écossés	1/2 poivron rouge
200 g (7 oz) de courgettes	250 g (8 oz) de blanc de poulet
200 g (7 oz) de carottes	125 g (4 oz) de jambon blanc
1 oeuf	1 pincée de cumin
Sel et poivre	

175 g (6 oz) de crème fraîche épaisse (crème à 35 p. 100)

1 c. à soupe (1 c. à table) au total de fines herbes fraîches (persil, estragon, ciboulette, cerfeuil, feuille de céleri... au hasard du marché) ou 1 c. à café (1 c. à thé) de ces herbes séchées
Quelques tranches très fines de lard maigre fumé (ou mieux de bacon) en quantité suffisante pour tapisser le fond du moule
10 g (1/3 oz) de beurre pour beurrer les parois du moule

- Épluchez et lavez les légumes et plongez-les 10 minutes dans l'eau bouillante.
- Laissez-les égoutter soigneusement.
- Coupez en petits dés les haricots verts et les fonds d'artichauts, ainsi que le poivron. Détaillez les carottes et les courgettes en bâtonnets.
- Coupez les herbes aromatiques aux ciseaux.
- Hachez ensemble le plus finement possible les blancs de poulet et le jambon.
- Dans un saladier, mélangez le hachis de viande à la crème et à l'oeuf battu. Salez, poivrez et parfumez au cumin.
- Préchauffez le four à 200°C (400°F).
- Beurrez les parois d'un moule rectangulaire. Tapissez le fond du moule avec les tranches de lard ou de bacon.
- Étalez une couche de farce, puis une couche de légumes mélangés, et ainsi de suite. Faites en sorte que les légumes soient répartis d'une façon agréable à l'oeil.
- Terminez par une couche de farce.
- Couvrez le moule avec son couvercle ou une feuille de papier d'aluminium beurrée.
- Placez le moule dans un plat à gratin que vous remplissez aux 3/4 d'eau bouillante et enfournez pour 35 à 40 minutes.
- Laissez bien refroidir au réfrigérateur avant de démouler.
- Servez accompagné d'une salade bien relevée ou d'un coulis de tomates (recette n° 19).

59. Terrine paysanne

Pour 8 personnes

250 g (8 oz) de pommes de terre râpées
250 g (8 oz) de petits pois écossés
250 g (8 oz) d'oignons hachés
250 g (8 oz) de champignons de Paris
10 oeufs
1/2 c. à café (1/2 c. à thé) de gingembre en poudre
1/2 c. à café (1/2 c. à thé) de muscade en poudre
Sel et poivre
75 g (2 1/2 oz) de beurre

• Épluchez et râpez les pommes de terre.
• Beurrez une poêle et faites revenir les pommes de terre.
• Épluchez les oignons, hachez-les et faites aussi revenir au beurre. Cuisez-les doucement. Ils doivent devenir transparents mais ils ne doivent pas dorer et caraméliser.
• Nettoyez les champignons, essuyez-les, coupez-les en lamelles et passez-les aussi au beurre pour leur faire perdre leur eau de végétation.
• Ébouillantez les petits pois pendant 5 minutes dans l'eau salée.
• Dans un grand saladier, battez les 10 oeufs en omelette. Ajoutez sel, poivre, gingembre et muscade, puis tous les légumes. Mélangez bien.
• Beurrez largement une terrine rectangulaire. Remplissez-la de ce mélange. Tassez. Couvrez la terrine d'un papier sulfurisé beurré ou d'une feuille de papier d'aluminium beurrée. Mettez votre terrine dans un plat à gratin que vous remplissez aux 3/4 d'eau bouillante.
• Enfournez dans un four préchauffé à 200°C (400°F) pendant 40 à 45 minutes.
• Laissez bien refroidir pendant plusieurs heures avant de démouler.
• Servez avec une mayonnaise aux fines herbes (recette n° 36) ou avec un coulis de tomates (recette n° 19).

60. Terrine de l'été

Pour 6 personnes

1 kg (2 lb 3 oz) de courgettes
6 oeufs
250 g (8 oz) de crème fraîche (crème à 35 p. 100)
2 ou 3 tomates (selon leur grosseur pour tapisser les parois et le fond du moule)

Persil
Estragon
Basilic
Menthe

2 c. à soupe (2 c. à table), une fois hachés, d'un mélange de ces herbes fraîches ou
2 c. à café (2 c. à thé) de ces herbes séchées

Sel et poivre

Pour la sauce d'accompagnement:

1 yaourt
100 g (3 oz) de crème fraîche (crème à 35 p. 100)
1 ou 2 tomates (suivant leur grosseur)
10 feuilles de menthe fraîche, hachées ou 2 c. à café (2 c. à thé) de menthe séchée
4 feuilles de basilic frais, hachées ou 1 c. à café (1 c. à thé) de basilic séché
Sel et poivre

- Épluchez les courgettes. Coupez-les en fines rondelles et faites-leur perdre leur eau en les posant à feu doux pendant 10 minutes dans une casserole sans aucune matière grasse.
- Jetez l'eau qu'elles auront rendue. Égouttez-les.
- Lavez, séchez les fines herbes et hachez-les finement.
- Dans un saladier, battez les oeufs en omelette. Ajoutez la crème, les herbes hachées et les courgettes refroidies. Salez et poivrez. Mélangez bien.
- Beurrez un moule en porcelaine à feu ou en pyrex.
- Coupez les tomates bien lavées en rondelles et tapissez-en le fond et les parois du moule.
- Remplissez-le du mélange ci-dessus. Couvrez-le.
- Faites cuire au four à 160°C (325°F) pendant 1 heure 15 minutes.
- Laissez refroidir pendant plusieurs heures avant de démouler.
- Servez avec la *sauce* suivante.
- Au mélangeur, mêlez tous les éléments de la sauce, après avoir haché les herbes et enlevé la peau des tomates. Il faut que l'assaisonnement soit bien relevé.

61. Terrine de légumes au fromage

Pour 6 personnes

300 g (10 oz) de carottes
300 g (10 oz) de champignons de Paris
300 g (10 oz) de petits pois écossés
6 oeufs
150 g (5 oz) d'emmenthal râpé
50 g (2 oz) de parmesan râpé
Quelques aiguilles de romarin
Sel et poivre
1 pincée de poudre de muscade
10 g (1/3 oz) de beurre

- Épluchez et lavez les carottes.
- Faites-les pocher 10 minutes à l'eau bouillante salée, puis faites de même avec les petits pois.
- Égouttez bien et coupez les carottes en rondelles.
- Essuyez les champignons de Paris. Coupez-les en lamelles assez épaisses et faites-les cuire à la poêle dans un peu de beurre, juste assez pour leur faire perdre leur eau de végétation.
- Égouttez-les.
- Cassez les oeufs dans un grand saladier. Battez-les en omelette. Salez (peu, le fromage râpé est déjà bien salé), et poivrez. Ajoutez la poudre de muscade, puis les 2 sortes de fromage râpé. Mélangez bien. Versez alors les légumes dans le mélange et amalgamez doucement.
- Beurrez une terrine en porcelaine à feu ou en pyrex.
- Remplissez-la du mélange. Éparpillez dessus les aiguilles de romarin. Couvrez la terrine de son couvercle, et à défaut, d'une feuille de papier sulfurisé ou d'aluminium beurrée.
- Placez la terrine dans un plat à gratin rempli aux 3/4 d'eau bouillante et enfournez dans un four préchauffé à 200°C (400°F) pendant 1 heure 15 minutes environ.
- Laissez bien refroidir avant de démouler.
- Servez accompagné simplement de petits oignons confits.

62. Pâté soufflé au fromage

Pour 6 personnes

1 chou-fleur moyen
Eau bouillante salée
600 g (1 lb 5 oz) de tomates
500 g (1 lb) de courgettes
1 croûton de pain
20 g (2/3 oz) de beurre

Pâte de liaison:

150 g (5 oz) de crème fraîche (crème à 35 p. 100)
225 ml (7 oz) de lait
2 c. à soupe (2 c. à table) de fécule de maïs
6 oeufs entiers
100 g (3 oz) de gruyère râpé
1 c. à soupe (1 c. à table) de moutarde aromatique
2 c. à soupe (2 c. à table) de persil haché
Sel et poivre

- Épluchez le chou-fleur et ne gardez que les bouquets. Lavez-les soigneusement.
- Plongez-les pendant 10 minutes dans l'eau bouillante salée, dans laquelle vous aurez eu la précaution de mettre un croûton de pain qui absorbera l'amertume du chou-fleur.
- Égouttez le chou-fleur en ayant soin de laisser les bouquets le plus possible intacts.
- Lavez et essuyez les tomates et les courgettes. Enlevez la plus grande partie de la peau des courgettes, mais vous pouvez en laisser quelques lanières sur toute la longueur.
- Coupez tomates et courgettes en lanières assez épaisses.
- Beurrez largement un moule à cake.
- Disposez alternativement une couche de tomates, une couche de courgettes, une partie des bouquets de chou-fleur et ainsi de suite, sans tasser (la pâte de liaison comblera les vides).
- Dans un grand saladier, mélangez tous les éléments de la pâte de liaison au fouet à main.
- Toutefois, délayez la fécule dans 1 c. à soupe (1 c. à table) de lait, puis une autre encore, puis une troisième avant de l'incorporer au mélange.
- Salez et poivrez.
- Versez le mélange dans le moule sur les couches de légumes. Couvrez.
- Faites chauffer le four à 200°C (400°F). Placez votre moule dans un bain-marie et faites cuire 50 minutes environ.
- Laissez bien refroidir avant de démouler et servez avec une sauce aux anchois (recette n° 27).

63. Terrine de légumes au poulet

Pour 6 personnes

200 g (7 oz) de haricots verts
150 g (5 oz) de cresson épluché
200 g (7 oz) de carottes
6 fonds d'artichauts
100 g (3 oz) de pois mange-tout
200 g (7 oz) de petites courgettes
1 citron
20 g (2/3 oz) de beurre

Mousseline de volaille:

300 g (10 oz) de blancs de poulet
2 blancs d'oeufs
200 g (7 oz) de crème fraîche (crème à 35 p. 100)
Sel et poivre

- Épluchez et lavez chaque sorte de légumes, l'un après l'autre.
- Plongez les haricots dans l'eau bouillante salée pendant 8 à 10 minutes. Égouttez et laissez refroidir.
- Coupez les carottes en bâtonnets et procédez de la même façon.
- Plongez le cresson 2 à 3 minutes dans l'eau bouillante salée. Pressez-le dans vos mains pour en exprimer le plus possible d'eau. Réduisez en purée au mixer.
- Faites cuire les fonds d'artichauts 25 minutes dans une eau salée et citronnée (pour qu'ils restent blancs). Égouttez-les, coupez-les en lamelles et laissez refroidir.
- Épluchez les courgettes en laissant des lanières de peau. Plongez-les 5 minutes dans l'eau bouillante salée et laissez-les bien égoutter avant de les fendre en 2 dans le sens de la longueur.
- Les pois mange-tout demandent également de 7 à 8 minutes de cuisson dans l'eau bouillante salée avant d'être mis à égoutter et à refroidir.
Préparez la mousseline de volaille comme suit:
- Broyez au mixer les blancs de poulet.

- Mettez-les dans un récipient que vous poserez dans un grand saladier rempli de glaçons. Ajoutez un à un les blancs d'oeufs à la purée de volaille.
- Salez, poivrez, et incorporez peu à peu la crème fraîche. Si votre préparation devenait trop fluide, mettez le tout au réfrigérateur pendant 15 minutes avant de continuer à incorporer la crème. Mélangez alors la purée de cresson à cette mousseline de volaille et faites prendre l'ensemble pendant 2 heures au réfrigérateur.
- Chauffez le four à 180°C (350°F).
- Beurrez une terrine en porcelaine à feu.
- Mettez une couche de mousseline de volaille au cresson, puis alternez les couches de légumes (une variété par couche) avec les couches de mousseline.
- Couvrez la terrine.
- Placez-la dans un plat à gratin que vous aurez rempli aux 3/4 d'eau très chaude.
- Enfournez de 25 à 30 minutes.
- Laissez bien refroidir avant de mettre au réfrigérateur au moins 12 heures avant de servir.
- Démoulez et coupez en tranches.
- Servez avec un coulis de tomates (recette n° 19) ou une sauce antiboise (recette n° 22).

64. Pâté de légumes au poisson

Pour 6 personnes

1 kg (2 lb 3 oz) de poireaux (dont vous n'utiliserez que les blancs)
500 g (1 lb) au total de filets de poisson (truite, merlan, brochet, sole, etc.)
250 g (8 oz) de haricots verts
250 g (8 oz) de carottes
250 g (8 oz) d'épinards
250 g (8 oz) d'oseille
6 oeufs
1 c. à soupe (1 c. à table) de gelée en poudre
Sel et poivre
1/2 c. à café (1/2 c. à thé) de gingembre en poudre
60 g (2 oz) de beurre

- Épluchez et lavez tous les légumes séparément.
- Coupez les blancs de poireaux en tronçons de 1 cm (1/2 po) environ. Mettez-les cuire à feu doux dans une casserole avec 20 g (2/3 oz) de beurre. Remuez souvent. La cuisson doit se poursuivre pendant 15 à 18 minutes.
- Passez les haricots coupés en petits morceaux pendant 5 à 7 minutes dans l'eau bouillante salée. Laissez refroidir et égouttez.
- Faites cuire les carottes également coupées en bâtonnets pendant 10 minutes dans l'eau bouillante salée. Laissez refroidir et égouttez.
- Faites pocher les épinards 3 minutes dans l'eau bouillante salée. Quand ils sont refroidis et égouttés, pressez-les entre vos mains pour en exprimer toute l'eau.

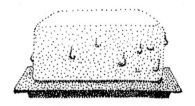

• Faites fondre 20 g (2/3 oz) de beurre dans une casserole et coupez dedans, en fines lanières, les feuilles d'oseille bien lavées. Faites fondre.

• Broyez au mixer les épinards et l'oseille.

• Broyez ensemble au mixer la chair des poissons, les tronçons de blancs de poireaux, les oeufs, la gélatine en poudre et le gingembre. Salez et poivrez.

• Faites chauffer le four à 200°C (400°F).

• Beurrez une terrine. Mettez au fond une couche de farce au poisson, puis une couche de haricots verts-carottes mélangés, puis une couche d'épinards-oseille et ainsi de suite. Finissez par la farce de poisson.

• Couvrez la terrine. Placez-la dans un plat à gratin rempli aux 3/4 d'eau bouillante et faites cuire au four pendant 45 minutes environ.

• Laissez refroidir. Conservez jusqu'au lendemain au réfrigérateur.

• Démoulez et servez avec une sauce au cresson (recette n° 26) ou à l'oseille (recette n° 25).

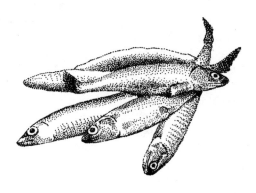

65. Terrine d'asperges

Pour 6 personnes

500 g (1 lb) de blancs de volaille (poulet ou dinde)
2 kg (4 1/2 lb) d'asperges (vous n'utiliserez que les pointes)
500 g (1 lb) de petits pois écossés
3 c. à soupe (3 c. à table) au total de ciboulette et d'échalotes hachées (ou seulement des échalotes si la saison ne vous permet pas de trouver de la ciboulette)
40 g (1 1/2 oz) de beurre séparé en 2 portions égales
150 g (5 oz) d'olives noires dénoyautées
1 oeuf entier
8 c. à soupe (8 c. à table) d'huile d'olive
4 c. à soupe (4 c. à table) de vinaigre de vin
Sel et poivre

- Faites fondre 20 g (2/3 oz) de beurre dans une petite casserole et faites cuire les échalotes dans ce beurre, en prenant soin qu'elles ne dorent pas. Laissez-les refroidir.
- Broyez au mixer les blancs de volaille, l'oeuf entier, l'huile, le sel, le poivre, le vinaigre et la ciboulette et enfin les échalotes refroidies.
- Épluchez les asperges. Coupez les pointes et faites-les passer 5 minutes dans l'eau bouillante salée. Égouttez et laissez refroidir.
- De même, plongez les petits pois 10 minutes dans l'eau bouillante salée. Égouttez-les et laissez-les refroidir.
- Chauffez le four à 180°C (350°F).
- Beurrez un moule rectangulaire de 20 cm (8 po) de long.
- Faites 3 parts égales de la purée de poulet.
- Mélangez les petits pois à l'une des parts.
- Enrobez avec précaution les pointes d'asperges avec la deuxième part.
- Tapissez le fond du moule avec une partie de la troisième part (à laquelle vous n'aurez donc rien ajouté). Puis une couche de purée aux petits pois, puis une couche de pointes d'asperges. Vous aurez intérêt à prendre les pointes d'asperges une à une pour les disposer sans trop les casser.

• Coupez les olives en rondelles ou en quartiers et étalez-les sur les asperges, puis de nouveau 1/3 de la purée au poulet, puis les petits pois, puis les asperges pour finir par le dernier 1/3 de la purée simple.

• Couvrez le moule d'une feuille de papier sulfurisé ou de papier d'aluminium beurrée. Cognez le moule sur la table pour bien tasser les couches de légumes.

• Mettez le moule dans un plat à gratin rempli aux 3/4 d'eau très chaude et enfournez pendant 1 heure.

• Laissez refroidir au moins pendant 2 heures. Jetez le liquide qui aura pu se former au-dessus de votre pâté.

• Démoulez sur une serviette pour absorber le liquide éventuel qui exsuderait encore.

• Mettez au réfrigérateur pendant une nuit, en ayant eu soin de bien recouvrir cette terrine d'une feuille de papier d'aluminium.

• Servez avec une saucière de crème fleurette (crème à 15 p. 100) très citronnée et parfumée à la ciboulette.

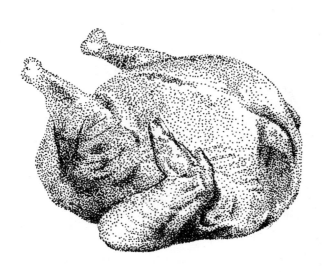

66. Terrine de coquillettes à l'oseille

Pour 6 personnes

200 g (7 oz) d'oseille
300 g (10 oz) d'épinards
300 g (10 oz) de feuilles vertes de côtes de bette
150 g (5 oz) de haricots verts
100 g (3 oz) de haricots blancs en grains
50 g (2 oz) de coquillettes
2 carottes
2 gousses d'ail
2 oeufs
100 g (3 oz) de beurre
40 g (1 1/2 oz) de mie de pain
1 pincée de sariette
1 pincée de marjolaine
1 c. à café (1 c. à thé) de persil haché
1 oignon moyen
150 g (5 oz) de champignons
Le jus d'un demi-citron
Sel et poivre
1 pincée de poivre de Cayenne

• Faites tremper les haricots blancs secs depuis la veille (à moins que vous ne fassiez cette recette à l'automne où il est possible de se procurer des haricots à écosser).
• Faites cuire les haricots blancs, égouttez-les et réduisez-les en purée. Épluchez et lavez tous les légumes.
• Faites-les cuire l'un après l'autre dans de l'eau bouillante salée:
  • pendant 3 ou 4 minutes pour les épinards et les feuilles de bette;
  • pendant 8 minutes pour les haricots verts;
  • pendant 10 minutes pour les carottes;
  • pendant 10 minutes pour les coquillettes qui doivent être *ai dente.*
• Pressez les feuilles d'épinards et de bettes dans vos mains pour en exprimer toute l'eau.
• Coupez les haricots verts et les carottes en bâtonnets et laissez-les bien égoutter.

- Faites fondre l'oseille dans 20 g (2/3 oz) de beurre jusqu'à ce qu'elle soit réduite en purée, ce qui demande 10 minutes environ.
- Faites ramollir la mie de pain dans de l'eau chaude, puis pressez-la dans vos mains, pour en exprimer l'eau.
- Pilez l'ail et mélangez-le à la mie de pain. Coupez l'oignon en rondelles. Mettez 20 g (2/3 oz) de beurre dans une casserole et faites-le fondre, puis ajoutez l'oignon et laissez cuire à feu doux en remuant pendant 20 minutes environ, jusqu'à ce que l'oignon soit bien translucide.
- Pendant ce temps, essuyez les champignons et coupez-les en lamelles. Ajoutez-les à l'oignon, montez le feu et laissez cuire jusqu'à ce que l'eau de végétation soit évaporée. Saupoudrez de persil, faites cuire encore 2 minutes et arrosez du jus du demi-citron.
- Beurrez la terrine.
- Faites ramollir le beurre qui reste.
- Mettez tous les ingrédients dans un saladier, y compris le beurre ramolli.
- Chauffez le four à 180°C (350°F).
- Mélangez tous les légumes ensemble, ainsi que la sariette et la marjolaine.
- Cassez les 2 oeufs, battez-les en omelette, amalgamez-les au mélange de tous les légumes.
- Salez et poivrez. Ajoutez une pointe de couteau de poivre de Cayenne.
- Versez ce mélange dans la terrine.
- Tassez bien en cognant la terrine sur la table, sur un torchon plié en 4 (pour amortir).
- Couvrez la terrine.
- Placez-la dans un plat à gratin que vous remplirez aux 3/4 d'eau très chaude.
- Enfournez et laissez cuire 1 heure 30 minutes.
- Enlevez le couvercle de la terrine.
- Vous vous serez procuré une planche aux dimensions intérieures de la terrine. Posez-la sur le pâté cuit. Mettez un poids dessus et laissez sous presse au frais toute une nuit.
- Mettez toute une journée au réfrigérateur avant de servir.
- Cette terrine se conserve de 5 à 6 jours au réfrigérateur.

67. Terrine de légumes au cumin

Pour 6 personnes

500 g (1 lb) d'aubergines
500 g (1 lb) de courgettes
300 g (10 oz) de tomates
1/2 céleri en branches
1 pomme acide
150 ml (2/3 tasse) d'huile d'arachide ou de tournesol
Quelques feuilles de basilic frais ou 1 c. à café (1 c. à thé) de basilic séché
Sel et poivre
20 g (2/3 oz) de beurre pour beurrer le moule
1 bonne pincée de cumin en poudre

- Épluchez et lavez le céleri. Coupez-le en petits tronçons et faites-le pocher 5 minutes dans l'eau bouillante salée.
- Sans éplucher complètement les aubergines et les courgettes, enlevez des lanières de peau tout autour.
- Coupez-les en rondelles et faites-les dorer légèrement dans l'huile chaude. Salez et poivrez.
- Égouttez-les sur un papier absorbant.
- Coupez les tomates en rondelles.
- Coupez la pomme en lamelles.
- Beurrez largement une terrine en porcelaine à feu.
- Étalez d'abord une couche de tomates-pommes-céleri, puis une couche d'aubergines, arrosez d'un peu de jus de citron, puis étalez une couche de courgettes.
- Saupoudrez de cumin et mettez en alternance les couches de légumes et d'épices.
- Couvrez la terrine.
- Chauffez le four à 230°C (450°F) et faites cuire pendant 20 à 25 minutes.
- Servez froid, dans la terrine.
- Accompagnez d'une sauce fraîche aillée (recette n° 24).

68. Mousse de tomates à la menthe

Pour 6 personnes

800 g (1 lb 12 oz) de tomates bien en chair
Eau bouillante
1 boîte de maïs de 250 g (8 oz)
350 g (12 oz) de fromage blanc à pâte lisse
5 oeufs
2 c. à soupe (2 c. à table) de menthe fraîche hachée aux ciseaux ou 2 c. à café
(2 c. à thé) de menthe séchée
Sel et poivre
20 g (2/3 oz) de beurre

- Plongez les tomates quelques secondes dans l'eau bouillante, une par une, pour les éplucher plus facilement.
- Coupez-les en deux et épépinez-les.
- Malaxez les tomates avec le fromage blanc, les oeufs entiers, le sel et le poivre.
- Ajoutez les grains de maïs et la menthe hachée.
- Préchauffez le four à 180°C (350°F).
- Beurrez un moule à cake.
- Versez-y la préparation.
- Recouvrez le moule d'une feuille de papier d'aluminium beurrée.
- Placez le moule dans un plat à gratin rempli aux 3/4 d'eau très chaude et enfournez pendant 40 à 45 minutes.
- Laissez refroidir et reposer pour la nuit au réfrigérateur avant de démouler.
- Accompagnez d'une sauce à la menthe (recette n° 23).

69. Terrine de riz aux olives

Pour 6 personnes

250 g (8 oz) de riz *cuit*
3 belles tomates
1 poivron rouge
100 g (3 oz) d'olives vertes dénoyautées
100 g (3 oz) d'olives noires dénoyautées
300 g (10 oz) de fromage blanc à pâte lisse
50 g (2 oz) de crème fraîche (crème à 35 p. 100)
2 c. à café (2 c. à thé) d'estragon frais haché ou 1 pincée d'estragon séché
Sel et poivre
20 g (2/3 oz) de beurre
5 oeufs entiers

• Ébouillantez pendant quelques secondes les tomates une par une pour pouvoir les éplucher facilement.
• Ouvrez-les pour pouvoir les épépiner. Coupez-les en petits dés.
• Mettez le poivron 10 minutes dans le four chaud pour en enlever la peau. Fendez-le en deux; enlevez les parties blanches et les graines. Coupez en petits morceaux.
• Dans un grand saladier, battez les oeufs entiers en omelette. Ajoutez le fromage blanc et la crème et battez vigoureusement au fouet pour bien mélanger. Salez et poivrez.
• Mélangez alors les légumes et le riz à la préparation ci-dessus. Saupoudrez avec l'estragon haché.

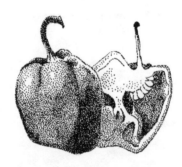

- Préchauffez le four à 180°C (350°F).
- Beurrez une terrine en porcelaine à feu.
- Versez dedans la moitié du mélange. Couvrez avec les olives mélangées, puis mettez le reste de la préparation.
- Couvrez la terrine.
- Placez-la dans un plat à gratin rempli aux 3/4 d'eau très chaude et faites cuire au four pendant une petite heure.
- Faites refroidir avant d'ouvrir la terrine et conservez-la au réfrigérateur.
- Vous pouvez couper les tranches directement dans la terrine ou démouler pour servir.
- Accompagnez d'une mayonnaise (recette n° 32) ou d'une sauce aux anchois (recette n° 27).

70. Couronne de coeurs de palmier

Pour 6 personnes

6 petites langues d'agneau
1 boîte de coeurs de palmier
2 pamplemousses
125 g (4 oz) de petits pois
125 g (4 oz) de riz *cuit*
3 belles tomates
3 c. à soupe (3 c. à table) de mayonnaise (recette n° 32)
750 ml (3 tasses) de gelée
1 1/2 litre (6 tasses) de court-bouillon bien relevé (recette n° 1)
1 oeuf
4 c. à café (4 c. à thé) de gélatine en poudre

* Faites un court-bouillon suivant la recette n° 1.
* Vous aurez demandé à votre tripier de vous préparer les langues d'agneau.
* Faites-les néanmoins blanchir 5 minutes dans l'eau bouillante salée. Retirez-les. Égouttez-les.
* Remettez-les dans le court-bouillon et laissez-les cuire de 30 à 45 minutes. Dépouillez-les de la membrane épaisse qui les recouvre. Faites-les bien égoutter et refroidir avant de les couper en tranches moyennes.
* Faites réduire le court-bouillon à 3/4 de litre (3 tasses).
* Passez-le au chinois. Remettez-le à bouillir. Versez dedans un blanc d'oeuf et la coquille concassée et faites encore bouillir pour que toutes les impuretés s'agglomèrent au blanc d'oeuf coagulé. Écumez et passez de nouveau à travers un chinois doublé d'une étamine humide.
* Faites dissoudre la gélatine dans un peu d'eau et mélangez-la en remuant beaucoup au bouillon passé jusqu'à ce qu'elle soit entièrement dissoute. Votre gelée est prête. Gardez-la au froid.
* Faites cuire les petits pois 10 minutes dans l'eau bouillante salée.
* Détaillez les coeurs de palmier en rondelles de la largeur de 1 cm (1/2 po) à peu près.
* Pelez à vif les pamplemousses et enlevez les membranes blanches des quartiers.
* Dans un saladier, mélangez le riz cuit, les coeurs de palmier, les petits pois, les quartiers de pamplemousse et la mayonnaise.

- Chemisez un moule à baba avec un peu de gelée prête à prendre. mais encore liquide.
- Coupez les tomates en rondelles. Ornez le fond et les parois du moule en alternant avec des rondelles de langue de mouton et de tomates.
- Ajoutez au mélange de fruits-légumes dans le saladier ce qui vous reste de tomates (épépinées et coupées en petits morceaux, cette fois) et de langues d'agneau.
- Mélangez bien.
- Ajoutez un verre de gelée encore liquide. Mélangez encore.
- Versez dans le moule à baba. Cognez le moule sur la table pour que le mélange se tasse bien. Couvrez avec le reste de gelée et faites prendre au froid une nuit.
- Pour démouler, placez le moule quelques secondes au-dessus de la vapeur d'une casserole d'eau bouillante.
- Renversez le moule sur un plat garni de feuilles de laitue.
- Servez avec la mayonnaise dont vous vous êtes servi pour assaisonner les légumes.

71. Mousse d'avocats

Pour 6 personnes

3 avocats
Le jus d'un citron
300 g (10 oz) de gelée de poisson au vin blanc (recette n° 3)
500 g (1 lb) de crème fraîche (crème à 35 p. 100)
5 c. à café (5 c. à thé) de gélatine en poudre
Sel et poivre
24 langoustines, gambas ou écrevisses (facultatif)

- Prélevez la pulpe des avocats à l'aide d'une cuillère. Arrosez-la tout de suite de jus de citron.
- Délayez la gélatine dans 100 g (3 oz) de gelée encore liquide mais prête à prendre.
- Au mélangeur, battez la pulpe d'avocats et la gelée renforcée à la gélatine. Réservez au frais.
- Fouettez la crème fraîche.
- Incorporez tout doucement le 1/4 de la crème à la purée d'avocats, en mélangeant au fouet.
- Puis finissez de mélanger purée et crème fraîche, cuillère par cuillère.
- Salez. Poivrez bien.
- Si c'est un peu fade, ajoutez le jus d'un autre citron.
- Versez la mousse dans un récipient. Coulez dessus le reste de la gelée.
- Faites prendre au réfrigérateur pendant 6 heures au moins.
- Servez démoulé avec les langoustines comme décoration (éventuellement) et accompagné d'un coulis de tomates (recette n° 19).

Recettes à base de poissons et crustacés

72. Pâté d'anguille Éléonore
73. Ballottine d'anguille au saumon
74. Saumon en terrine à l'écossaise
75. Koulibiac de saumon
76. Couronne de saumon
77. Terrine de brochet aux champignons
78. Terrine de poissons d'eau douce
79. Rillettes de truites
80. Terrine du pêcheur en rivière
81. Terrine de poissons fumés à la poutargue
82. Haddock en mousseline au cari
83. Galantine de thon
84. Bar en croûte
85. Turban de soles en gelée
86. Ballottine de lotte aux coquilles Saint-Jacques
87. Pain de lotte
88. Terrine de lotte au crabe
89. Pâté de poisson de l'Atlantique
90. Terrine de Carême *
91. Terrine de colin au beurre blanc
92. Gâteau de poisson ménagère
93. Terrine de poissons au safran
94. Terrine verte et rose
95. Terrine de merlan trois couleurs
96. Terrine de merlan aux coquilles Saint-Jacques
97. Terrine de homard
98. Homards en gelée
99. Terrine de poisson et de homard
100. Pâté de coquilles Saint-Jacques à l'oseille
101. Mousse de crabe, de crevettes ou de moules
102. Rillettes de la mer

* Carême: cuisinier célèbre, il fut le véritable fondateur de la cuisine française.

72. Pâté d'anguille Éléonore

Pour 6 personnes

1 belle anguille d'au moins 1,2 kg (2 lb 10 oz)
24 écrevisses (à défaut, vous pouvez employer des langoustines)
150 g (5 oz) de gruyère râpé
250 g (8 oz) de fromage blanc à pâte lisse
120 ml (1/2 tasse) de lait
1 c. à café (1 c. à thé) de gingembre râpé, frais de préférence. Sinon prenez du gingembre en poudre.
1 pointe de safran
Sel et poivre
1 kg (2 lb 3 oz) de pâte feuilletée (recette n° 16) ou demi-feuilletée (recette n° 17)
1,5 litre (6 tasses) de court-bouillon (recette n° 1)

Pour dorer le couvercle du pâté:

2 c. à soupe (2 c. à table) de lait dans lequel vous aurez délayé 1 pointe de couteau de safran

- Faites dépouiller l'anguille par votre poissonnier. Coupez-la en tronçons que vous faites pocher dans le court-bouillon refroidi et que vous ramenez à frémissement pendant 10 minutes.
- Retirez les tronçons d'anguille. Faites-les égoutter.
- Faites frémir à leur place les écrevisses (ou les langoustines) pendant 5 minutes.
- Retirez-les, épluchez-les et réservez les carapaces et les pinces.
- Faites recuire longuement les carapaces dans le court-bouillon.
- Vous aurez fait votre pâte feuilletée depuis la veille (recette n° 16).
- Réservez le 1/4 de la pâte pour faire le couvercle du pâté.
- Beurrez une tourtière * de 18 cm (11 po) de diamètre.

---

* Moule rond à bord peu relevé.

- Abaissez les 3/4 de votre pâte. Découpez un morceau du diamètre du fond de la tourtière. Placez-le dans la tourtière. Avec la pâte qui reste, faites des lanières de 2 cm (1 po) de large que vous humectez pour qu'elles adhèrent et que vous placez sur le fond de pâte, à sa périphérie, contre les parois de la tourtière, en les superposant jusqu'à ce que la pâte arrive au bord supérieur de la tourtière.
- Dans une petite terrine, battez le fromage blanc à la fourchette en lui incorporant le fromage râpé, sel et poivre. Délayez le gingembre dans le lait et amalgamez aux fromages.
- Broyez en pâte les carapaces et les pinces des écrevisses, arrosez d'un verre de court-bouillon bien réduit et passez au chinois.
- Étalez une couche de ce mélange au fond de la tourtière.
- Disposez dessus les tronçons d'anguille, puis les écrevisses et terminez avec le reste de la pâte fromage-écrevisses.
- Fermez avec un couvercle fait du reste de pâte feuilletée que vous dorerez au lait safrané. Ménagez une cheminée au centre du couvercle. Maintenez l'ouverture avec un petit rouleau de papier d'aluminium.
- Mettez à four chaud à 220°C (425°F) pendant 10 minutes puis baissez la chaleur du four à 180°C (350°F) pendant 20 à 25 minutes.
- Il faut que la croûte soit bien dorée.
- Vous pouvez manger ce pâté froid ou chaud, accompagné d'une simple salade de laitue.

73. Ballottine d'anguille au saumon

Pour 6 personnes

500 g (1 lb) de filets d'anguille fraîche
200 g (7 oz) de filet de saumon
400 g (14 oz) de chair de brochet
250 g (8 oz) de panade à la farine (recette n° 11)
30 g (1 oz) d'échalotes ciselées
Le jus d'un citron
Sel et poivre
Court-bouillon bien relevé en quantité suffisante pour recouvrir la ballottine (recette n° 1)

- Aplatissez les filets d'anguille avec le plat d'un couperet bien lourd.
- Enlevez le plus possible les arêtes des filets de saumon et de la chair de brochet.
- Passez la chair du brochet au mélangeur.
- Ajoutez sel, poivre, jus de citron et panade et mélangez bien. Incorporez les échalotes ciselées.
- Posez un torchon sur la table. Placez les filets d'anguille côte à côte dans le sens de la largeur.
- Déposez la moitié de la farce au brochet au milieu des filets d'anguille.
- Placez les filets de saumon sur la farce.
- Mettez dessus le reste de la farce.
- Repliez les filets d'anguille de façon à former un gros saucisson.
- Enroulez le torchon plusieurs fois autour. Tordez les extrémités et fermez avec une ficelle.
- Placez dans un récipient allant au feu et recouvrez d'un court-bouillon froid.
- Portez doucement à ébullition et laissez frémir sans bouillir pendant 35 à 40 minutes.
- Laissez refroidir.
- Sortez du torchon.
- Servez coupé en tranches.
- Accompagnez d'une mayonnaise (recette n° 32).

74. Saumon en terrine à l'écossaise

Pour 6 personnes

600 g (1 lb 5 oz) de chair de saumon frais
8 filets d'anchois allongés
1 c. à soupe (1 c. à table) de vinaigre à l'estragon
1 pincée de poivre de Cayenne (ou quelques gouttes de sauce Tabasco)
150 g (5 oz) de beurre
150 g (5 oz) de crème fraîche (crème à 35 p. 100)
Sel

- Demandez à votre poissonnier des filets de saumon frais.
- Retirez toutes les arêtes. Coupez le saumon en petits dés, dans un saladier.
- Ajoutez les anchois, également déchiquetés. Mouillez avec le vinaigre. Incorporez la crème fraîche et écrasez le tout à la fourchette, puis mettez le beurre râpé en fines lamelles à l'aide du couteau à éplucher.
- Écrasez fortement le tout à la fourchette jusqu'à ce que le mélange ait l'apparence de rillettes. Goûtez avant de saler, éventuellement, car les anchois sont très salés et suffisent le plus souvent.
- Versez ce mélange dans un pot en grès.
- Mettez 300 ml (1 1/4 tasse) d'eau dans l'autocuiseur. Placez la grille et le pot dedans, de façon qu'il ne touche pas l'eau.
- Faites cuire à la vapeur, à couvert, pendant 20 minutes.
- Sortez du feu. Étalez le mélange encore bien chaud dans un saladier et retravaillez-le jusqu'à complet refroidissement.
- Remettez le saumon dans le pot de grès et laissez refroidir au réfrigérateur pendant quelques heures.
- Servez dans le pot, avec des tranches de pain bis, du beurre très frais et des citrons coupés en quartiers, pour arroser les tartines.

- **Note** : Cette recette était déjà connue (et appréciée) des marins anglais au siècle dernier.

75. Koulibiac de saumon

Pour 6 à 8 personnes

500 g (1 lb) de pâte à brioche (recette n° 15)
500 g (1 lb) de filets de saumon frais (sans déchet)
100 g (3 oz) de beurre
40 ml (1 1/3 oz) de madère
150 g (3 oz) de riz
7 oeufs dont 6 cuits dur
200 g (7 oz) de champignons de Paris
250 ml (1 tasse) de crème fraîche (crème à 35 p. 100)
500 ml (2 tasses) de crème fleurette (crème à 15 p. 100)
200 g (7 oz) d'oseille
1 bouquet de persil
2 branches d'estragon
1 bouquet de ciboulette (à défaut, 1 oignon)
1 bouquet d'aneth (gardez quelques petites branches pour la garniture)
2 citrons
Sel, poivre et quatre-épices
1 litre (4 tasses) de court-bouillon (recette n° 1)

• Faites cuire le riz pendant 12 à 15 minutes dans l'eau bouillante salée. Égouttez-le.

• Faites cuire 6 des oeufs jusqu'à ce qu'ils soient durs, ce qui demande 10 minutes dans l'eau bouillante. Plongez-les ensuite immédiatement dans l'eau froide et cassez la coquille. Écalez les oeufs et laissez en attente.

• Nettoyez et essuyez soigneusement les champignons et faites-leur perdre leur eau de végétation en les cuisant à feu doux dans une casserole beurrée. Réservez.

• Lavez et hachez les fines herbes (éventuellement, l'oignon). Lavez l'oseille et coupez-la finement aux ciseaux. L'oseille est trop fragile pour être passée au hachoir.

• Mettez 80 g (2 3/4 oz) de beurre dans une sauteuse et faites-y revenir les fines herbes et l'oseille. Mouillez avec le madère. Assaisonnez avec le sel, le poivre et le quatre-épices. Mettez en attente.

• Mettez les filets de saumon dans le court-bouillon froid et amenez à ébullition. Laissez pocher 10 minutes. (Le court-bouillon doit frémir mais non bouillir.)

• Retirez le poisson et égouttez-le bien. Laissez-le refroidir. Abaissez votre pâte à brioche et faites-en 2 parts rectangulaires. Sur une plaque beurrée, déposez la plus large des parts. Garnissez-la de couches successives, en ayant soin de laisser de chaque côté une bande de pâte non recouverte de farce.

• Mettez une couche de riz (la moitié de ce qui est cuit), puis la moitié des fines herbes, la moitié des champignons, la moitié des filets de saumon, les oeufs durs les uns à la suite des autres, l'autre moitié du saumon, puis des champignons, des fines herbes, finissez avec l'autre moitié du riz.

• Couvrez le tout avec le 2e morceau de pâte. Mouillez les bords pour qu'ils se soudent bien l'un sur l'autre et roulez-les en formant une torsade.

• Faites une ou deux cheminées sur le haut du pâté avec un papier d'aluminium roulé en cigarette pour permettre aux vapeurs de cuisson de s'échapper.

• Dorez le dessus de la pâte avec le jaune de l'oeuf qui reste, délayé dans un peu d'eau salée.

• Faites cuire à four doux à 180°C (350°F) pendant 40 minutes.

• Au moment de servir, faites couler la crème fraîche par les cheminées et inclinez le pâté dans tous les sens pour que la crème se répande partout.

• Placez le pâté sur le plat de service, garni des petites branches d'aneth que vous aurez réservées et de quartiers de citrons.

• Servez avec un bol de crème fleurette tiédie, salée et citronnée.

• Si possible, offrez de la vodka glacée avec ce pâté bien chaud.

76. Couronne de saumon

Pour 6 personnes

500 g (1 lb) de saumon frais sans déchet (ou une boîte de 500 g (1 lb)
1 litre (4 tasses) de court-bouillon (recette n° 1)
6 c. à soupe (6 c. à table) de persil frais haché ou 1 c. à soupe (1 c. à table)
de persil séché
6 c. à soupe (6 c. à table) de mayonnaise (recette n° 32)
1 c. à café (1 c. à thé) d'oignon haché
Le jus d'un demi-citron
Sel et poivre
500 ml (2 tasses) de gelée de poisson au vin blanc (recette n° 3)

- Faites frémir les filets de saumon dans le court-bouillon pendant 12 minutes.
- Égouttez-les et laissez-les refroidir.
- Lavez, séchez et hachez le persil.
- Épluchez et hachez l'oignon.
- Broyez les filets de saumon au pilon ou au mélangeur.
- Mélangez bien les filets dans un saladier avec le sel, le jus de citron, le persil et l'oignon hachés, et la mayonnaise.
- Tapissez un moule à savarin, que vous aurez eu la précaution de faire bien refroidir au congélateur, avec de la gelée de poisson encore liquide, mais prête à prendre.
- Remettez le moule dans le réfrigérateur pour que la gelée durcisse. Ajoutez le reste de gelée non prise au mélange ci-dessus. Remplissez le moule et faites prendre au réfrigérateur.
- Pour démouler, placez le moule au-dessus d'une casserole d'eau bouillante. Renversez le moule sur le plat de service et remettez immédiatement pendant au moins 15 minutes au réfrigérateur.
- Servez avec une salade de laitue citronnée.

77. Terrine de brochet aux champignons

Pour 6 personnes

350 g (12 oz) plus 150 g (5 oz) de filets de brochet
300 g (10 oz) de crème fraîche (crème à 35 p. 100)
50 g (2 oz) de beurre
2 échalotes hachées menu au couteau
1 c. à soupe (1 c. à table) de persil haché
300 ml (1 1/4 tasse) de bon vin blanc sec
200 g (7 oz) de champignons (au hasard du marché et des saisons: champignons de Paris, girolles, cèpes, etc.)
Sel et poivre
1 pincée de poivre de Cayenne
250 g (8 oz) de panade à la frangipane (recette n° 12)

- Commencez par faire votre panade à la frangipane. *Réservez* au réfrigérateur les blancs des oeufs dont vous viendrez d'utiliser les jaunes.
- Épluchez les échalotes. Coupez-les en menus morceaux. Lavez, séchez et hachez le persil au mélangeur.
- Mettez les 50 g (2 oz) de beurre dans une casserole et faites-y revenir très doucement les échalotes et le persil.
- Nettoyez et essuyez soigneusement les champignons. Coupez-les en dés et ajoutez-les aux échalotes et au persil. Faites évaporer l'eau de végétation des champignons.
- Coupez également en dés les 150 g (5 oz) de filets de brochet. Mettez-les aussi dans la casserole et mouillez avec le vin blanc. Salez, poivrez et laissez cuire, casserole découverte, jusqu'à évaporation du liquide. Laissez refroidir.
- Au mélangeur, broyez les 350 g (12 oz) de chair de filets de brochet. Passez cette purée à travers un tamis à l'aide d'une large spatule en bois ou d'une corne en plastique.
- Placez dans un grand saladier rempli de glaçons le récipient dans lequel vous aurez recueilli la purée de poisson.
- Incorporez petit à petit en travaillant vigoureusement au fouet les blancs d'oeufs et la crème fraîche. Si le mélange devient trop fluide en cours de travail, remettez le récipient et son saladier-rafraîchissoir au réfrigérateur pendant 15 minutes puis continuez à incorporer blancs d'oeufs et crème.

- Salez, poivrez et ajoutez le poivre de Cayenne. Mélangez bien. Ajoutez la panade, les dés de brochet et de champignons persillés.
- Beurrez abondamment une terrine. Remplissez-la de cette farce bien amalgamée. Fermez la terrine avec son couvercle ou avec une feuille de papier d'aluminium.
- Chauffez le four à 200°C (400°F). Remplissez aux 3/4 d'eau bouillante un plat à gratin dans lequel vous aurez posé la terrine. Enfournez le bain-marie et faites cuire pendant 50 minutes.
- Servez avec une sauce au cresson (recette n° 26).

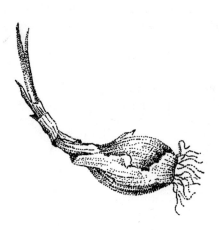

78. Terrine de poissons d'eau douce

Pour 6 personnes

600 g (1 lb 5 oz) de chair crue de brochet (sans déchet)
15 filets de perche arrosés du jus d'un ou 2 citrons
18 écrevisses décortiquées
1 échalote hachée
2 c. à soupe (2 c. à table) de persil et de basilic hachés
1 pointe de poivre de Cayenne
Sel et poivre
200 g (7 oz) de crème fraîche (crème à 35 p. 100)
400 g (14 oz) de panade à la frangipane (recette n° 12)
20 g (2/3 oz) de beurre pour beurrer la terrine

- Faites la panade à la frangipane et mettez-la à refroidir.
- Débarrassez au maximum la chair de brochet de ses arêtes en l'émiettant.
- Broyez la chair de brochet au mixer, puis ajoutez la panade bien refroidie, l'échalote hachée, le basilic et le persil hachés, la crème fraîche et la pointe de couteau de poivre de Cayenne.
- Salez et poivrez.
- Préchauffez le four à 200°C (400°F).
- Beurrez la terrine.
- Étalez au fond la moitié de la farce.
- Disposez dessus les filets de perche bien citronnés, puis les écrevisses décortiquées, et enfin le reste de la farce.
- Fermez la terrine et placez-la dans un plat à gratin que vous remplirez aux 3/4 d'eau bouillante.
- Enfournez le bain-marie et faites cuire 50 minutes.
- Laissez refroidir avant de démouler.
- Servez accompagné d'une mayonnaise au basilic (recette n° 35).

79. Rillettes de truites

Pour 6 personnes

3 belles truites dont vous avez fait lever les filets
300 g (10 oz) de saumon fumé
100 g (3 oz) de beurre
150 g (5 oz) de crème fraîche (crème à 35 p. 100)
150 ml (2/3 tasse) de vin blanc sec de bonne qualité
2 c. à soupe (2 c. à table) de cognac
Sel et poivre

• Faites fondre le beurre dans une poêle et faites cuire doucement les filets de truite. Déglacez au cognac.
• Mettez les filets de truite et leur jus de cuisson dans une terrine et écrasez-les à la fourchette pendant qu'ils sont encore tièdes.
• Mettez la crème fraîche délayée au vin blanc dans une casserole. Faites fondre et plongez-y les tranches de saumon fumé, coupées en lanières. Quand elles sont bien imprégnées de crème, passez au mélangeur et incorporez-les aux truites, en continuant de travailler le mélange à la fourchette.
• Goûtez avant de saler, si nécessaire. Poivrez.
• Mettez dans une terrine et gardez au frais.
• Servez avec des tranches de pain de mie grillées et du beurre très frais.
• Ces rillettes peuvent se garder 5 à 7 jours au réfrigérateur dans un récipient clos et au plus froid du réfrigérateur.

80. Terrine du pêcheur en rivière

Pour 6 personnes

200 g (7 oz) de filets de truite
200 g (7 oz) de filets de sandre* (ou doré)
200 g (7 oz) de saumon frais
3 oeufs entiers
150 g (5 oz) de crème fraîche (crème à 35 p. 100)
375 g (13 oz) de beurre
25 g (1 oz) de beurre pour beurrer la terrine
75 g (3 oz) d'amandes effilées
1 poireau
4 belles carottes
100 g (3 oz) de champignons de Paris
Le jus d'un demi-citron
4 c. à soupe (4 c. à table) de vin blanc sec de bonne qualité
20 g (2/3 oz) d'échalote (environ)
2 c. à soupe (2 c. à table) de fines herbes coupées aux ciseaux: ciboulette, cerfeuil et estragon
Sel
1/2 c. à café (1/2 c. à thé) de poivre vert
1 pointe de couteau de poivre de Cayenne
1 pointe de couteau de safran

- Cette terrine se compose de trois farces qui se font toutes les trois en broyant au mélangeur les chairs de poissons avec leurs assaisonnements, à l'exception des légumes qui sont cuits et mélangés à la fourchette, une fois coupés en petits morceaux.

Farce de truite:

Broyez au mélangeur: la chair des filets de truite
50 g (2 oz) de crème fraîche (crème à 35 p. 100)
1 oeuf entier
2 c. à soupe (2 c. à table) de vin blanc
20 g (2/3 oz) d'échalotes
125 g (4 oz) de beurre coupé en fines lamelles
- Quand le tout sera bien amalgamé, goûtez. Salez et poivrez. Ajoutez en mélangeant à la fourchette les fines herbes hachées. Réservez au frais.

---

* Poisson voisin de la perche.

Farce de sandre ou de doré:

Procédez de la même façon que ci-dessus avec: **la chair des filets de sandre**
50 g (2 oz) de crème fraîche (crème à 35 p. 100)
175 g (6 oz) de beurre
1 oeuf entier
sel, safran et poivre

• Quand votre amalgame est bien homogène, ajoutez les amandes effi-lées en les mélangeant à la fourchette.

Farce de saumon:

• Épluchez et lavez les légumes: blancs de poireau et carottes. Coupez-les en julienne.

• Essuyez soigneusement les têtes des champignons. Coupez-les en lamelles et arrosez-les du jus du demi-citron.

• Faites cuire les légumes dans une casserole où vous aurez mis fondre la crème délayée avec les 2 c. à soupe (2 c. à table) de vin blanc. Com-mencez par faire cuire les blancs du poireau pendant 10 minutes puis ajoutez les dés de carottes, cuire encore 10 minutes pour enfin ajouter les champignons citronnés qui cuiront à couvert pendant 5 minutes. Assai-sonnez d'un peu de sel et de poivre de Cayenne.

• Pendant ce temps, faites la farce de saumon en broyant au mélangeur:

la chair des filets de saumon
175 g (6 oz) de beurre en lamelles
1 oeuf
sel et poivre

• Quand l'amalgame est bien fait, ajoutez en mélangeant à la fourchette les petits légumes et leur jus de cuisson.

• Vous avez donc 3 farces: l'une à la truite et aux fines herbes, la seconde au sandre et aux amandes effilées, la troisième au saumon et aux petits légumes.

• Beurrez une terrine rectangulaire. Faites alterner les trois farces par couches successives.

• Préchauffez le four à 180°C (350°F).

• Couvrez la terrine soit avec son couvercle, soit avec une feuille de papier sulfurisé ou de papier d'aluminium.

• Placez la terrine dans un plat à gratin que vous remplissez aux 3/4 d'eau chaude.

• Enfournez le bain-marie pendant 1 heure au moins (presque 75 mi-nutes).

• Laissez la terrine au four éteint jusqu'à refroidissement.

• Mettez au réfrigérateur pendant 24 heures. Démoulez au moment de servir.

81. Terrine de poissons fumés à la poutargue *

Pour 6 personnes

300 g (10 oz) de saumon fumé
300 g (10 oz) de truite fumée
300 g (10 oz) de poutargue
500 ml (2 tasses) de crème fraîche (crème à 35 p. 100)
2 citrons
1 bouquet de cerfeuil frais ou 1 c. à soupe (1 c. à table) de cerfeuil séché
1 bouquet de ciboulette fraîche ou 1 c. à soupe (1 c. à table) de ciboulette séchée
500 g (1 lb) de gelée de poisson (recette n° 3)

- Si vous avez déjà de la gelée de poisson, faites-la liquéfier.
- Si vous devez la faire, reportez-vous à la recette n° 3 mais n'ajoutez pas le vin blanc.
- Enfin, si vous êtes pressé par le temps, faites simplement dissoudre 10 g (1/3 oz) de gélatine en poudre dans 500 ml (2 tasses) d'eau aromatisée de feuilles d'estragon frais ou séché, et portez à ébullition. Mettez à refroidir dès que la gélatine a fondu.
- Sortez les oeufs de poutargue de leur pellicule parcheminée et mettez-les dans un bol assez grand pour contenir aussi le même volume de crème que de poutargue et le jus de 2 citrons. Battez le tout au mélangeur.
- Quand vous avez obtenu une crème épaisse et bien homogène, ajoutez 100 g (3 oz) de gelée encore liquide mais prête à prendre. Réservez au frais, après avoir poivré le mélange (attention, ne salez pas, la poutargue est assez salée).
- Lavez les fines herbes, séchez-les soigneusement dans un torchon et coupez-les menu aux ciseaux. Le cerfeuil est trop fragile pour être haché électriquement.
- Broyez les truites fumées au mélangeur, puis ajoutez, toujours au mélangeur, leur volume de crème.

---

* Poutargue: appelée aussi caviar blanc, cette spécialité de Provence est faite d'oeufs de muge séchés et pressés.

- Quand vous avez obtenu un mélange épais et lisse, mélangez à la fourchette les fines herbes hachées et 100 g (3 oz) de gelée liquide mais prête à prendre. Poivrez (mais ne salez pas).
- Étendez une partie de la gelée qui reste sur le fond et sur les parois d'un moule. Faites prendre la gelée au réfrigérateur.
- Quand la gelée est prise, étalez au fond du moule une couche de poutargue, puis disposez des tranches de saumon, puis de la purée de truites. puis des tranches de saumon, et ainsi de suite jusqu'à ce que tous les éléments soient utilisés. Versez dessus le reste de la gelée.
- Faites prendre au réfrigérateur pendant 6 heures au moins.
- Servez démoulé, avec des toasts grillés chauds et du beurre très frais, ou de la crème fleurette (crème à 15 p. 100) bien citronnée.
- Offrez en même temps de petits verres de vodka glacée.

82. Haddock en mousseline au cari

Pour 6 personnes

750 g (1 lb 10 oz) de haddock frais ou fumé
1 c. à soupe (1 c. à table) d'huile
2 oignons moyens
3 c. à café (3 c. à thé) de poudre de cari
150 g (5 oz) de fromage blanc à pâte lisse
La moitié d'un concombre
Le jus d'un citron
2 c. à soupe (2 c. à table) de gélatine en poudre
2 blancs d'oeufs
2 c. à soupe (2 c. à table) de persil haché

• Faites cuire le haddock entre 2 assiettes posées sur une casserole d'eau bouillante pendant 10 à 15 minutes.
• Laissez refroidir.
• Épluchez le poisson en lui enlevant les arêtes (et éventuellement la peau).
• Épluchez les oignons et hachez-les menu. Faites-les revenir dans l'huile chaude. Ils doivent être translucides mais pas dorés.
• Laissez refroidir.
• Au mélangeur, broyez le poisson et le concombre. Ajoutez le fromage blanc, le cari, les oignons et le persil haché. Fouettez fortement pour obtenir une pâte lisse et onctueuse.
• Faites dissoudre la gélatine dans le jus de citron chaud. Incorporez-la au mélange.
• Battez les blancs d'oeufs en neige. Ajoutez-les délicatement au mélange.
• Versez dans un moule préalablement rincé à l'eau froide, ou répartissez dans des coupelles individuelles.
• Faites prendre au réfrigérateur pendant au minimum 2 heures.
• Démoulez. Décorez de rondelles de citron et de feuilles de menthe.
• Servez accompagné d'un choix de salades:
     concombres et betteraves à la crème (recette n° 46);
     tomates et oignons (recette n° 47).

83. Galantine de thon

Pour 6 personnes

1,2 kg (2 lb 10 oz) de thon sans peau ni arête dorsale
550 g (1 lb 3 oz) de panade à la frangipane (recette n° 12)
50 ml (2 oz) de porto ou de bon pineau des Charentes
300 g (10 oz) de jambon cuit assez gras
300 à 400 g (10 à 14 oz) de carottes
2 litres (8 tasses) de fumet de poisson (recette n° 2)

- Préparez la panade à la frangipane et mettez-la à refroidir.
- Émiettez la mie de pain, et mouillez-la avec le porto ou le pineau.
- Au mélangeur, broyez la chair de thon, puis ajoutez la mie de pain détrempée et la panade refroidie. Salez, poivrez mais pas trop car vous allez ajouter du jambon qui est naturellement salé.
- Lavez et épluchez les carottes, coupez-les en bâtonnets. Coupez le jambon en très petits dés.
- Étalez un linge sur la table. Mettez au centre une couche de farce au thon, puis les dés de jambon mélangés aux carottes, puis de nouveau de la farce au thon, puis le jambon-carottes, et ainsi de suite en terminant par la farce de poisson.
- Enroulez le torchon autour de la préparation et serrez bien. Fermez bien les deux extrémités et ficelez le tout comme un saucisson.
- Faites cuire 1 heure dans un fumet de poisson (recette n° 2) frémissant.
- Égouttez et laissez tiédir. Placez sur un plat et mettez une planche sur le dessus de la galantine. Posez un poids sur la planche et pressez jusqu'à complet refroidissement.
- Enlevez le torchon et servez coupé en tranches, accompagné d'une salade.

84. Bar en croûte

Pour 8 à 10 personnes suivant la grosseur du poisson

1 bar (loup) de 3 kg (6 lb 10 oz) environ
1 homard de 1 kg (2 lb 3 oz)
200 g (7 oz) de crème fraîche (crème à 35 p. 100)
2 oeufs
1 bouquet d'aneth frais ou 2 pincées d'aneth séché
Sel et poivre de Cayenne
1 kg (2 lb 3 oz) de pâte feuilletée (recette n° 16)
Fenouil (facultatif)

- Cette recette est certainement coûteuse, mais sa saveur exquise vaut un sacrifice.
- Videz le poisson avec beaucoup de précaution puisqu'il s'agit ensuite de le remplir de farce et de le recoudre.
- Essuyez-le bien à l'intérieur avec un papier absorbant.
- Préchauffez le four à 200°C (400°F).
- Jetez le homard vivant dans un grand fait-tout rempli aux 3/4 d'eau bouillante salée et laissez 4 à 5 minutes dans l'eau bouillante. Retirez-le.
- Décortiquez-le et retirez toutes les chairs et le corail. Broyez, passez au tamis en vous aidant d'une spatule de bois ou d'une corne de plastique.
- Mélangez avec la crème fraîche. Coupez finement aux ciseaux les feuilles d'aneth et mélangez-les aussi à la purée de homard ou ajoutez l'aneth séché.
- Salez et poivrez avec une pointe de couteau de poivre de Cayenne.
- Vous aurez préparé votre pâte feuilletée depuis la veille.
- Abaissez-la sur une planche farinée. Faites-en deux rectangles plus larges et plus longs que votre poisson.
- Placez un des rectangles sur la plaque du four bien beurrée. Posez le bar sur la pâte.
- Fourrez-le avec la préparation au homard et recousez-lui le ventre avec du fil de cuisine et une aiguille à brider. Travaillez soigneusement.
- Mettez l'autre abaisse de pâte sur la première. Soudez les bords après avoir donné à votre pâte la forme du poisson, en découpant l'excès de feuilletage.

- Décorez la pâte avec le bout d'un couteau rond pour imiter les écailles et dorez avec les oeufs battus que vous étalez au pinceau. Vous pouvez saupoudrer quelques graines de fenouil sur la pâte.
- Enfournez à 200°C (400°F) et cuisez jusqu'à ce que la pâte soit dorée. Couvrez alors le poisson d'un papier d'aluminium et baissez le feu à 180°C (350°F).
- Le plat sera cuit au bout de 1 heure 10 minutes, 1 heure 20 minutes environ. Servez chaud, coupé en tranches, accompagné d'un beurre blanc (recette n° 18).

85. Turban de soles en gelée

Pour 6 personnes

12 filets de soles
200 g (7 oz) de riz
3 tomates
6 fonds d'artichauts
1,5 litre (6 tasses) de court-bouillon (recette n° 1)
500 ml (2 tasses) de gelée de poisson au vin blanc (recette n° 3)
3 c. à soupe (3 c. à table) de mayonnaise (recette n° 32)

- Enroulez les filets de soles sur eux-mêmes et maintenez-les à l'aide d'un petit bâtonnet de bois.
- Mettez-les dans le court-bouillon que vous portez presque à ébullition. Laissez cuire 5 minutes dans le liquide frémissant.
- Retirez les filets. Faites cuire le riz dans le court-bouillon qui le parfumera.
- Faites cuire les fonds d'artichauts 10 minutes dans l'eau salée et citronnée.
- Coupez les tomates en rondelles.
- Si vous n'avez pas de gelée de poisson d'avance, clarifiez 500 ml (2 tasses) de court-bouillon en le faisant bouillir avec le blanc et la coquille cassée d'un oeuf que vous laissez cuire dans le liquide pendant 15 minutes environ, jusqu'à ce que toutes les impuretés du court-bouillon se soient agglutinées au blanc d'oeuf coagulé. Écumez, puis passez le liquide à travers un chinois garni d'une étamine humide.
- Faites fondre 3 feuilles de gélatine dans l'eau froide puis mélangez-les au court-bouillon et faites chauffer doucement en remuant constamment jusqu'à ce que la gélatine soit bien incorporée.
- Laissez refroidir.
- Quand la gelée est prête à prendre, mais encore liquide, versez-en un peu au fond d'un moule à baba.
- Dans un grand saladier, mélangez la mayonnaise (recette n°32) à 1 verre de gelée. Remuez bien.
- Coupez les fonds d'artichauts en lamelles. Mélangez à la mayonnaise ainsi que le riz.

• Disposez les rondelles de tomates au fond et le long des parois du moule, puis répartissez les filets de sole. Remplissez les creux avec les légumes à la mayonnaise.

• Achevez de remplir le moule avec la gelée refroidie et mettez au frais jusqu'au lendemain.

• Pour servir, placez le moule au-dessus de la vapeur d'une casserole d'eau bouillante et renversez-le sur le plat de service, garni de feuilles de laitue et de quartiers de citron.

86. Ballottine de lotte aux coquilles Saint-Jacques

Pour 6 personnes

1 à 1,2 kg (2 lb 3 oz à 2 lb 10 oz) de filets de lotte
15 coquilles Saint-Jacques (noix et corail)
2 oeufs entiers
5 c. à soupe (5 c. à table) de crème épaisse (crème à 35 p. 100)
1 bouteille de vin blanc sec (muscadet)
3 branches de thym frais ou 1 c. à café (1 c. à thé) de thym séché
1 feuille de laurier
Sel et poivre
1 pointe de couteau de poivre de Cayenne
1 litre (4 tasses) de fumet de poisson (recette n° 2)

- La veille, faites mariner les filets de lotte dans un plat en les recouvrant de la quantité suffisante de muscadet. Ajoutez le thym, le laurier, le sel et le poivre.
- Le jour même, égouttez les filets de lotte. Passez-les au mélangeur.
- Mélangez la lotte avec les oeufs entiers dans un récipient. Placez ce récipient dans un grand saladier rempli de glaçons.
- Incorporez peu à peu toute la crème fraîche. Votre farce doit rester ferme. Si elle ramollissait, mettez le tout pendant 15 minutes au réfrigérateur, puis continuez à incorporer la crème. Salez, poivrez et ajoutez une pointe de couteau de poivre de Cayenne. Mélangez bien.
- Mettez la marinade dans une casserole, portez à ébullition, plongez les coquilles Saint-Jacques dans le liquide et retirez-les aussitôt.
- Placez un grand torchon sur la table.
- Étalez dessus la moitié de la farce de lotte. Disposez sur la farce les noix et les coraux de coquilles Saint-Jacques en alternant. Remettez le reste de farce.
- Enroulez le torchon autour de la farce de poisson. Fermez bien les extrémités et ficelez le tout comme un gros saucisson.
- Faites frémir 30 minutes dans un fumet de poisson (recette n° 2). Il faut que la ballottine soit ferme. Laissez-la égoutter et tiédir.
- Mettez la ballottine entre deux planches ou sur un plat et mettez une planche sur la ballottine. Ficelez le tout, puis mettez un poids sur la planche supérieure pour que votre préparation refroidisse sous presse.
- N'enlevez le torchon qu'après complet refroidissement, et au moment de servir.
- Présentez coupé en tranches et accompagné d'une sauce au cresson (recette n° 26).

87. Pain de lotte

Pour 6 personnes

1,2 kg (2 lb 10 oz) de lotte
6 oeufs entiers
3 c. à soupe (3 c. à table) de crème fraîche (crème à 35 p. 100)
1 boîte de concentré de tomates
Sel et poivre
1 pincée de poudre de muscade
1 c. à café (1 c. à thé) de beurre
1 court-bouillon de 2 litres (8 tasses) (recette n° 1)

• Lavez et nettoyez votre lotte des pellicules gélatineuses.
• Coupez-la en gros tronçons et mettez-la dans le court-bouillon froid, bien corsé.
• Amenez lentement à ébullition et laissez frémir (sans bouillir) pendant 10 minutes.
• Sortez les morceaux, faites-les égoutter et coupez-les en dés.
• Battez les oeufs en omelette dans une grande terrine. Ajoutez peu à peu la crème, le concentré de tomates, le poivre et la poudre de muscade. Goûtez et salez si besoin est. Le concentré de tomates est généralement bien salé.
• Ajoutez doucement les dés de lotte.
• Beurrez abondamment un moule à cake.
• Versez-y le mélange en tassant bien. Recouvrez le moule d'une feuille d'aluminium.
• Placez le pain de lotte dans un plat à gratin aux 3/4 rempli d'eau bouillante. Mettez-le à four déjà chaud à 200°C (400°F) pendant 40 à 45 minutes.
• Laissez refroidir dans le moule. Servez sur un lit de feuilles de laitue.
• Présentez à part de la crème fleurette salée (crème à 15 p. 100), poivrée, assaisonnée du jus d'un demi-citron et de quelques feuilles d'estragon hachées.

• **Note** : Si vous voulez faire de cette recette un plat unique pour le dîner, garnissez-le de tomates et d'oeufs durs coupés en quartiers et de fonds d'artichauts remplis de mayonnaise (recette n° 32).

88. Terrine de lotte au crabe

Pour 6 personnes

1 queue de lotte de 1,5 kg (3 lb 5 oz)
250 g (8 oz) de chair de crabe (1 boîte)
10 oeufs entiers
1 c. à soupe (1 c. à table) de crème fraîche (crème à 35 p. 100)
2 c. à soupe (2 c. à table) rases de farine
4 ou 5 carottes
Sel et poivre
1 pointe de couteau de poivre de Cayenne
1 bouquet de persil
Le jus d'un demi-citron
1 c. à soupe (1 c. à table) rase de beurre
2 litres (8 tasses) de court-bouillon (recette n° 1)

- Lavez et épluchez les carottes.
- Faites cuire la lotte et les carottes dans le court-bouillon frémissant pendant 10 minutes.
- Retirez. Égouttez. Coupez les carottes en bâtonnets et réservez.
- Enlevez l'arête centrale de la lotte en ayant soin de ne pas casser les filets. Réservez le plus gros des filets.
- Au mélangeur, broyez le plus petit des filets et le crabe. Salez, poivrez et ajoutez le poivre de Cayenne.
- Dans une terrine, mélangez les 2 cuillerées de farine et le jaune d'un oeuf. Puis ajoutez le blanc de cet oeuf, puis un à un les 9 autres oeufs en battant vigoureusement à la fourchette.
- Lavez, séchez et hachez le persil. Ajoutez-le à l'omelette. Ajoutez ensuite la cuillerée de crème fraîche et le jus du demi-citron. Salez et poivrez.
- Mettez le four à préchauffer à 150°C (300°F).
- Beurrez une terrine avec la cuillerée de beurre ramolli.
- Étalez l'appareil chair de lotte-crabe au fond.
- Posez au-dessus le gros filet de lotte, et les bâtonnets de carottes de part et d'autre du filet de lotte.
- Versez l'omelette et couvrez la terrine.
- Placez la terrine dans un plat à gratin que vous remplissez aux 3/4 d'eau très chaude.

- Enfournez le bain-marie et faites cuire de 35 à 40 minutes.
- Cette terrine doit cuire doucement pour rester moelleuse.
- Laissez refroidir au moins une journée avant de la démouler.
- Servez accompagné d'une mayonnaise à l'estragon (recette n° 37) ou d'un coulis de tomates (recette n° 19).

89. Pâté de poisson de l'Atlantique

Pour 6 personnes
1 kg (2 lb 3 oz) de colin, de lieu ou de cabillaud
600 g (1 lb 5 oz) de panade au pain (recette n° 10)
125 g (4 oz) de crème fraîche (crème à 35 p. 100)
4 oeufs (blancs séparés des jaunes)
100 g (3 oz) de gruyère râpé
2 ou 3 cèpes frais, ou 250 g (8 oz) de girolles ou de champignons roses
Sel et poivre
40 g (1 1/2 oz) de beurre
2 litres (8 tasses) de court-bouillon (recette n° 1)

- Faites votre panade au pain (recette n° 10) et laissez-la au frais.
- Plongez le poisson dans le court-bouillon froid et ramenez à ébullition. Laissez frémir 10 minutes.
- Retirez les filets de poisson. Retirez le plus possible d'arêtes et laissez égoutter.
- Séparez les blancs des jaunes des oeufs. Mettez les blancs, salés, au réfrigérateur, en attente.
- Au mélangeur, battez vivement la panade au pain, la chair de poisson, les jaunes d'oeufs, la crème fraîche et le fromage râpé. Salez et poivrez.
- Faites fondre doucement 30 g (1 oz) de beurre dans une casserole. Faites-y cuire à feu doux les champignons nettoyés et essuyés. Laissez-les cuire jusqu'à ce qu'ils aient perdu leur eau de végétation.
- Ajoutez les champignons au mélange panade-poisson, hors mélangeur, et incorporez-les soigneusement.
- Battez les blancs d'oeufs en neige très ferme et ajoutez-les à la purée de poisson.
- Beurrez une terrine ou un moule à cake avec le beurre qui reste. Versez la mousse de poisson dans ce récipient que vous placez dans un plat à gratin rempli aux 3/4 d'eau bouillante.
- Enfournez dans un four chauffé à 200°C (400°F) pendant 50 minutes.
- Faites refroidir. Démoulez. Servez froid accompagné d'une mayonnaise aux câpres (recette n° 34).

90. Terrine de Carême *

Pour 6 personnes

1 kg (2 lb 3 oz) de morue en filets, dessalée
1 gros oignon
1 gousse d'ail
125 g (4 oz) de mie de pain rassis hachée
2 oeufs
250 g (8 oz) de crème fraîche (crème à 35 p. 100)
1 c. à café (1 c. à thé) de fécule de pomme de terre
Poivre
1 pincée de cumin en poudre
1 pincée de paprika
1 litre (4 tasses) de court-bouillon (recette n° 1)
20 g (2/3 oz) de beurre

- Vous aurez mis la morue à dessaler depuis la veille. Pour cela, mettez-la dans une casserole et faites couler un léger filet d'eau, sans discontinuer; ou encore plongez la morue dans une casserole d'eau froide que vous changerez souvent.
- Quand la morue est bien dessalée, plongez-la dans le court-bouillon (recette n° 1) que vous faites chauffer doucement jusqu'à ce qu'il frémisse et laissez cuire — *sans bouillir* — pendant 10 minutes.
- Mettez le pain rassis haché dans un saladier et faites-lui absorber du court-bouillon chaud et passé à travers un chinois jusqu'à saturation.
- Broyez la morue au mélangeur. Pressez à la main le pain trempé et ajoutez-le dans le mélangeur.
- Faites cuire l'oignon coupé en menus morceaux dans une poêle où vous aurez fait fondre le beurre. L'oignon doit devenir transparent, mais ne doit pas dorer.
- Ajoutez la gousse d'ail et l'oignon dans le mélangeur, puis les 2 oeufs entiers, la fécule que vous saupoudrez sur l'ensemble, puis la crème fraîche. Amalgamez bien.
- Goûtez. Éventuellement, salez. Poivrez et ajoutez les épices.

---

* Carême: cuisinier célèbre, il fut le véritable fondateur de la cuisine française.

• Beurrez un moule. Tassez-y la préparation. Placez le moule dans un plat à gratin rempli aux 3/4 d'eau chaude. Couvrez le moule avec son couvercle ou avec une feuille de papier d'aluminium.
• Enfournez le bain-marie dans le four préchauffé à 180°C (350°F) et laissez cuire de 45 à 50 minutes.
• Servez chaud avec une sauce béchamel (recette n° 30) très fluide assaisonnée de persil et d'ail hachés, ou froid avec un coulis de tomates (recette n° 19).

91. Terrine de colin au beurre blanc

Pour 6 personnes

400 g (14 oz) de filets de colin
300 g (10 oz) de filets de truite
750 g (1 lb 10 oz) de crème fraîche (crème à 35 p. 100)
150 g (5 oz) de beurre plus 20 g (2/3 oz) pour beurrer la terrine
250 g (8 oz) de champignons de Paris
2 oeufs entiers
2 échalotes
1 c. à café (1 c. à thé) de persil frais haché ou 1 pincée de persil séché
1 c. à café (1 c. à thé) de ciboulette fraîche hachée ou 1 pincée de ciboulette séchée
Sel, poivre et 1 pointe de couteau de safran
1 beurre blanc monté avec 200 g (7 oz) de beurre

- Passez au mélangeur les filets de colin et de truite dont vous aurez enlevé les arêtes au maximum.
- Ajoutez la crème fraîche, puis le beurre râpé en lamelles très fines, et enfin les oeufs battus. Battez encore au mélangeur. Vous devez avoir une pâte très lisse et ferme.
- Hachez menu l'échalote épluchée et les fines herbes bien lavées et séchées. Ajoutez-les à la préparation ci-dessus en amalgamant soigneusement.
- Nettoyez et essuyez les têtes des champignons de Paris. Coupez-les en petits dés.
- Incorporez-les au mélange.
- Salez, poivrez et ajoutez le safran.
- Beurrez une terrine.
- Versez la farce dans ce récipient. Tassez. Couvrez. Placez la terrine dans un plat à gratin rempli d'eau bouillante.
- Enfournez ce bain-marie dans un four à 200°C (400°F) pendant 40 à 45 minutes.
- Servez chaud, accompagné d'un beurre blanc (recette n° 18).

92. Gâteau de poisson ménagère

Pour 6 personnes

400 g (14 oz) de filets de poisson (merlan, colin, cabillaud, lieu, etc.)
400 g (14 oz) de purée de pommes de terre
200 g (7 oz) de crème fraîche (crème à 35 p. 100)
1 petit pot de câpres
2 jaunes d'oeufs
4 oeufs durs
Sel et poivre
20 g (2/3 oz) de beurre

• Faites une purée de pommes de terre bien parfumée grâce à un oignon, une gousse d'ail et un bouquet garni. Égouttez. Passez au presse-purée et amenez à bonne consistance en délayant la purée avec du lait bouillant.
• Enlevez le maximum d'arêtes des filets de poisson. Passez-les au mélangeur.
• Dans un saladier, mélangez la chair de poisson à la purée de pommes de terre et à la crème fraîche.
• Cassez les oeufs. Ne gardez que les jaunes que vous incorporez l'un après l'autre au mélange ci-dessus.
• Faites égoutter les câpres de leur eau de conservation et mélangez-les aux autres ingrédients.
• Salez et poivrez.
• Faites cuire les oeufs durs dans l'eau bouillante pendant 10 minutes, puis plongez-les dans l'eau froide et cassez les coquilles. Écaillez-les.
• Beurrez un moule à cake. Étalez dans le fond du moule la moitié de la farce.
• Placez dessus, les uns derrière les autres, les oeufs durs entiers puis le reste de la farce.
• Recouvrez d'une feuille d'aluminium. Placez le moule dans un plat à gratin rempli aux 3/4 d'eau bouillante et enfournez dans un four préchauffé à 180°C (350°F). Laissez cuire pendant 1 heure 30 minutes.
• Laissez refroidir avant de démouler et servez accompagné de crème fleurette (crème à 15 p. 100), acidulée du jus d'un demi-citron et ornée de brins de ciboulette hachée.

93. Terrine de poissons au safran

Pour 6 personnes

600 g (1 lb 5 oz) au total de chair (sans déchet) de poisson cru: merlan, cabillaud, colin, sole, lieu, turbot, etc. à votre choix et au hasard du marché
6 filets de daurade
250 g (8 oz) de crevettes
300 g (10 oz) de panade au pain (recette n° 10)
200 g (7 oz) de crème fraîche (crème à 35 p. 100)
3 oeufs
2 c. à soupe (2 c. à table) de persil frais haché ou 2 c. à café (2 c. à thé) de persil séché
1 dose de safran
Sel et poivre
1 citron
20 g (2/3 oz) de beurre (pour beurrer la terrine)

- Faites la panade au pain (recette n° 10) et laissez-la refroidir.
- Citronnez les filets de daurade et réservez-les.
- Enlevez le plus possible d'arêtes de vos filets de poisson et broyez la chair au mixer.
- Incorporez la panade, puis la crème fraîche, les oeufs battus, le persil haché, le sel, le poivre et le safran, en réglant le mélangeur à vitesse moyenne pour obtenir un mélange bien lié, et relevé.
- Beurrez une terrine.
- Placez au fond la moitié de la farce, sur laquelle vous disposez les filets de daurade, puis les crevettes, puis le reste de la farce.
- Préchauffez le four à 200°C (400°F).
- Couvrez la terrine. Mettez-la dans un plat à gratin que vous remplissez aux 3/4 d'eau bouillante.
- Enfournez le bain-marie et faites cuire au four à 200°C (400°F) pendant 50 minutes.
- Laissez refroidir avant de démouler.
- Servez accompagné d'une mayonnaise aux fines herbes (recette n° 36).

94. Terrine verte et rose

Pour 6 à 8 personnes
500 g (1 lb) de filets de poissons blancs (merlan, colin, sole, etc.)
1 daurade dont vous faites lever les filets par le poissonnier
1 belle truite saumonée (truite de mer) dont vous faites également lever les filets
2 poignées d'oseille
2 c. à soupe (2 c. à table) de farine
30 g (1 oz) de mie de pain broyée
80 g (2 3/4 oz) de beurre
120 ml (1/2 tasse) de lait
2 oeufs entiers
2 c. à soupe (2 c. à table) de crème fraîche (crème à 35 p. 100)
2 litres (4 tasses) de court-bouillon (recette n° 1)

- Faites tremper la mie de pain broyée dans le lait.
- Plongez les filets de poisson dans le court-bouillon les uns après les autres et laissez frémir de 4 à 5 minutes.
- Sortez-les, laissez-les égoutter et retirez le plus possible les arêtes.
- Réservez à part les filets de truite.
- Broyez au mélangeur la chair des autres poissons. Ajoutez la mie de pain trempée dans le lait et amalgamez bien le tout pour obtenir une pâte lisse.
- Faites une béchamel avec 40 g (1 1/2 oz) de beurre fondu auquel vous incorporez 2 c. à soupe (2 c. à table) rases de farine. Remuez bien au fouet. Ajoutez du court-bouillon jusqu'à l'obtention d'une sauce crémeuse, sans cesser de travailler au fouet. Il faut 500 ml (2 tasses) de court-bouillon, environ. Retirez du feu et mettez en attente.
- D'autre part, coupez aux ciseaux l'oseille bien lavée et essorée. Faites-la fondre dans 25 g (1 oz) de beurre fondu.
- Hors du feu, incorporez à l'oseille les 2 oeufs entiers battus en omelette et la crème, puis la béchamel.
- Beurrez une terrine. Étalez une couche de purée de poisson, une couche de béchamel à laquelle l'oseille aura donné une coloration verte, puis les filets de truite saumonée, de nouveau la béchamel verte et le reste de purée de poisson.
- Refermez la terrine. Placez-la dans un plat à gratin rempli aux 3/4 d'eau bouillante et enfournez ce bain-marie dans un four préchauffé à 200°C (400°F). Laissez cuire de 45 à 50 minutes.
- Laissez refroidir avant de démouler.
- Servez avec une sauce au cresson (recette n° 26).

95. Terrine de merlan trois couleurs

Pour 6 personnes

900 g (2 lb) de filets de merlan
750 g (1 lb 10 oz) de carottes
1 kg (1 lb 3 oz) d'épinards
2 tomates crues
2 citrons
6 jaunes d'oeufs
3 c. à soupe (3 c. à table) de crème fraîche (crème à 35 p. 100)
80 g (2 3/4 oz) de beurre
Sel et poivre
1 pincée de noix muscade en poudre

- Épluchez les épinards et lavez-les à grande eau trois fois.
- Sans trop les égoutter, mettez-les dans un fait-tout que vous posez sur feu moyen et couvrez. L'eau de lavage contenue sur les feuilles d'épinards suffit à les cuire. N'oubliez pas de saler. Laissez cuire de 5 à 7 minutes.
- Pendant ce temps, beurrez abondamment une terrine rectangulaire. Disposez au fond une rangée de rondelles de tomates et deux rangées de rondelles de citrons.
- Placez les filets de merlan côte à côte sur les tomates et les citrons, dans le sens de la largeur. Salez et poivrez un peu et remettez au frais au réfrigérateur pendant que vous préparez les légumes.
- Égouttez les épinards, passez-les sous l'eau froide et réservez-les dans un saladier rempli d'eau et de glaçons.
- Épluchez et lavez les carottes. Râpez-les finement.
- Mettez 40 g (1 1/2 oz) de beurre dans une casserole et faites "suer" les carottes râpées dans ce beurre fondu à feu très doux, pendant 15 minutes. Remuez de temps en temps pour qu'elles ne brûlent pas. Salez.
- Égouttez les épinards et pressez-les fortement par petites poignées entre vos mains, pour en extraire le maximum d'eau.
- Hachez grossièrement les épinards. Mettez 40 g (1 1/2 oz) de beurre dans une casserole, à feu doux, et faites revenir les épinards salés, poivrés et parfumés d'un peu de muscade. Comptez 10 minutes de cuisson.

• Pendant ce temps, mettez dans un saladier les carottes cuites. Séparez les blancs des jaunes de 3 oeufs. Mettez les jaunes avec les carottes et battez bien avec une fourchette. Ajoutez 1 1/2 c. à soupe (1 1/2 c. à table) de crème fraîche. Salez et poivrez si nécessaire.

• Faites la même opération avec les épinards.

• Sortez la terrine du réfrigérateur. Étalez la crème de carottes sur les filets de merlan, puis la crème aux épinards.

• Repliez les extrémités des filets de merlan sur le dessus.

• Fermez la terrine soit avec son couvercle, soit avec une feuille de papier d'aluminium.

• Posez la terrine dans un plat à gratin que vous remplissez aux 3/4 d'eau bouillante.

• Mettez à four préchauffé à 250°C (500°F) pendant 20 minutes, à partir du moment où l'eau du bain-marie a recommencé de frissonner.

• Laissez refroidir avant de démouler.

• Servez avec une mayonnaise au citron (recette n° 32) dans laquelle vous pouvez ajouter 1 c. à soupe (1 c. à table) de ketchup et 2 c. à café (2 c. à thé) de cognac.

• **Note** : Cette terrine peut être servie chaude accompagnée de la sauce suivante:

• Faites réduire dans une casserole posée sur feu moyen: 1 c. à soupe (1 c. à table) de crème fraîche (crème à 35 p. 100) et le jus d'un demi-citron.

• Coupez en petits dés 150 g (5 oz) de beurre très frais et très froid. Incorporez peu à peu les dés de beurre sans cesser de remuer rapidement.

• Salez, poivrez et colorez d'une pointe de paprika.

96. Terrine de merlan aux coquilles Saint-Jacques

Pour 6 personnes

750 g (1 lb 10 oz) de filets de merlan (sans déchet)
6 coquilles Saint-Jacques
3 oeufs entiers
375 g (13 oz) de crème fraîche (crème à 35 p. 100)
1 échalote
75 ml (2 1/2 oz) de vin blanc sec de bonne qualité (muscadet, riesling, bourgogne aligoté, etc.)
2 c. à soupe (2 c. à table) de beurre
Le jus d'un demi-citron
Sel et poivre

- Passez les filets de merlan au mélangeur jusqu'à consistance de purée fine. Vous pouvez ensuite passer cette purée au tamis en vous aidant d'une spatule de bois ou d'une corne de plastique.
- Épluchez l'échalote et coupez-la en très menus morceaux. Faites fondre 1 cuillerée de beurre dans une petite poêle et faites revenir l'échalote hachée à feu doux. Elle doit cuire mais non dorer.
- Pendant ce temps, mettez la purée de poisson dans un récipient. Ajoutez les blancs d'oeufs un par un en battant bien au fouet, puis la crème. Pendant le travail, si le mélange devient trop fluide, mettez-le au réfrigérateur pendant 15 minutes.
- Quand ce mélange est bien homogène, ajoutez le vin blanc, le jus de citron et l'échalote revenue. Mélangez bien. Salez et poivrez.
- Coupez en deux les coquilles Saint-Jacques et leur corail. Épongez-les soigneusement (spécialement s'il s'agit de surgelé).
- Utilisez la cuillerée de beurre qui reste pour beurrer une terrine. Mettez-y la moitié de la farce de poisson. Disposez les coquilles Saint-Jacques sur cette farce. Recouvrez de l'autre moitié de farce.
- Fermez la terrine. Placez-la dans un plat à gratin que vous remplissez aux 3/4 d'eau bouillante.
- Enfournez dans un four préchauffé à 220°C (425°F) et faites cuire de 40 à 50 minutes.
- Laissez refroidir dans la terrine. Démoulez pour servir entouré de touffes de persil, de tranches de citron et de feuilles d'estragon.

• Accompagnez d'une mayonnaise aux câpres (recette n° 34) ou à l'estragon (recette n° 37) que vous aurez placée dans un saladier rempli de glacons.

• **Note** : Vous pouvez aussi servir cette terrine chaude.

• Dans ce cas, ne courez pas le risque de la laisser se dessécher au four. Calculez bien le moment où vous la mettrez au four. Il faut qu'elle soit cuite juste au moment où elle devra être servie.

• Accompagnez-la d'une sauce aux groseilles (recette n° 29) ou d'une bisque de homard du commerce dans laquelle vous aurez fait fondre de la crème fraîche.

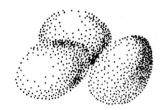

97. Terrine de homard

Pour 6 personnes
Environ 400 g (14 oz) de homard
1 kg (2 lb 3 oz) de filets de sole
300 g (10 oz) de filets de brochet (sans déchet)
200 g (7 oz) de crème fraîche (crème à 35 p. 100)
2 blancs d'oeufs
Sauce:
100 g (3 oz) de beurre
30 g (1 oz) de crème fraîche (crème à 35 p. 100)
1 c. à soupe (1 c. à table) de farine
2 c. à soupe (2 c. à table) d'huile
1 carotte
1 oignon
1 bouquet garni: persil, thym, laurier et 1 branche de céleri
1 petite boîte de concentré de tomates
1 grosse c. à soupe (1 c. à table) de cognac
50 ml (1/4 tasse) de bon vin blanc sec (muscadet, riesling, bourgogne aligoté, etc.)
1 pointe de couteau de poivre de Cayenne
1 pincée de safran
Sel et poivre

• Demandez au poissonnier de lever les filets de sole et de vous donner la parure des poissons.

• Si vous n'avez pas acheté le homard déjà cuit, jetez-le vivant dans un fait-tout aux 3/4 plein d'eau bouillante salée. Maintenez l'ébullition 10 minutes. Sortez le homard. Ouvrez-le dans le sens de la longueur. Retirez la chair du coffre et des pinces. Conservez à part la carcasse et le corail.

• Passez la chair des filets de brochet au mélangeur. Ajoutez le corail du homard. Mélangez bien et passez cette pâte à travers un tamis à l'aide d'une corne de plastique.

• Posez le récipient contenant cette farce dans un saladier plein de glaçons. Incorporez peu à peu les blancs d'oeufs et la crème. Si le mélange devient trop fluide en cours d'opération, refroidissez-le en mettant le tout (saladier avec les glaçons compris) pendant 15 minutes au réfrigérateur, puis continuez l'opération en travaillant bien votre mélange.

• Salez et poivrez.

• Beurrez largement une terrine rectangulaire (si vous utilisez un moule à cake en métal, chemisez-le avec un papier d'aluminium, le démoulage de votre plat s'en trouvera facilité).

- Dans cette terrine, placez les filets de sole côte à côte, dans le sens de la largeur.
- Versez alors la moitié de la farce dans la terrine. Lissez bien.
- Coupez la chair de homard en rondelles que vous répartissez sur la farce, ainsi que la chair des pinces.
- Ajoutez le reste de la farce.
- Si nécessaire, rabattez les extrémités des filets de sole sur la préparation.
- Recouvrez la terrine de son couvercle ou d'un papier d'aluminium.
- Placez ce récipient dans un plat à gratin rempli aux 3/4 d'eau bouillante et enfournez à four préalablement chauffé à 150°C (300 °F). Faites cuire doucement à cette température pendant 1 heure environ.
- Laissez refroidir et démoulez.
- Servez avec la sauce ci-dessous.

Sauce:

- Au mélangeur, concassez les carcasses de homards et la parure des poissons bien lavées et essuyées.
- Faites fondre dans une casserole 30 g (1 oz) de beurre et les cuillerées d'huile et faites-y revenir les débris de poisson que vous venez de broyer.
- Flambez au cognac.
- Épluchez et lavez la carotte et l'oignon. Hachez-les, ajoutez-les aux carcasses et déglacez avec le vin blanc.
- Ajoutez le concentré de tomates. Mouillez avec 1 litre (4 tasses) d'eau et faites bouillir à gros bouillons jusqu'à ce que le liquide soit réduit de moitié au moins.
- Passez le liquide au chinois pour le débarrasser des débris de poissons et de légumes.
- Dans une casserole, faites fondre 20 g (2/3 oz) de beurre ainsi que les 30 g (1 oz) de crème fraîche. Mélangez avec la cuillerée de farine. Remuez bien et ajoutez peu à peu le liquide de cuisson des carcasses. Faites cuire et réduire jusqu'à ce que votre sauce ait le volume que vous souhaitez.
- Salez et poivrez, puis ajoutez le poivre de Cayenne et le safran. Coupez les 50 g (2 oz) de beurre qui restent en petits dés que vous faites fondre l'un après l'autre dans la sauce gardée chaude dans un bain-marie. Remuez vigoureusement. Dès que tout le beurre est absorbé, versez en saucière et servez très chaud avec le pâté.

98. Homards en gelée

Pour 6 personnes

2 homards de 1 kg (2 lb 3 oz) chacun
400 g (14 oz) de petits pois
400 g (14 oz) de haricots verts
1 kg (2 lb 3 oz) d'asperges dont vous n'utiliserez que les pointes
300 g (10 oz) de carottes
Sel et poivre
3 litres (12 tasses) de court-bouillon (recette n° 1) mais faites-le avec autant de vin que d'eau, c'est-à-dire avec 1,5 litre (6 tasses) de chacun
3 blancs d'oeufs
4 c. à café (4 c. à thé) de gélatine en poudre
3 belles branches d'estragon frais ou 1 c. à soupe (1 c. à table) d'estragon séché

- Faites votre court-bouillon avec autant d'eau que de bon vin blanc sec.
- Quand il est bien aromatisé, plongez les homards dans le liquide bouillant et maintenez l'ébullition pendant 8 à 10 minutes.
- Sortez les homards et laissez-les refroidir.
- Épluchez et lavez les légumes.
- Décortiquez les homards. Concassez les carcasses et les têtes et remettez-les à bouillir doucement pendant 1 heure 30 minutes.
- Coupez les carottes en bâtonnets. Faites-les cuire avec les petits pois pendant 15 minutes dans l'eau bouillante salée. Faites cuire les haricots verts pendant 10 minutes à l'eau bouillante salée. Faites aussi cuire les asperges pendant 15 minutes. Retirez les légumes de l'eau, égouttez-les et coupez les pointes des asperges. Réservez.
- Clarifiez le court-bouillon en incorporant les blancs battus à la fourchette et les coquilles concassées au liquide bouillant et laissez sur le feu encore 15 à 20 minutes. Les impuretés vont s'agglomérer aux blancs d'oeufs coagulés. Écumez et passez tout le liquide à travers un chinois garni d'une étamine humide.
- Mettez 1 litre (4 tasses) de ce bouillon clarifié dans une casserole avec les branches d'estragon et faites bouillir 10 minutes. Enlevez les branches d'estragon.

- Faites fondre la gélatine en poudre dans un peu d'eau froide et versez-la dans le bouillon parfumé à l'estragon. Laissez à feu doux et remuez jusqu'à ce que la gélatine soit entièrement dissoute.
- Mettez cette gelée à refroidir.
- Coupez les chairs de homard en rondelles et décortiquez les pinces.
- Chemisez une terrine rectangulaire en terre à feu avec de la gelée prête à prendre mais encore liquide. Mettez la terrine au réfrigérateur.
- Dès que la gelée est prise dans la terrine, étalez au fond une couche de petits légumes mélangés, puis disposez les chairs des coffres et des pinces des homards, puis le reste des petits légumes.
- Finissez le remplissage de la terrine avec le reste de la gelée.
- Faites prendre au réfrigérateur pendant 6 heures au moins.
- Démoulez pour servir.

99. Terrine de poisson et de homard

Pour 6 personnes

1,2 kg (2 lb 10 oz) au total de filets de poissons blancs sans déchet (sole, turbot, merlan, lieu, colin, etc., au choix)
1 petit homard ou 24 langoustines ou 24 gambas
1,5 litre (6 tasses) de court-bouillon (recette n° 1)
3 c. à soupe (3 c. à table) de crème fraîche (crème à 35 p. 100)
3 c. à soupe (3 c. à table) de mayonnaise (recette n° 32)
1 oeuf
4 feuilles de gélatine

Fines herbes:

1 bouquet de chacune de ces herbes fraîches (persil, estragon, cerfeuil et ciboulette) ou 2 c. à café (2 c. à thé) de chacune de ces herbes séchées
10 feuilles d'oseille

• Si votre homard n'est pas déjà cuit, jetez-le vivant dans un grand fait-tout aux 3/4 plein d'eau bouillante salée et laissez bouillir 10 minutes.
• Sortez-le, laissez-le égoutter puis ouvrez-le. Retirez la chair du coffre. Coupez-la en rondelles. Décortiquez les pinces et mettez également la chair de côté.
• Concassez la carcasse de homard.
• Si vous avez choisi d'utiliser des langoustines ou des gambas, procédez de la même façon.
• Vous aurez demandé à votre poissonnier de lever les filets des poissons, mais de vous donner les parures.
• Faites bouillir le court-bouillon (recette n° 1) et jetez-y les parures de poisson et les carcasses de crustacés concassées. Laissez bouillir au moins 20 minutes.
• Pendant ce temps, mettez à l'endroit le plus froid du réfrigérateur la terrine dans laquelle vous allez faire cette recette.
• Enlevez les parures et les débris de carcasses en faisant passer le court-bouillon à travers un chinois. Pressez les parures au-dessus du liquide pour lui donner le maximum de saveur.
• Faites pocher les filets de poisson dans le court-bouillon. Il doit frémir (mais non pas bouillir) pendant 4 à 5 minutes.

- Retirez les filets et laissez égoutter sur un linge.
- Remettez le court-bouillon au feu et laissez réduire à 750 ml (3 tasses). Puis clarifiez-le: cassez un oeuf. Mélangez le blanc et la coquille écrasée et jetez-les dans le court-bouillon. Laissez bouillir pour que toutes les impuretés s'agglomèrent au blanc d'oeuf coagulé et aux débris de coquille. Écumez, puis passez le bouillon au chinois dans lequel vous aurez mis une étamine humide.
- Faites fondre la gélatine dans un peu d'eau froide, puis mélangez au court-bouillon que vous aurez remis à feu doux. Achevez de faire fondre la gélatine en remuant constamment.
- Dès que la gelée commence à prendre, sortez la terrine du réfrigérateur et chemisez le fond et les parois avec la gelée de poisson.
- Décorez le fond de la terrine avec les rondelles de homard et la chair des pinces (ou avec les langoustines ou les gambas).
- Passez au mélangeur les filets de poisson.
- Hachez ensemble toutes les fines herbes et réservez la valeur de 2 c. à soupe (2 c. à table) rases.
- Mélangez le reste des herbes hachées à la mayonnaise (recette n° 32) puis ajoutez la crème fraîche.
- Remplissez la terrine en faisant alterner une couche de sauce aux fines herbes et une couche de purée de poisson, sans tasser.
- Faites des trous dans le mélange avec une aiguille à tricoter et versez la gelée sur cette préparation. Faites pénétrer la gelée jusqu'à saturation.
- Faites prendre au réfrigérateur le reste de la gelée.
- Couvrez la terrine et laissez-la également prendre au réfrigérateur pendant 6 heures, au moins.
- Démoulez pour servir et garnissez avec le reste de gelée coupé en petits dés.
- Accompagnez cette terrine d'une mayonnaise parfumée avec les fines herbes que vous aurez réservées.

100. Pâté de coquilles Saint-Jacques à l'oseille

Pour 6 personnes

350 g (12 oz) de coquilles Saint-Jacques enlevées de leur coquille et nettoyées (sans déchet)
400 g (14 oz) de filets de poissons blancs (sole, turbot, cabillaud, merlan, etc. au hasard du marché. Il est préférable d'avoir 2 sortes de poisson.)
50 g (2 oz) de beurre
1 poignée d'épinards
1 poignée d'oseille
1/2 botte de cresson
1 échalote
2 oeufs entiers
3 c. à soupe (3 c. à table) de crème fraîche (crème à 35 p. 100)
75 ml (2 1/2 oz) de vin blanc sec de bonne qualité
2 c. à soupe (2 c. à table) de persil frais haché ou 2 c. à café (2 c. à thé) de persil séché
1 c. à café (1 c. à thé) d'estragon haché ou 1 pincée d'estragon séché
1 pincée de gingembre en poudre
Sel et poivre
400 g (14 oz) de pâte à pâté (recette n° 14)
150 ml (5 oz) de gelée de poisson au vin blanc

- Faites la pâte à pâté (recette n° 14) et réservez-la au froid.
- Faites fondre le beurre dans une poêle et faites passer les noix et le corail des coquilles Saint-Jacques 1/2 minute de chaque côté, puis réservez-les, après les avoir salés, poivrés et saupoudrés de gingembre en poudre.
- Dans ce même beurre, faites cuire doucement l'échalote hachée menu. Elle doit devenir translucide. Retirez-la et réservez-la.
- Lavez et séchez le cresson (en feuilles) et l'oseille. Coupez-les aux ciseaux et passez-les quelques minutes à la poêle, au beurre fondu.
- Enlevez les queues des épinards. Lavez-les 3 fois à grande eau, égouttez-les en les secouant entre vos mains et mettez-les tels quels dans une casserole sur le feu. L'eau de lavage qui reste sur les feuilles suffit pour les cuire.
- Passez tous les légumes (échalote, oseille, cresson et épinards) au mélangeur. Salez et poivrez la purée obtenue. Ajoutez la chair des filets de poisson et broyez au mélangeur.

150

- Dans un bol, mélangez cette purée avec la crème fraîche, le persil et l'estragon hachés, et les 2 oeufs entiers. Mouillez avec le vin blanc et mélangez encore.
- Abaissez la pâte à pâté sur une planche farinée. Réservez-en 1/3 pour faire le couvercle du pâté.
- Beurrez largement un moule rectangulaire. Foncez-le jusqu'en haut avec l'abaisse de pâte la plus importante.
- Étalez la moitié de la farce de poisson au fond et sur les parois de la pâte, mettez une rangée de coquilles Saint-Jacques, puis de nouveau de la farce, puis des coquilles, jusqu'à épuisement des éléments. Terminez toutefois par une couche de farce.
- Humectez bien les bords de pâte.
- Abaissez la pâte qui reste pour former le couvercle. Soudez-le sur les bords du pâté.
- Ménagez une cheminée au centre, que vous maintiendrez ouverte à l'aide d'un petit rouleau de papier d'aluminium.
- Faites cuire au four à 200°C (400°F) de 50 à 60 minutes. Il faut que la croûte soit bien dorée.
- Faites glisser la gelée de poisson par la cheminée et remuez le moule en tous sens pour que la gelée se répande bien.
- Démoulez quand le pâté est bien froid.
- Servez avec une salade croquante au gingembre (recette n° 41).

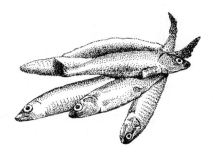

101. Mousse de crabe, de crevettes ou de moules

Pour 6 personnes

500 g (1 lb) de chair de crabe, de crevettes cuites et décortiquées ou de moules cuites et décortiquées
400 g (14 oz) de fumet de poisson (recette n° 2)
20 g (2/3 oz) de beurre
20 g (2/3 oz) de farine
300 g (10 oz) de gelée de poisson au vin blanc (recette n° 3)
10 feuilles de gélatine
500 ml (2 tasses) de crème fraîche (crème à 35 p. 100)
Sel et poivre

- Faites la gelée de poisson (ou faites décongeler celle que vous avez déjà au congélateur).
- Quand elle est encore liquide, mais prête à prendre, chemisez un moule.
- Faites un velouté de poisson en faisant fondre 20 g (2/3 oz) de beurre dans une casserole. Mélangez 20 g (2/3 oz) de farine et mouillez peu à peu avec le fumet de poisson (recette n° 2).
- Faites fondre les 10 feuilles de gélatine dans un peu d'eau froide, puis mélangez au velouté en remuant constamment.
- Au mélangeur, broyez la chair de crabe ou les crevettes cuites et décortiquées ou les moules décortiquées. Ajoutez le velouté à la gélatine. Mettez au frais.
- Mettez la crème fraîche dans un petit saladier et placez ce récipient dans un autre plus grand rempli de glaçons. Battez la crème jusqu'à ce qu'elle soit légère et ait augmenté de volume.
- Incorporez peu à peu la crème fraîche montée à la chair de crabe (ou de crevettes, ou de moules).
- Salez et poivrez.
- Versez la mousse dans le moule chemisé de gelée. Égalisez bien. Versez le reste de gelée sur l'appareil.
- Faites prendre au froid.
- Démoulez sur le plat de service en tenant le moule au-dessus de la vapeur d'une casserole d'eau bouillante.
- Garnissez de rondelles de tomates, de citron et de crevettes entières.

102. Rillettes de la mer

Préparation: 30 minutes — Marinage: 1 heure

Pour 8 personnes

1 daurade de 1 kg (2 lb 3 oz)
600 g (1 lb 5 oz) de gros maquereaux
12 moules
12 palourdes
16 crevettes roses
Le jus d'un citron
Le jus d'un citron vert
1 bouquet de persil
Sel, paprika, poivre rose et poivre de Cayenne
400 g (14 oz) de crème fraîche (crème à 35 p. 100)

• Faites lever les filets des poissons par votre poissonnier. Demandez-lui également d'en retirer la peau.
• Éliminez soigneusement toutes les arêtes qui subsisteraient sur les filets avec une pince à épiler.
• Tranchez les filets en petites lamelles que vous étalez dans un grand plat. Parsemez de persil haché, de sel et des épices et arrosez avec le jus de citron.
• Ouvrez les moules et les palourdes. Récupérez le jus provenant de cette opération. Mettez les palourdes et les moules dans un bol et faites mariner avec le sel et les épices. Ajoutez les crevettes roses décortiquées.
• Laissez mariner les deux préparations durant 1 heure environ.
• Au bout de ce temps, passez brièvement les lamelles de poisson marinées au mélangeur et ajoutez la crème. Malaxez pour obtenir une consistance de rillettes.
• Rectifiez l'assaisonnement et ajoutez les moules, les palourdes et les crevettes. Remuez pour mélanger. Mettez en terrine et réservez au froid jusqu'au moment de déguster étalé sur du pain de mie toasté ou sur du pain de seigle.
• Attention, ces rillettes marinées ne se conservent pas plus de quelques heures et ne sont jamais aussi délicieuses que consommées sitôt prêtes.

Recettes à base de
volaille et lapin

103. *Terrine de canard à l'orange*
104. *Terrine de canard au poivre vert*
105. *Ballottine de canard au foie gras*
106. *Pâté de canard en croûte*
107. *Canard en terrine paysanne*
108. *Galantine de canard au chambertin*
109. *Mousseline de caneton au foie gras*
110. *Pâté de Noël*
111. *Confit d'oie*
112. *Oie en gelée*
113. *Cuisses d'oie confites à la périgourdine*
114. *Rillettes d'oie aux cèpes*
115. *Petits pâtés au cumin*
116. *Terrine de poulet*
117. *Poulet en croûte avec sa farce*
118. *Terrine de poulet à l'hysope*
119. *Friands de poulet au cari*
120. *Terrine de volaille aux amandes et au citron*
121. *Poulet en robe claire*
122. *Compote de lapin en gelée*
123. *Terrine de lapin de ma grand-mère*
124. *Terrine de lapin de madame Zanni*
125. *Pâté porte-foin*
126. *Pâté de lapin en croûte*
127. *Terrine de lapin aux herbes de Provence*
128. *Galantine de lapin*
129. *Pâté de lapin aux pruneaux*
130. *Terrine de lapin aux poireaux*
131. *Petits moules de lapereau au concombre*

103. Terrine de canard à l'orange

Pour 6 à 8 personnes

1 beau canard avec son foie
300 g (10 oz) de noix de veau
250 g (8 oz) de chair à saucisse fine
100 g (3 oz) de mie de pain trempée dans le fond de viande (recette n° 9)
(ou plus simplement bouillon tout prêt en plaquettes ou en cubes)
300 à 450 ml (1 1/4 à 1 3/4 tasse) de vin blanc sec de bonne qualité
2 carottes coupées en rondelles
2 oignons coupés en rondelles
1 branche de thym frais ou 1 c. à café (1 c. à thé) de thym séché
2 feuilles de laurier
1 bouquet garni (thym, laurier et persil)
1 c. à soupe (1 c. à table) au total d'un mélange de ciboulette, de persil et d'estragon hachés ou 1 c. à café (1 c. à thé) de ces herbes séchées
4 c. à café (4 c. à thé) de gélatine en poudre
3 oranges
1 oeuf
Sel et poivre
15 g (1/2 oz) de beurre pour la terrine

- Parez le foie du canard en enlevant soigneusement le fiel et réservez le foie au frais.
- Incisez le canard par le ventre et désossez-le en vous efforçant de laisser la peau entière.
- Prélevez les filets et désossez les cuisses en gardant la chair en gros morceaux.
- Faites macérer la peau et les morceaux de canard dans une marinade composée du vin blanc, du bouquet garni, de sel et de poivre, ceci pendant 24 heures.
- Hachez finement le veau avec les parures du canard. Ajoutez la chair à saucisse, les fines herbes hachées et la mie de pain trempée dans le bouillon.
- Râpez le zeste d'une orange et ajoutez-le au hachis. Mouillez avec le jus de l'orange. Salez et poivrez bien.
- Coupez le foie de canard en escalopes. Mélangez-le au hachis.

- Sortez la peau et les gros morceaux de la marinade. Laissez-les égoutter. Incorporez les gros morceaux de chair au hachis mais en les laissant entiers.
- Remplissez la peau du canard avec cette préparation et beurrez la terrine. Tassez la préparation dans la terrine.
- Chauffez le four à 180°C (350°F). Placez la terrine dans un plat à gratin rempli aux 3/4 d'eau chaude et enfournez. Au bout de 10 minutes, baissez le feu à 150°C (300°F) et laissez cuire deux heures.
- Pendant ce temps, faites bouillir les os concassés du canard dans la marinade additionnée des carottes et des oignons coupés en rondelles, de thym et de laurier, de sel et de poivre. Au besoin, ajoutez un peu d'eau pour que les os soient bien couverts de liquide.
- Au bout d'une heure, filtrez le bouillon à travers un chinois, puis clarifiez-le en le faisant bouillir avec un blanc d'oeuf et la coquille concassée de cet oeuf. Les impuretés du bouillon vont s'agglomérer au blanc d'oeuf coagulé. Écumez et passez de nouveau à travers le chinois doublé d'une étamine humide.
- Faites dissoudre les 4 cuillerées de gélatine dans le bouillon. Parfumez cette gelée avec le jus de la 2e orange.
- Laissez refroidir.
- Lorsque la terrine est encore tiède, piquez-la avec une aiguille à tricoter et versez lentement la gelée dans les trous. Posez des rondelles d'orange sur le pâté et nappez avec le reste de gelée.
- Faites prendre au réfrigérateur pendant 4 heures au moins.
- Décorez le plat de service de rondelles d'orange et de dés de gelée.
- Servez frais avec une salade verte, assaisonnée au citron.

104. Terrine de canard au poivre vert

Pour 6 à 8 personnes

1 canard de 1,8 à 2 kg (4 à 4 1/2 lb) et son foie	25 ml (1 oz) de cognac
250 g (8 oz) de lard maigre	1 gousse d'ail
300 g (10 oz) d'échine de porc	2 oeufs entiers
60 g (2 oz) de beurre	1 feuille de laurier
2 oignons	

150 ml (2/3 tasse) de vin blanc sec
1 petite branche de thym frais ou 1 c. à café (1 c. à thé) de thym séché
1 grosse c. à soupe (1 c. à table) de poivre vert en grains
2 bardes de lard

- Parez le foie du canard en enlevant le fiel et les filets sanguinolents et réservez-le.
- Désossez le canard. Gardez les filets entiers.
- Coupez le porc en gros morceaux, ainsi que le reste du canard.
- Faites macérer les viandes pendant 24 heures dans une marinade faite de vin blanc, de cognac, de thym, de laurier et de poivre.
- Hachez les oignons et faites-les cuire dans le beurre. Ils doivent devenir transparents (mais pas rôtir).
- Passez également le foie du canard dans le beurre fondu, à petit feu, pendant 4 à 5 minutes.
- Sortez les viandes de la marinade. Hachez-les ensemble, à l'exception des filets que vous coupez en lanières.
- Filtrez la marinade pour en éliminer les débris de viande et les aromates.
- Ajoutez le liquide de la marinade aux viandes hachées. Mélangez avec les oignons, les 2 oeufs battus et le poivre vert. Salez.
- Beurrez une terrine.
- Chauffez le four à 160°C (325°F).
- Mettez la moitié du hachis dans la terrine. Disposez dessus les filets et le foie du canard. Recouvrez du reste de hachis.
- Placez les bardes de lard sur le dessus. Fermez la terrine et enfournez pour au moins 1 heure.
- Laissez refroidir avant de mettre au réfrigérateur. Cette terrine peut se garder de 5 à 7 jours avant d'être servie.

105. Ballottine de canard au foie gras

Pour 8 à 10 personnes

1 beau canard
100 g (3 oz) de lard frais
100 g (3 oz) de jambon maigre
1 truffe (ou 1 boîte de pelures)
50 g (2 oz) de pistaches mondées
150 g (5 oz) de noix de veau
200 g (7 oz) de gorge de porc
3 oeufs entiers
100 ml (3 oz) de cognac
1 lobe de foie gras frais de canard
Thym et laurier
Sel et poivre

Pour la gelée:

3 c. à café (3 c. à thé) de gélatine en poudre
50 ml (1/4 tasse) de porto

- Incisez le dos du canard pour le désosser.
- Détachez les chairs de la peau en ayant soin de ne pas la trouer.
- Coupez les filets de canard en tranches fines.
- Faites-les mariner pendant 2 heures dans le cognac, avec le lard et le jambon coupés en dés, la truffe coupée en morçeaux et les pistaches. Salez et poivrez. Ajoutez le thym, le laurier et le persil.
- Broyez le reste de la chair de canard avec le veau et la gorge de porc. Mélangez avec les 3 oeufs battus, puis le jus filtré de la marinade.
- Parez le lobe de foie gras en le dénervant et en enlevant éventuellement les traces de la poche de fiel. Coupez le foie gras en escalopes.
- Étendez la peau du canard sur un linge. Étalez dessus une couche de farce, puis la moitié des éléments marinés, le lobe de foie escalopé, le reste des éléments de la marinade, puis le reste de farce.
- Rapprochez les deux extrémités de la peau du canard et recousez-la en lui donnant le plus possible la forme d'un canard. Ficelez bien.
- Concassez les os de la carcasse du canard. Posez-les dans un plat creux avec les aromates de la marinade, un peu d'eau et un peu de cognac. Posez le canard reconstitué dessus. Couvrez.

- Faites cuire à l'étuvée dans un four à 200°C (400°F) pendant 1 heure 30 minutes. Arrosez fréquemment en cours de cuisson.
- Ficelez la ballottine et laissez-la refroidir entre deux planches pour la presser.
- Dégraissez le jus de cuisson.
- Faites fondre la gélatine en poudre dans le jus encore chaud. Filtrez au chinois. Ajoutez le porto.
- Quand la gelée est prête à prendre mais encore liquide, libérez la ballottine de ses planches. Posez-la dans un récipient. Versez la gelée dessus et faites prendre au réfrigérateur.

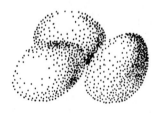

106. Pâté de canard en croûte

Pour 6 à 8 personnes

500 g (1 lb) de pâte à pâté (recette n° 14)
1 canard avec son foie
200 g (7 oz) de foie gras
2 c. à soupe (2 c. à table) de crème fraîche (crème à 35 p. 100)
2 oeufs plus 1 oeuf pour dorer la pâte
75 ml (2 1/2 oz) de cognac
200 g (7 oz) de jambon cuit
250 g (8 oz) de gorge de porc
500 g (1 lb) de lard maigre
Sel et poivre
150 g (5 oz) d'olives dénoyautées
20 g (2/3 oz) de beurre pour le moule

- Faites la pâte à pâté et réservez-la au frais.
- Désossez le canard et gardez les filets que vous coupez en bâtonnets de 1/2 cm (1/4 po) environ.
- Coupez le reste de la chair de canard en gros dés, ainsi que le jambon, la gorge et le lard maigre.
- Parez le foie du canard en enlevant le fiel et les filets sanguinolents. Coupez-le aussi en dés et ajoutez aux autres viandes. Arrosez le tout de cognac et laissez mariner plusieurs heures.
- Retirez les filets de la marinade.
- Hachez toutes les autres viandes.
- Prenez le 1/3 du foie gras, broyez-le à la fourchette en y incorporant les 2 c. à soupe (2 c. à table) de crème fraîche.
- Mélangez cette purée au hachis de viande. Ajoutez les oeufs battus et le cognac de la marinade. Salez et poivrez.
- Coupez le reste du foie gras en tranches fines.
- Faites blanchir les olives dans de l'eau bouillante non salée pendant 5 minutes. Incorporez-les, entières, au hachis.
- Abaissez la pâte. Réservez un rectangle à la dimension du couvercle du moule.
- Beurrez le moule. Foncez le fond et les parois avec la pâte à pâté. Laissez déborder la pâte tout autour du moule.

- Étalez une petite couche de farce au fond du moule, puis une partie des filets de canard, puis de nouveau de la farce, puis les tranches fines de foie gras, de nouveau de la farce, et ainsi de suite. Terminez par une couche de farce.
- Chauffez le four à 220°C (425°F).
- Rabattez la pâte sur la farce. Humectez les bords. Placez le couvercle de pâte. Faites bien adhérer. Ornez le couvercle avec les tombées de pâte découpées en formes géométriques ou en forme de fleurs ou de feuilles.
- Dorez avec le jaune d'oeuf délayé dans un peu d'eau salée.
- Faites une ou deux ouvertures dans le couvercle pour permettre aux vapeurs de cuisson de s'échapper. Maintenez les bords écartés à l'aide d'un petit rouleau en papier d'aluminium.
- Laissez cuire jusqu'à ce que la croûte soit bien dorée. Il faut environ une heure de cuisson pour 1 kg (2 lb 3 oz) de pâté.
- Laissez refroidir dans le moule.
- Démoulez pour servir, accompagné d'une salade exotique (recette n° 43).

107. Canard en terrine paysanne

Pour 8 à 10 personnes

1 gros canard de 2 kg (4 1/2 lb) au moins, avec son foie
500 g (1 lb) de gorge de porc
500 g (1 lb) de lard maigre
3 oignons
50 ml (1/4 tasse) de cognac
50 ml (1/4 tasse) de porto
2 oeufs
4 c. à soupe (4 c. à table) de crème fraîche (crème à 35 p. 100)
1 grosse c. à soupe (1 c. à table) de persil frais haché ou 1 c. à café
(1 c. à thé) de persil séché
Thym
2 feuilles de laurier
1 grande crépine
Sel et poivre
1 bonne pincée de quatre-épices ou de noix muscade en poudre
30 g (1 oz) de beurre

- Désossez entièrement le canard et réservez le foie et les filets.
- Coupez tout le reste de la chair en gros dés et mettez dans une terrine.
- Coupez aussi le lard et la gorge et mettez-les également dans la terrine.
- Parez le foie du canard en enlevant la poche de fiel et les filets sangui-nolents.
- Posez les filets de canard, coupés en fines lanières, et le foie par-dessus la viande et le lard, dans la terrine. Arrosez avec le cognac. Salez et poivrez. Émiettez le thym et saupoudrez avec le quatre-épices ou la noix muscade.
- Laissez mariner toute une nuit.
- Sortez les filets de canard et le foie de la marinade.
- Coupez le foie en gros dés. Faites-le revenir rapidement dans le beurre fondu.
- Hachez ensemble les viandes marinées et les oignons. Ajoutez le liquide de la marinade (sans les aromates), le persil haché, les deux oeufs battus et la crème fraîche. Goûtez et rectifiez l'assaisonnement si besoin est.
- Chauffez le four à 220°C (425°F).

- Placez une feuille de laurier au fond de la terrine, puis étalez la crépine en la faisant dépasser tout autour.
- Étalez une couche de farce au fond de la terrine, puis une partie des filets de canard, puis une mince couche de farce, puis une partie des dés de foie et ainsi de suite, pour terminer par une couche de farce.
- Posez la deuxième feuille de laurier et rabattez la crépine.
- Cognez la terrine à plusieurs reprises sur la table, sur un torchon plié en quatre, pour bien tasser tous les éléments.
- Couvrez la terrine et fermez-la hermétiquement avec un cordon de pâte faite de farine et d'eau tout autour du couvercle.
- Laissez cuire environ 1 heure 15 minutes. Il faut que le cordon de pâte soit bien doré. Enlevez-le et découvrez la terrine. Si la graisse qui remonte à la surface est bien limpide, la terrine est assez cuite.
- Posez sur la terrine une planche aux dimensions de l'intérieur du récipient. Posez un poids sur la planche et laissez refroidir sous presse. Cette précaution est indispensable pour éviter que la farce ne s'effrite au découpage.
- Vous pouvez garder cette terrine de 4 à 5 jours au réfrigérateur.
- Il faut, en tous cas, la laisser rassir 48 heures au froid avant de la servir.

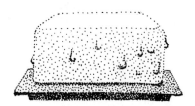

108. Galantine de canard au chambertin

Pour 6 à 8 personnes

1 beau canard et son foie
250 g (8 oz) d'échine de porc
250 g (8 oz) d'épaule de veau
2 oeufs entiers
30 g (1 oz) de beurre
500 ml (2 tasses) de bourgogne rouge: chambertin de préférence
50 ml (1/4 tasse) de bon madère
50 ml (1/4 tasse) d'armagnac ou de cognac
4 c. à café (4 c. à thé) de gélatine en poudre
Sel et poivre

- Incisez un canard par le dos et désossez-le en laissant les os des membres.
- Prenez grand soin de ne pas trouer la peau du canard puisqu'il faudra le reconstituer.
- Hachez ensemble le porc, le veau et le foie du canard.
- Coupez la chair du canard en dés. Mélangez-les au hachis. Ajoutez les 2 oeufs battus, le chambertin, le madère et le cognac.
- Salez, poivrez et laissez mariner pendant 2 ou 3 heures.
- Mettez la farce sur un tamis et pressez-la pour bien l'égoutter.
- Fourrez le canard avec cette farce, recousez la peau. Posez-le dans un plat à four, couvert. Parsemez le canard de noisettes de beurre.
- Chauffez le four à 200°C (400°F). Couvrez le plat et enfournez.
- Arrosez le canard avec le jus de cuisson très souvent. Laissez cuire au moins 1 heure 30 minutes après avoir baissé le four à 180°C (350°F) après 20 minutes de cuisson.
- Recueillez le jus de cuisson. Faites-y fondre la gélatine en poudre. Au besoin, ajoutez un peu d'eau chaude ou mieux, le liquide que vous aurez mis de côté une fois la farce égouttée.
- Découpez la galantine en tranches quand elle est encore tiède. Disposez ces tranches sur le plat de service et nappez de la gelée encore liquide, mais prête à prendre.

- **Note** : Vous pouvez utiliser cette même recette en employant un chablis qui est un excellent vin blanc. Vous aurez une saveur très différente, mais non moins délicieuse.

166

109. Mousseline de caneton au foie gras

Pour 6 personnes

1 beau caneton
Foie gras (le 1/3 du poids du canard désossé)
50 ml (1/4 tasse) de porto
200 g (7 oz) de crème fraîche (crème à 35 p. 100)
1 pincée de quatre-épices
Sel et poivre
250 ml (1 tasse) de gelée de viande (recette n° 5)

• Faites cuire le caneton au four à 250°C (500°F) sur la grille de la lèchefrite après l'avoir salé et poivré intérieurement.
• Lorsqu'il est cuit, retirez la peau et laissez-le refroidir entièrement.
• Mettez un moule en métal à haut bord au plus froid du réfrigérateur.
• Quand le caneton est bien refroidi, désossez-le entièrement et pesez sa chair, ce qui permettra de déterminer quelle quantité de foie gras vous est nécessaire. Vous devez utiliser le 1/3 du poids de la chair de canard.
• Hachez la chair de canard pour obtenir une purée très fine qu'il faudra passer au tamis.
• Mélangez cette purée au foie gras.
• Placez le récipient dans lequel vous aurez mélangé cette purée au foie gras dans un grand saladier rempli de glaçons.
• Faites fondre la gelée de viande déjà prête et incorporez-y 3 c. à soupe (3 c. à table) de porto.
• Fouettez la crème fraîche presque jusqu'à consistance de crème chantilly. Incorporez peu à peu la crème fouettée à la purée de canard en travaillant sur la glace.
• Ajoutez 5 c. à soupe (5 c. à table) de gelée liquide mais froide et le reste du porto, puis le quatre-épices. Salez et poivrez.
• Prenez le moule que vous aviez laissé au froid et nappez-le de gelée en le basculant dans tous les sens. La gelée va adhérer aux bords froids du moule et se solidifier.
• Versez alors votre mousseline dans le moule. Tassez bien et mettez prendre au froid dans le réfrigérateur.
• Ne démoulez qu'au moment de servir en passant une lame fine de couteau tout autour du moule que vous maintenez au-dessus de la vapeur d'une casserole remplie d'eau bouillante.
• Servez avec des toasts chauds et du beurre frais d'excellente qualité.

110. Pâté de Noël

Pour 15 à 20 personnes

1 dinde
1 canard
1 langue de boeuf
150 g (5 oz) de poitrine de veau
150 g (5 oz) d'échine de porc
150 g (5 oz) de lard gras
Le foie de la dinde
Le foie du canard
2 oeufs
2 c. à soupe (2 c. à table) de crème fraîche (crème à 35 p. 100)
3 c. à soupe (3 c. à table) d'un mélange de ces herbes fraîches hachées: (persil, ciboulette, cerfeuil, estragon, basilic, sauge, ail et 1 échalote) ou 1 c. à soupe (1 c. à table) d'un mélange de ces herbes séchées
2 c. à soupe (2 c. à table) de cognac ou d'eau-de-vie
1 pincée de gingembre en poudre
1 pincée de cannelle en poudre
1 pincée de noix muscade en poudre
Sel et poivre
1,2 kg (2 lb 10 oz) de pâte à pâté (recette n° 14)
2 jaunes d'oeufs pour dorer
20 g (2/3 oz) de beurre
1,5 litre (6 tasses) de court-bouillon (recette n° 1)

- Demandez au volailler de désosser sans abîmer la peau la dinde et le canard.
- Demandez au tripier de parer la langue de boeuf.
- Faites cuire la langue de boeuf 3 heures dans le court-bouillon.
- Faites la pâte à pâté et laissez-la reposer.
- Préparez la farce en hachant ensemble:
    le foie de la dinde (paré, sans fiel ni filets sanguinolents);
    le foie du canard (paré de la même façon);
    le veau, le porc et le lard.
- Mélangez ce hachis avec les herbes hachées, les épices, les 2 oeufs battus et la crème fraîche. Salez et poivrez bien.
- La langue étant bien cuite, enlevez la membrane dure. Enrobez la langue de boeuf d'une partie de la farce.

- Farcissez le canard avec la langue enrobée de farce par l'ouverture du cou. (Si le volailler avait incisé la peau du canard pour le désosser, il faudrait enrober la langue avec le canard et recoudre soigneusement.)
- Enrobez le canard de farce et farcissez la dinde avec le canard.
- Remplissez tous les interstices avec le reste de la farce.
- Rabattez la peau du cou de la dinde pour bien refermer la volaille. Donnez à votre préparation la forme d'une dinde, autant que faire se pourra.
- Posez une feuille d'aluminium bien beurrée sur la plaque du four.
- Chauffez le four à 200°C (400°F).
- Abaissez la pâte à pâté.
- Découpez un morceau plus large et plus long que la dinde farcie. Posez la dinde sur la pâte.
- Abaissez le reste de la pâte. Plaquez-la sur le dessus de la dinde.
- Humectez les bords et faites bien adhérer les deux pâtes l'une sur l'autre.
- Entourez les côtés du pâté de plusieurs épaisseurs de papier d'aluminium que vous maintiendrez à l'aide de ficelle; vous éviterez ainsi que votre pâté ne s'effondre en cours de cuisson.
- Décorez le dessus de la pâte avec les rognures de pâte.
- Dorez avec les jaunes d'oeufs délayés dans un peu d'eau salée.
- Enfournez pendant 4 heures. Au bout de 45 minutes, baissez le feu à 160°C (325°F). Protégez la croûte avec une feuille de papier d'aluminium pour qu'elle ne brûle pas.
- Au bout de 3 heures de cuisson, vous devez pouvoir retirer les feuilles d'aluminium qui maintiennent les côtés du pâté pour leur permettre de dorer à leur tour.
- Laissez bien refroidir votre pâté en croûte avant de le mettre au réfrigérateur pour toute une nuit.

111. Confit d'oie

meilleur à graisse d'oie

Pour *12 à 15 personnes* *

3 ou 4 kg (6 lb 10 oz à 9 lb) d'oie bien grasse et bien charnue
Thym
Laurier
Poivre en grains
Sel

*pour env. 12 cuisses,
½ gros Tenderflakes (3 livres) Boîte de*

- Découpez l'oie en réservant toute sa graisse.
- Placez les morceaux d'oie, bien tassés, dans une terrine en faisant alterner une couche de chair et une couche d'aromates, sel et poivre. Laissez la viande s'imprégner des parfums des plantes aromatiques pendant 48 heures, la terrine étant gardée au frais, mais pas au réfrigérateur.
- Faites fondre très doucement la graisse d'oie dans une cocotte. Elle ne doit surtout pas brûler.
- Sortez les morceaux d'oie de la terrine, épongez-les soigneusement et mettez-les à cuire dans la graisse d'oie, à feu très doux. Ils doivent mijoter mais ne doivent ni brûler (bien sûr) ni même rôtir.
- Piquez la viande avec une aiguille. S'il ne sort pas de sang, la viande est cuite. Cela demande 3 heures environ.
- Sortez les morceaux d'oie. Laissez-les bien égoutter. Placez-les dans des bocaux de verre, très propres, ébouillantés et bien séchés. Tassez un peu.
- Ne prenez pas des bocaux trop grands, le confit d'oie ne se conserve plus une fois le bocal ouvert.
- Coulez la graisse de cuisson bouillante sur les morceaux de viande. Toutefois, passez cette graisse à travers un chinois ou une étamine pour en décanter le jus de cuisson de la viande et d'éventuelles parcelles de viande cuite.

---

* Cette préparation se conserve longtemps. Elle pourra donc être servie lors de plusieurs repas.

• Fermez les bocaux et conservez-les dans un endroit sec. Si la graisse d'oie fondue n'était pas en quantité suffisante pour bien recouvrir les morceaux de viande, il faudrait la laisser figer, puis ajouter du saindoux fondu par-dessus.

• Vous pouvez conserver le confit d'oie plusieurs mois.

• Au moment de servir, débarrassez les morceaux d'oie de toute la graisse. Coupez-les en languettes et disposez-les sur un assortiment de salade: laitue, mâche, chicorée, etc.

• Versez dessus une sauce faite avec de l'huile d'olive, du jus de citron, du sel et du poivre (mais pas de moutarde) pour laisser au confit toute sa saveur.

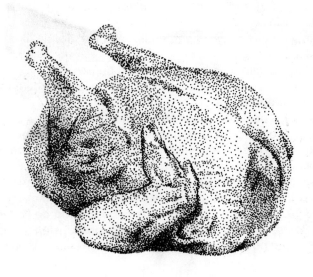

112. Oie en gelée

Pour 15 à 20 personnes selon la taille de l'oie

1 oie entière
3 pieds de veau
4 carottes
2 gros oignons
2 clous de girofle
2 gousses d'ail
1 bouquet garni (thym, laurier et persil)
Quelques feuilles de sariette
Sel et poivre
1 bouteille de vin blanc de Bourgogne
50 ml (1/4 tasse) d'eau-de-vie

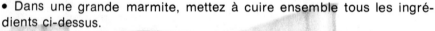

- Dans une grande marmite, mettez à cuire ensemble tous les ingrédients ci-dessus.
- Si le vin ne recouvrait pas entièrement la viande, il faudrait ajouter un peu d'eau.
- Laissez bouillir à petit feu pendant 3 heures.
- Quand les os se détachent tout seuls de la chair de l'oie, sortez-la de la marmite. Égouttez-la.
- Sortez les pieds de veau et les carottes.
- Filtrez le bouillon et remettez-le à feu vif pour qu'il réduise.
- Désossez l'oie et les pieds de veau. Coupez les chairs en petits dés. Coupez les carottes en rondelles.
- Disposez les viandes et les rondelles de carottes dans une terrine.
- Versez dessus le bouillon petit à petit.
- Couvrez avec une planchette de la dimension de l'ouverture de la terrine. Posez un poids dessus et laissez prendre en gelée.
- Démoulez pour servir, accompagné d'une salade bien relevée.

113. Cuisses d'oie confites à la périgourdine

Pour 6 personnes

3 cuisses d'oie en confit
200 g (7 oz) de foie d'oie gras et frais
Sel et poivre

- Faites cuire le foie d'oie gras et frais pendant 10 minutes à la vapeur.
- Désossez les cuisses d'oie en confit avec précaution.
- Placez la moitié des cuisses, ouvertes en deux (soit 1 1/2 cuisse) dans une terrine.
- Posez le foie dessus.
- Recouvrez avec le reste de cuisse en confit.
- Salez et poivrez bien.
- Fermez hermétiquement la terrine.
- Mettez-la dans un plat à gratin rempli aux 3/4 d'eau très chaude et enfournez dans un four à 120°C (250°F) pendant 25 minutes.
- Ouvrez la terrine quand elle est bien refroidie.
- Posez une planche de la dimension de l'ouverture de la terrine sur la préparation. Placez un poids sur la planche et mettez au frais. La graisse de l'oie va remonter et couvrir toute la préparation, qui sera ainsi bonne à garder sans risque, au réfrigérateur, pendant 4 à 5 jours.
- Après ce délai, votre terrine sera au mieux de sa saveur pour être servie.
- Vous pouvez l'accompagner d'un coulis de tomates bien aillé (recette n° 19), servi chaud, ou d'une sauce Périgueux à ma façon (recette n° 38).

114. Rillettes d'oie aux cèpes

Pour 6 personnes

400 g (14 oz) de confit d'oie
200 g (7 oz) de cèpes frais
1 gousse d'ail
10 feuilles d'estragon frais ou 2 c. à café (2 c. à thé) d'estragon séché
1 c. à soupe (1 c. à table) de cognac
80 g (2 3/4 oz) de graisse d'oie
Sel et poivre vert

- Nettoyez les cèpes et essuyez-les soigneusement en évitant de les laver, si possible.
- Coupez-les en gros dés.
- Hachez l'ail.
- Coupez les feuilles d'estragon frais aux ciseaux.
- Ouvrez un bocal de confit d'oie. Réservez la graisse et mettez-la fondre tout doucement dans une cocotte.
- Désossez les morceaux d'oie. Coupez-les en morceaux et écrasez-les à la fourchette, grossièrement.
- Mélangez-les avec les cèpes et l'estragon. Salez, ajoutez le poivre en grains; mouillez avec l'alcool.
- Faites cuire à feu très doux, cocotte couverte, pendant 15 à 20 minutes.
- Versez dans une terrine. Couvrez-la et mettez-la au frais.
- Vous pouvez conserver cette préparation 2 ou 3 jours au réfrigérateur.
- Servez avec du pain de campagne grillé, coupé en petits morceaux frottés d'ail.

115. Petits pâtés au cumin

Pour une quinzaine de petits pâtés

400 g (14 oz) de pâte à pâté (recette n° 14) ou de pâte feuilletée (recette n° 16)
300 g (10 oz) de blancs de volaille
300 g (10 oz) de chair à saucisse
50 g (2 oz) de mie de pain broyée trempée dans du lait
1 pointe de couteau de safran
2 c. à café (2 c. à thé) de cumin en poudre
1 pincée de gingembre
Sel et poivre
2 oeufs pour dorer la pâte
2 c. à café (2 c. à thé) de graines de cumin

- Faites la pâte à pâté et laissez-la reposer.
- Hachez menu les blancs de poulet. Mélangez-les à la chair à saucisse, aux épices et à la mie de pain trempée dans le lait. Salez et poivrez.
- Abaissez la pâte. Découpez-la avec un emporte-pièce rond.
- Posez des petits tas de farce sur la moitié de la pâte.
- Repliez la pâte après avoir humecté le pourtour pour que les bords collent bien.
- Dorez à l'oeuf et immédiatement après, saupoudrez de graines de cumin pour qu'elles collent à l'oeuf.
- Chauffez le four à 200°C (400°F).
- Beurrez la plaque du four. Posez dessus les petits pâtés, les uns contre les autres et faites cuire. Ils sont à point quand la croûte est bien dorée.
- Vous pouvez servir ces petits pâtés froids comme amuse-gueule copieux, pour accompagner l'apéritif, dans un buffet froid ou accompagnés d'une salade pour le dîner du dimanche.

116. Terrine de poulet

Pour 6 à 8 personnes

1 beau poulet
500 g (1 lb) de gorge de porc frais
100 g (3 oz) de foies de volailles
100 ml (1/3 tasse) de pineau des Charentes (ou à défaut 50 ml (1/4 tasse) de porto et 50 ml (1/4 tasse) de cognac)
2 oeufs
1 tranche de pain de mie épaisse de 1 cm (1/2 po) trempée dans le lait
2 c. à soupe (2 c. à table) de crème fraîche (crème à 35 p. 100)
1 c. à soupe (1 c. à table) d'un mélange de persil, menthe et estragon frais hachés ou 1 c. à café (1 c. à thé) de ces herbes séchées
Thym et laurier
Sel et poivre
1 pincée de noix muscade en poudre
Bardes de lard en quantité suffisante pour tapisser la terrine

La veille:

• Désossez le poulet en réservant les blancs entiers.
• Coupez le reste des chairs en petits morceaux, et mettez toutes les chairs de poulet à mariner dans le pineau des Charentes.
• Retournez de temps en temps pour que les chairs s'imprègnent bien de la saveur du pineau.

Le lendemain:

• Laissez provisoirement les blancs de poulet dans l'alcool. Hachez finement le reste de la chair de poulet avec la gorge de porc et les foies de volailles.
• Faites tremper la mie de pain dans le lait. Assaisonnez avec la poudre de noix muscade.
• Battez les oeufs dans une terrine, ajoutez la crème fraîche, le pain de mie trempé, les fines herbes hachées, le thym émietté, le hachis de viande et l'alcool de la marinade. Salez et poivrez. Mélangez vigoureusement pour obtenir un ensemble lisse.
• Faites chauffer le four à 220°C (425°F).

• Bardez la terrine en porcelaine à feu des bardes de lard. Posez dessus la moitié de la farce. Disposez les blancs de poulet sur la farce. Couvrez avec le reste du hachis. Rabattez les bardes de lard sur le dessus. Placez les 2 feuilles de laurier sur les bardes.

• Fermez hermétiquement la terrine à l'aide d'un cordon de pâte (faite de farine et d'eau) que vous posez tout autour du couvercle.

• Posez la terrine dans un plat à gratin rempli aux 3/4 d'eau très chaude et enfournez ce bain-marie de 1 heure à 1 heure 10 minutes. Il faut que le cordon de pâte soit bien doré.

• Laissez refroidir dans la terrine qu'il vaut mieux ne pas ouvrir tant que ce n'est pas le moment de servir.

• Accompagnez d'une salade bien acidulée, ou de cornichons et de pain de campagne.

117. Poulet en croûte avec sa farce

Pour 6 à 8 personnes

1 beau poulet avec son foie
300 g (10 oz) d'épaule de veau
2 oeufs
150 g (5 oz) de pain de mie
150 g (5 oz) de lait
2 c. à soupe (2 c. à table) de crème fraîche (crème à 35 p. 100)
50 g (2 oz) de beurre
1 crépine
Sel et poivre
1 pointe de couteau de poivre de Cayenne
75 g (2 1/2 oz) de noisettes grillées et réduites en poudre (à défaut, utiliser des amandes en poudre)
750 ml (3 tasses) de fond de volaille (recette n° 9)
400 à 500 g (14 oz à 1 lb) de pâte feuilletée (recette n° 16) ou demi-feuilletée (recette n° 17)
1 jaune d'oeuf pour dorer
1 blanc d'oeuf et la coquille pour clarifier

• Faites votre pâte feuilletée et laissez-la reposer au frais.
• Désossez le poulet, mais en prenant beaucoup de précautions pour laisser la peau intacte.
• Pour cela, coupez la tête du poulet et jetez-la.
• Enlevez le cou, mais laissez la peau épaisse du cou adhérer au reste du poulet. Coupez les ailerons et les pattes.
• Ouvrez le poulet par le dos à l'aide d'un petit couteau à lame fine et bien aiguisée. Suivez les os et dégagez la carcasse sans trouer la peau du ventre. Enlevez les os des avant-cuisses.
• Mettez le cou, les ailerons, les pattes et toute la carcasse à cuire doucement dans le fond de volaille auquel vous pourrez ajouter, à votre goût, un gros bouquet d'estragon ou 25 ml (1 oz) de porto pour parfumer la gelée que vous obtiendrez à partir de ce fond de volaille.
• Dans un grand saladier, faites tremper le pain de mie écrasé dans le lait. Ajoutez le beurre ramolli, les 2 oeufs battus, la crème fraîche, le sel, le poivre, le poivre de Cayenne et les noisettes grillées en poudre.

178

- Au mélangeur, broyez les morceaux de veau et le foie du poulet jusqu'à consistance de purée. Ajoutez au mélange ci-dessus et amalgamez très soigneusement.
- Posez la crépine sur la table (il sera peut-être nécessaire de la faire dessaler 2 heures à l'eau froide avant de vous en servir. Interrogez là-dessus votre fournisseur).
- Posez le poulet, ouvert, sur la crépine. Salez et poivrez l'intérieur du poulet, puis remplissez-le de la farce. Recousez-le à l'aide d'une aiguille à barder et d'un fil. Rabattez la peau du cou pour que le poulet ainsi reconstitué soit hermétiquement fermé. Enveloppez de la crépine.
- Mettez dans un plat à gratin le poulet ainsi bardé de crépine, arrosez-le du fond de viande dans lequel les os du poulet ont commencé à cuire. Mettez le tout au four à 180°C (350°F) pendant 1 heure 30 minutes.
- Arrosez souvent, pendant la cuisson.
- Laissez refroidir le poulet à l'air libre.
- Passez le jus de cuisson à travers un chinois doublé d'une étamine humide. Ne gardez que le jus, que vous faites prendre en gelée au réfrigérateur.
- Étalez la pâte feuilletée. Sur la plaque du four, posez une feuille de papier d'aluminium bien beurrée. Posez dessus un rectangle de pâte plus grand que le poulet. Posez le poulet sur cette abaisse de pâte. Recouvrez de l'autre morceau de pâte. Fermez hermétiquement en soudant les bords. Pour cela, humectez-les et formez un rouleau de pâte tout autour du poulet en tordant ensemble les deux bords de pâte.
- Préchauffez le four à 200°C (400°F).
- Dorez à l'oeuf le dessus du pâté que vous aurez pu décorer avec les tombées de pâte.
- Enfournez pendant 30 minutes, le temps que la pâte devienne bien dorée et légère.
- Servez très chaud, sortant du four, ou froid, en garnissant le plat de losanges de gelée que vous avez mise à prendre au réfrigérateur.

118. Terrine de poulet à l'hysope

Pour 6 personnes

1 beau poulet avec son foie
300 g (10 oz) de poitrine de porc
100 g (3 oz) de mie de pain trempée dans
150 g (5 oz) de lait
2 grosses c. à soupe (2 c. à table) de crème fraîche (crème à 35 p. 100)
2 oeufs
3 c. à café (3 c. à thé) de feuilles d'hysope* fraîches hachées ou 1 c. à café
(1 c. à thé) de menthe fraîche hachée et 1 c. à café (1 c. à thé) de fleurs de
thym (ou 1 pincée de menthe et de thym séchés)
1 c. à soupe (1 c. à table) de persil frais haché ou 1 c. à café (1 c. à thé) de
persil séché
2 feuilles de sauge fraîche ou 1/2 c. à café (1/2 c. à thé) de sauge séchée
Le jus d'un citron
Une dizaine de graines de coriandre
1/2 c. à café (1/2 c. à thé) de poivre en grains
Sel
Bardes de lard en quantité suffisante pour tapisser la terrine

- Désossez le poulet mais gardez les blancs intacts, et réservez-les.
- Faites tremper la mie de pain dans le lait.
- Au mélangeur, broyez les chairs de poulet et la poitrine de porc.
- Broyez à part le foie du poulet et les herbes aromatiques.
- Dans une terrine, mélangez les oeufs battus, la crème fraîche, les
épices, le jus de citron ainsi que les hachis de viande et d'herbes.
- Mélangez bien le tout pour obtenir un amalgame bien lisse.
- Goûtez et salez.
- Faites chauffer le four à 200°C (400°F).
- Foncez la terrine en porcelaine à feu avec les bardes de lard que vous
laissez dépasser tout autour.

---

* Hysope: plante aromatique à saveur forte et amère connue depuis l'Antiquité. Aujourd'hui, on l'utilise pour fabriquer des liqueurs comme la chartreuse. On peut aussi en assaisonner les farces, certaines charcuteries.
salades ou compotes de fruits.

- Placez la moitié de la farce dans la terrine. Disposez dessus les lamelles de blancs de poulet, puis le reste de farce. Rabattez les bardes de lard sur le dessus et posez les 2 feuilles de sauge ou ajoutez la sauge séchée.
- Couvrez hermétiquement la terrine en entourant son couvercle d'un cordon de pâte faite de farine et d'eau.
- Posez la terrine dans un plat à gratin rempli aux 3/4 d'eau bouillante et enfournez environ 1 heure 15 minutes. Il faut que le cordon de pâte soit bien doré, mais pas brûlé.
- N'ouvrez pas la terrine avant le moment de la consommer. Laissez refroidir à température ambiante avant de conserver au réfrigérateur. Vous pouvez préparer cette terrine 4 ou 5 jours à l'avance.

119. Friands de poulet au cari

Pour 6 personnes

500 g (1 lb) de pâte feuilletée (recette n° 16) ou demi-feuilletée (recette n° 17)
6 grosses pommes
150 g (5 oz) de foies de volailles
1 c. à soupe (1 c. à table) de beurre
250 g (8 oz) de blancs de poulet
50 g (2 oz) de raisins secs gonflés dans 25 ml (1 oz) de calvados
3 c. à soupe (3 c. à table) de crème fraîche (crème à 35 p. 100)
3 oignons hachés très menu
1 c. à café (1 c. à thé) de cari de Madras
1 oeuf pour dorer
Le jus de 2 citrons
Sel

- Faites la pâte feuilletée et laissez-la reposer au frais.
- Pelez les pommes, ouvrez-les en deux pour les épépiner et enlevez délicatement un peu de la pulpe.
- Arrosez les pommes de jus de citron de tous côtés pour qu'elles ne noircissent pas.
- Dans une poêle, faites fondre le beurre. Coupez les foies en petits morceaux, faites-les raidir à la poêle. Enlevez-les. Mettez à la place les blancs émincés. Enlevez-les et faites revenir les oignons.
- Faites tremper les raisins dans le calvados.
- Broyez ensemble les foies, les blancs de volaille, la pulpe de pommes, les oignons et la crème fraîche. Assaisonnez avec la poudre de cari. Ajoutez les raisins et le calvados et finissez de bien mélanger à la fourchette.
- Chauffez le four à 200°C (400°F).
- Abaissez la pâte feuilletée et séparez-la en 6 portions égales.
- Dans chaque morceau de pâte, posez une moitié de pomme. Remplissez-la du sixième de l'amalgame au cari. Placez la deuxième moitié de pomme dessus. Refermez la pâte en remontant les coins dans la diagonale. Humectez les bords pour qu'ils soient bien hermétiquement fermés.

- Décorez les pâtés avec les tombées de pâte.
- Dorez les pâtés avec un jaune d'oeuf délayé dans un peu d'eau salée.
- Enfournez pendant environ 35 minutes, en surveillant pour que la croûte soit dorée mais pas brûlée.
- Servez très chaud, sans accompagnement.

120. Terrine de volaille aux amandes et au citron

Pour 6 à 8 personnes

1 beau poulet avec son foie
200 g (7 oz) de lard maigre frais
250 g (8 oz) de noix de veau
2 oeufs
1 grosse c. à soupe (1 c. à table) de crème fraîche (crème à 35 p. 100)
25 ml (1 oz) de cognac ou de whisky
2 citrons épluchés, et dont la pulpe aura été débarrassée de la membrane transparente, en tranches
75 g (2 1/2 oz) d'amandes effilées
Sel et poivre
1 pincée de cannelle en poudre
1 pincée de gingembre en poudre
3 ou 4 rondelles de citron entier, très fines
Bardes de lard en quantité suffisante pour tapisser la terrine
Quelques rondelles de citron avec le zeste

- Désossez le poulet. Gardez les blancs et la chair des cuisses pour les découper en lanières d'environ 1 cm (1/2 po) d'épaisseur.
- Hachez le reste de la viande de poulet avec le foie, le veau et le lard maigre.
- Mélangez ce hachis de viande dans une terrine avec les 2 oeufs, la crème fraîche, les épices (cannelle et gingembre) et les amandes effilées. Salez et poivrez généreusement.
- Bardez une terrine en porcelaine à feu avec les bardes de lard que vous laissez dépasser tout autour.
- Étalez une couche de farce sur les bardes de lard.
- Disposez les lanières de poulet (que vous aviez réservées) et les tranches de citron bien épluchées.
- Versez le reste de la farce. Cognez la terrine sur la table à deux ou trois reprises, sur un torchon plié en quatre, pour bien tasser le mélange et en chasser les bulles d'air.
- Rabattez les bardes sur le dessus. Garnissez de quelques très fines rondelles de citron avec le zeste.

• Couvrez hermétiquement en faisant un cordon de pâte avec de la farine et de l'eau tout autour du couvercle de la terrine.

• Placez la terrine dans un plat à gratin rempli aux 3/4 d'eau chaude et enfournez dans un four à 180°C (350°F) pendant au moins 2 heures 30 minutes.

• Laissez refroidir à l'air libre avant de mettre au réfrigérateur pendant une nuit — au moins — avant de servir.

121. Poulet en robe claire

Pour 8 personnes

1 beau poulet de 2,5 kg (4 1/2 lb) environ
150 g (5 oz) de beurre très frais plus 15 g (1/2 oz)
150 g (5 oz) de foie gras (demi-conserve)
1 litre (4 tasses) de gelée de volaille (recette n° 4)
1 bouteille de vin blanc sec (mâcon, par exemple)
50 ml (1/4 tasse) de cognac
1 oignon piqué d'un clou de girofle
1 poireau
1 bouquet garni (persil, thym, laurier et 1 branche de céleri)
Sel
1 c. à café (1 c. à thé) de poivre en grains

- Videz le poulet et mettez à part le gésier, le coeur, le cou et les pattes. Réservez le foie. Parez-le en enlevant le fiel et les filets sanguinolents.
- Imbibez un petit chiffon de cognac et nettoyez l'intérieur du poulet avec l'alcool.
- Mettez le foie dans un petit bol. Poivrez et versez dessus le reste de cognac.
- Bridez le poulet.
- Dans un fait-tout, mettez le vin blanc et la gelée et portez à ébullition à petit feu. Ajoutez alors les abats de volaille et les légumes, puis le bouquet garni. Salez et poivrez.
- Plongez le poulet dans le liquide. Au besoin, ajoutez un peu d'eau. Laissez mijoter pendant environ 1 heure. Écumez souvent. Piquez la volaille légèrement pour que la saveur du bouillon pénètre la chair.
- Retirez le poulet. Enlevez la peau.
- Filtrez le jus de cuisson pour le débarrasser des légumes, du bouquet garni, des abats et des débris de viande.
- Mettez la volaille et son jus de cuisson dans un grand récipient et laissez reposer une nuit.
- Retirez la graisse qui nappe la surface de la gelée. Sortez la volaille et débarrassez-la de la gelée qui l'entoure.
- Fendez-la en quatre morceaux. À l'aide d'un couteau bien pointu, retirez les os par l'intérieur.

- Faites cuire le foie de poulet dans un peu de beurre. Il doit rester rosé à l'intérieur. Pour cela cuisez-le doucement et peu de temps.
- Mélangez au mortier le beurre en pommade et le foie gras. Poivrez et parfumez de 2 c. à soupe (2 c. à table) de cognac.
- Enveloppez le foie du poulet de cette mousse de foie gras.
- Faites fondre doucement la gelée de poulet. Déposez-en une couche au fond d'une terrine ovale.
- Reconstituez le poulet en vous servant de la mousse de foie gras pour faire tenir ensemble les quatre parties désossées.
- Posez le poulet sur la gelée prise. Versez dessus le reste de la gelée.
- Si vous le pouvez, ornez la poitrine du poulet de fleurs de truffe découpée, ou plus économiquement de feuilles d'estragon.
- Laissez prendre 24 heures au réfrigérateur.
- Démoulez pour placer sur le plat de service, sur un lit de feuilles de salade.

122. Compote de lapin en gelée

Pour 6 personnes

1 lapin d'environ 1,5 kg (3 lb 5 oz)
100 g (3 oz) de lard maigre frais
250 g (8 oz) de pruneaux d'Agen
2 carottes
2 oignons
1/2 c. à café (1/2 c. à thé) de moutarde à l'estragon
1 bouquet garni (persil, thym, laurier et 1 branche de céleri)
1 bouteille de vin blanc sec de bonne qualité
50 ml (1/4 tasse) de porto
Sel et poivre
150 ml (2/3 tasse) d'huile d'olive
4 c. à café (4 c. à thé) de gélatine en poudre
1 blanc d'oeuf et la coquille

La veille:

• Coupez le lapin en morceaux. Posez-les dans un récipient creux et recouvrez-les avec l'huile, le vin blanc, les oignons et les carottes coupés en rondelles, le bouquet garni et le poivre.

Le jour même:

• Égouttez les morceaux de lapin.
• Coupez le lard maigre en petits dés. Faites-les fondre dans une cocotte. Ajoutez les morceaux de lapin bien essuyés et faites rapidement dorer. Puis retirez-les et laissez-les en attente.
• Dans la cocotte, faites alors rissoler les carottes et les oignons de la marinade. Retirez-les, ainsi que les petits lardons et jetez la graisse de cuisson.
• Remettez alors les morceaux de lapin dans la cocotte, les lardons, les carottes et les oignons rissolés.
• Mouillez peu à peu avec la marinade dans laquelle vous aurez délayé la moutarde à l'estragon. Si le jus de cuisson est trop court, ajoutez un verre d'eau chaude.
• Couvrez la cocotte et mettez-la à cuire au four à 200°C (400°F) pendant 2 heures 30 minutes. Surveillez pour qu'il y ait toujours du liquide dans la cocotte. Si besoin était, déglacez avec de l'eau chaude.

- Sortez la cocotte du four. Laissez refroidir.
- Désossez le lapin. Écrasez les morceaux à la fourchette.
- Passez le jus de cuisson à travers un chinois, puis remettez-le sur le feu pour le clarifier en jetant un blanc d'oeuf et la coquille dans le liquide bouillant. Les impuretés viendront s'agglomérer au blanc d'oeuf coagulé. Écumez et passez de nouveau à travers un chinois.
- Faites pocher 8 minutes les pruneaux d'Agen dans le porto mouillé d'un demi-verre d'eau.
- Réservez les pruneaux. Passez le porto de cuisson. Ajoutez-le au jus de cuisson du lapin clarifié. Ajoutez 4 c. à café (4 c. à thé) de gélatine en poudre et faites bien dissoudre en remettant au besoin sur le feu pour un tour de bouillon.
- Disposez dans la terrine une couche de hachis de lapin, puis les pruneaux dénoyautés, puis de nouveau du hachis de lapin.
- Versez sur le mélange la gelée encore liquide mais prête à prendre.
- Faites refroidir complètement au réfrigérateur pendant plusieurs heures.
- Démoulez en plongeant la terrine dans l'eau très chaude ou en la maintenant quelques secondes au-dessus de la vapeur d'eau bouillante.
- Servez avec une salade parfumée à l'estragon.

123. Terrine de lapin de ma grand-mère

Pour 10 à 12 personnes

1 lapin désossé
750 g (1 lb 10 oz) de veau (épaule ou noix)
500 g (1 lb) de gorge de porc hachée
150 g (5 oz) de lait
125 g (4 oz) de mie de pain trempée dans le lait
1 oeuf
150 ml (2/3 tasse) d'eau-de-vie de prune ou mirabelle
75 ml (1/3 tasse) d'eau
1 grosse c. à soupe (1 c. à table) de persil frais haché ou 1 c. à café (1 c. à thé) de persil séché
1 branche de thym frais ou 1 c. à café (1 c. à thé) de thym séché
2 feuilles de laurier
Sel et poivre

- Désossez le lapin.
- Réservez la chair du râble et découpez-la en lanières de 1 cm (1/2 po) d'épaisseur.
- Hachez ensemble le reste de la chair du lapin, le foie et le coeur du lapin ainsi que le veau.
- Mélangez à ce hachis la mie de pain trempée dans le lait, 1 oeuf battu, le persil haché et quelques miettes de thym.
- Chauffez le four à 200°C (400°F).
- Dans une terrine, mettez une couche de gorge de porc hachée, puis la moitié de la farce.
- Disposez les lanières de lapin.
- Remettez le reste de la farce, puis une couche de gorge, des miettes de thym et les 2 feuilles de laurier.
- Mélangez l'eau et l'eau-de-vie. Faites des trous dans l'amalgame qui est dans la terrine pour faire pénétrer le liquide.
- Mettez un torchon plié en quatre sur la table et cognez la terrine à 2 ou 3 reprises pour bien tasser le mélange et en chasser les bulles d'air.
- Couvrez la terrine et fermez hermétiquement son couvercle à l'aide d'un cordon de pâte fait de farine et d'eau.
- Posez la terrine dans un plat à gratin rempli aux 3/4 d'eau très chaude.

- Enfournez. Au bout de 5 minutes, baissez la chaleur à 180°C (350°F) et laissez cuire 3 heures, en ayant soin de laisser toujours de l'eau dans le bain-marie.
- Le cordon de pâte doit être bien doré.
- Laissez bien refroidir la terrine avant de la mettre au réfrigérateur. Attendez 48 heures avant de servir ce pâté. Il peut parfaitement se conserver au moins 8 jours au réfrigérateur, 15 jours s'il n'est pas ouvert. Mais c'est au bout de 2 à 3 jours qu'il est à son meilleur.

124. Terrine de lapin de madame Zanni

Pour 8 à 10 personnes

1 lapin (domestique ou de garenne)
400 g (14 oz) d'épaule de veau
400 g (14 oz) de poitrine de porc fraîche
2 échalotes
1 oeuf
150 ml (2/3 tasse) de cognac ou de calvados
1 branche de thym frais ou 1 c. à café (1 c. à thé) de thym séché
2 feuilles de laurier
1/2 c. à café (1/2 c. à thé) de noix muscade en poudre
Sel et poivre
Crépine ou bardes de lard pour la terrine

La veille:

• Désossez le lapin. Faites macérer les morceaux dans l'alcool toute une nuit, dans un récipient bien fermé.

Le jour même:

• Hachez les morceaux de lapin, avec le coeur et le foie du lapin, le veau et la poitrine de porc.
• Hachez l'échalote. Ajoutez-la au hachis de viande. Incorporez au mélange 1 oeuf battu, le jus de la marinade, la muscade en poudre, des miettes de thym, le sel et le poivre.
• Garnissez la terrine de la crépine ou de bardes de lard.
• Versez le hachis dedans et cognez la terrine 2 ou 3 fois sur la table, sur un torchon plié en quatre, pour bien tasser l'appareil et en chasser les bulles d'air.
• Rabattez la crépine ou les bardes de lard sur le dessus. Placez les 2 feuilles de laurier. Fermez hermétiquement la terrine en faisant un cordon de pâte avec de la farine et de l'eau tout autour du couvercle.
• Posez la terrine dans un plat à gratin rempli d'eau chaude aux 3/4.
• Chauffez le four à 180°C (350°F) et laissez cuire au moins 2 heures 30 minutes.
• Laissez refroidir complètement la terrine avant de la mettre au réfrigérateur. Laissez rassir le pâté 2 ou 3 jours avant de le servir.
• Accompagnez d'une salade verte ou de cornichons ou de cerises au vinaigre.

125. Pâté porte-foin

Pour 6 à 8 personnes

400 g (14 oz) de pâte à pâté (recette n° 14)
1 lapin d'environ 1,2 kg (2 lb 10 oz)
2 foies de volailles plus le foie du lapin
500 g (1 lb) de poitrine de porc fraîche et grasse
1 tranche de jambon cuit épaisse de 1 cm (1/2 po)
2 échalotes
2 oeufs entiers plus 1 jaune pour dorer
1 verre de cognac ou de whisky
500 ml (2 tasses) de gelée (recette n° 4) que vous aromatisez au cognac, ou de gelée toute faite
Sel et poivre
20 g (2/3 oz) de beurre pour le moule

- Faites la pâte à pâté et laissez-la reposer au frais.
- Désossez le lapin et découpez le râble en lanières de 1 cm (1/2 po) d'épaisseur.
- Mettez ces lanières à macérer dans le cognac.
- Découpez également la tranche de jambon en lanières de 1 cm (1/2 po).
- Hachez finement ensemble le reste de la chair du lapin, son foie et les foies de volailles (vous aurez naturellement eu soin d'en retirer le fiel et les vaisseaux sanguinolents), la poitrine de porc fraîche et les échalotes.
- Ajoutez au hachis les 2 oeufs battus. Mélangez bien. Salez, poivrez et ajoutez le jus de la marinade.
- Chauffez le four à 200°C (400°F).
- Étalez la pâte à pâté. Beurrez le moule et foncez le fond et les parois avec les 2/3 de la pâte. Laissez déborder la pâte tout autour du moule.
- Étalez une couche de farce au fond du moule. Disposez dessus les lanières de lapin et de jambon, puis mettez le reste du hachis.
- Rabattez les bords de pâte.
- Abaissez la pâte qui reste pour en faire un couvercle au pâté.
- Humectez les bords de pâte pour qu'ils adhèrent bien l'un sur l'autre.
- Décorez le couvercle de pâte avec les tombées de pâte. Ménagez une cheminée dans le couvercle de pâte en maintenant les bords avec un rouleau de papier d'aluminium.

- Dorez avec le jaune d'oeuf délayé dans un peu d'eau salée.
- Enfournez pendant environ 1 heure (1 heure 10 minutes au maximum). Laissez refroidir.
- Parfumez la gelée (recette n° 4) avec du cognac et faites-la couler par la cheminée. Faites prendre au réfrigérateur.

---

126. Pâté de lapin en croûte

Pour 8 à 10 personnes

400 g (14 oz) de pâte feuilletée (recette n° 16) ou demi-feuilletée (recette n° 17)
1 lapin d'environ 2 kg (4 1/2 lb) avec son foie
250 g (8 oz) d'épaule de veau
250 g (8 oz) d'échine de porc
175 g (6 oz) de lard gras frais
500 ml (2 tasses) de vin blanc sec
50 ml (1/4 tasse) de cognac
1 oignon coupé en rondelles
Des bardes de lard en quantité suffisante pour foncer le moule
1 feuille de laurier
1 branche de thym frais ou 1 c. à café (1 c. à thé) de thym séché
Sel et poivre
1 pointe de couteau de poivre de Cayenne
1/2 c. à café (1/2 c. à thé) de noix muscade en poudre
1 jaune d'oeuf
15 g (1/2 oz) de beurre

---

2 jours avant:
- Désossez le lapin. Réservez le râble que vous découpez en lanières de 1 cm (1/2 po) d'épaisseur.
- Faites une marinade avec le vin, l'alcool, le thym et le laurier émiettés, l'oignon coupé en rondelles, et du poivre.
- Placez les lanières de chair de lapin dans un récipient. Couvrez-les avec la marinade et laissez-les macérer 2 jours en les gardant au frais et en retournant les morceaux de viande de temps en temps, pour qu'ils s'imprègnent bien de la marinade.

La veille:

• Hachez, l'un après l'autre, le reste de la chair du lapin, le foie du lapin, le veau, l'échine de porc puis le lard gras.

• Mélangez ensuite tous ces hachis ensemble (vous obtiendrez ainsi une farce beaucoup plus onctueuse que si vous aviez haché toutes les viandes ensemble).

• Sortez les lanières de lapin. Égouttez-les un peu. Mouillez le hachis avec une partie de la marinade. Salez, poivrez, ajoutez le poivre de Cayenne et la poudre de noix muscade.

• Faites chauffer le four à 180°C (350°F).

• Foncez un moule avec les bardes de lard. Déposez dessus une couche de hachis, puis les lanières de chair de lapin, puis de nouveau le hachis et ainsi de suite.

• Rabattez les bardes de lard sur le dessus du pâté.

• Couvrez et enfournez pendant 45 à 50 minutes. Laissez refroidir.

• Faites la pâte feuilletée (ou demi-feuilletée) et laissez-la reposer au frais.

Le jour même:

• Chauffez le four à 220°C (425°F).

• Étalez rapidement la pâte feuilletée. Coupez un rectangle plus long et plus large que le pâté.

• Recouvrez la plaque du four d'une feuille de papier d'aluminium bien beurrée. Posez le rectangle de pâte sur cette feuille.

• Démoulez le pâté de viande. Enlevez les bardes de lard. Placez le pâté au milieu de la pâte feuilletée.

• Abaissez le reste de la pâte. Plaquez-la sur le pâté et faites souder les bords de pâte en les humectant. Enveloppez hermétiquement le pâté dans la pâte.

• Décorez le couvercle de pâte avec les tombées, dans lesquelles vous façonnez des motifs: feuilles, fleurs, etc. Faites une cheminée pour laisser passer les vapeurs de cuisson.

• Dorez à l'aide du jaune d'oeuf délayé avec un peu d'eau salée.

• Enfournez.

• Au bout de 10 minutes, baissez à 180°C (350°F) et laissez cuire jusqu'à ce que la croûte soit bien dorée et croustillante.

• Vous pouvez servir ce pâté refroidi accompagné de tomates et d'olives noires, mais si vous voulez en faire le plat principal de votre repas, servez-le chaud, accompagné d'une sauce Périgueux (recette n° 38) ou d'une crème au bacon (recette n° 21).

127. Terrine de lapin aux herbes de Provence

Pour 6 à 8 personnes

1 beau lapin (ou 2 petits lapins de garenne)
1 foie de lapin
4 foies de volailles
250 g (8 oz) de chair à saucisse
1 échalote hachée
50 g (2 oz) de mie de pain trempée dans du lait
1 oeuf entier
50 ml (1/4 tasse) de cognac
1 c. à soupe (1 c. à table) d'un mélange de sariette (peu), de marjolaine, de sauge et de thym
2 feuilles de laurier
25 g (1 oz) de beurre
Bardes de lard en quantité suffisante pour foncer la terrine
Sel, poivre et une pincée de cumin ou d'anis en poudre

- Prélevez le râble du lapin. Vous en ferez un rôti.
- Désossez le reste du lapin. Hachez grossièrement la chair.
- Faites revenir à la poêle, à feu moyen, les foies de lapin et de volailles dans le beurre. Ajoutez l'échalote hachée. Il faut que l'intérieur des foies reste rosé. Salez et poivrez. Écrasez rapidement les foies à la fourchette.
- Dans un saladier, mélangez les chairs de lapin, les foies, la chair à saucisse, la mie de pain trempée dans le lait, l'oeuf battu, les fines herbes hachées et le cognac.
- Salez, poivrez et ajoutez une petite pincée de cumin ou d'anis en poudre.
- Mélangez bien.
- Chauffez le four à 200°C (400°F).
- Foncez une terrine en porcelaine à feu avec les bardes de lard.
- Versez le hachis dans la terrine. Cognez-la sur la table par-dessus un torchon plié en quatre pour bien tasser l'amalgame et en chasser les bulles d'air.
- Rabattez les bardes de lard sur le dessus du hachis. Posez 2 feuilles de laurier.

• Couvrez hermétiquement en faisant un cordon de pâte (farine et eau) tout autour du couvercle.

• Posez la terrine dans un plat à gratin rempli aux 3/4 d'eau très chaude.

• Enfournez pendant 1 heure à 1 heure 10 minutes. Il faut que le cordon de pâte soit bien doré.

• Laissez refroidir dans la terrine.

• Servez froid avec une salade verte, des noix et des cornichons.

128. Galantine de lapin

Pour 15 personnes environ

2 jeunes lapins avec leurs foies
400 g (14 oz) d'épaule de veau
250 g (8 oz) de gorge de porc fraîche
250 g (8 oz) de jambon cuit, coupé en tranches de 1 cm (1/2 po) d'épaisseur
250 g (8 oz) de lard maigre
2 oeufs entiers
4 oeufs cuits dur
60 g (2 oz) d'amandes effilées
60 g (2 oz) de pistaches
2 truffes (ou 2 boîtes de pelures de truffes)
1 oignon haché
2 carottes coupées en rondelles
1 bouquet garni (persil, thym, laurier et 1 branche de céleri)
2 c. à soupe (2 c. à table) de fines herbes fraîches (persil, estragon, marjolaine, ciboulette, thym, cerfeuil, etc.) ou 2 c. à café (2 c. à thé) de ces herbes séchées
Sel et poivre
1 pincée de poudre de noix muscade
1 pincée de quatre-épices
1,5 à 2 litres (6 à 8 tasses) de fond de viande (recette n° 9)

- Désossez les lapins en ayant soin de leur laisser leur apparence. Pour cela, il faut les ouvrir du ventre jusqu'au cou. Coupez la tête et les pattes avant, enlevez la partie inférieure des pattes de derrière. Désossez les cuisses en les ouvrant. Enlevez la carcasse en suivant les côtes avec un couteau très pointu et effilé. Détachez la colonne vertébrale du râble sans inciser la chair du dos. Cette partie de la recette demande beaucoup de minutie.
- Hachez menu les pattes avant désossées du lapin, les foies de lapin, le veau et la gorge de porc. Liez avec la presque totalité des 2 oeufs crus. Salez, poivrez, ajoutez les fines herbes hachées, la noix muscade et le quatre-épices. Mélangez très intimement.
- Faites cuire dur les 4 oeufs qui restent, pendant 10 minutes dans l'eau salée. Plongez-les ensuite dans l'eau froide et écalez-les. Laissez refroidir entiers.

- Coupez le jambon cuit en bâtonnets de 1 cm (1/2 po) d'épaisseur. Coupez de la même façon des bâtonnets de lard maigre.
- Étalez un des lapereaux sur la table, dos contre la table. Étalez une couche de hachis. Disposez les lanières de jambon, les pistaches, les pois, le lard, les amandes et les pelures de truffes (ou les truffes entières coupées en lamelles). Posez les oeufs durs entiers les uns derrière les autres. Remettez des truffes, des bâtonnets de lard, des amandes, du jambon et des pistaches, pour finir par le hachis. Soudez bien avec le reste des oeufs crus.
- Posez le second lapereau sur le premier de façon à former une espèce de saucisson que vous allez ficeler pour le serrer, ensuite, dans une étamine bien fermée.
- Dans un fait-tout, mettez les carcasses de lapins, le bouquet garni, les carottes, l'oignon, le sel et le poivre. Placez la galantine de lapin et couvrez du fond de viande (recette n° 9).
- Laissez cuire à petit feu et à couvert pendant au moins 1 heure 30 minutes.
- Enlevez la galantine du liquide. Égouttez-la. Toujours enveloppée de son étamine, posez-la sur un plat rectangulaire. Posez sur la galantine une planche de la dimension du plat et ficelez la galantine fortement entre le plat et la planche pour la maintenir sous presse, jusqu'à complet refroidissement.
- Pendant ce temps, filtrez le jus de cuisson à travers un chinois doublé d'une étamine humide.
- Remettez le liquide sur le feu. Quand il bout, jetez dedans un blanc d'oeuf et la coquille concassée. Les impuretés vont s'agglomérer au blanc d'oeuf coagulé. Laissez bouillir un moment pour que toutes les impuretés aient bien le temps de remonter à la surface. Écumez et passez à nouveau le liquide à travers un chinois, doublé d'une étamine humide.
- Déficelez la galantine. Enlevez aussi l'étamine.
- Posez-la dans un récipient. Versez dessus le bouillon de cuisson clarifié et dégraissé grâce aux opérations ci-dessus. Une fois refroidi, il aura recouvert votre galantine d'une couche de gelée.
- Conservez au réfrigérateur de 3 à 4 jours.

129. Pâté de lapin aux pruneaux

Pour 6 à 8 personnes

400 g (14 oz) de pâte à pâté (recette n° 14)
1 beau lapin et son foie
500 g (1 lb) de gorge de porc frais
50 g (2 oz) de lard fumé maigre
1/2 oignon haché menu
2 gousses d'ail hachées
1 c. à café (1 c. à thé) d'un mélange de cannelle, gingembre, cardamome, muscade et cumin en poudre
1 c. à café (1 c. à thé) de quatre-épices en poudre
3 c. à soupe (3 c. à table) de fines herbes fraîches hachées ensemble (menthe, persil, estragon, cerfeuil, sariette, sauge, thym, etc.) ou 1 c. à soupe (1 c. à table) de ces herbes séchées
200 g (7 oz) de pruneaux trempés dans le thé
Sel et poivre
2 litres (8 tasses) de fond de viande

Marinade:

6 c. à soupe (6 c. à table) d'huile d'olive
1 c. à soupe (1 c. à table) de bon vinaigre de vin
1 c. à soupe (1 c. à table) de feuilles de lavande* et de serpolet (thym sauvage)
1/2 orange coupée en très fines rondelles
Poivre

La veille:

• Préparez la marinade en mélangeant tous les ingrédients ci-dessus.
• Désossez le lapin. Mettez la viande et le foie dans la marinade, et laissez-les macérer toute une nuit.
• Faites bouillir les os du lapin dans le fond de viande à tout petit feu pendant 3 à 4 heures.

---

* Au Québec, on trouve les feuilles de lavande séchées dans les magasins d'aliments naturels.

Le jour même:

• Faites la pâte à pâté et laissez-la reposer dans un endroit frais.

• Sortez de la marinade les plus gros morceaux du lapin, coupez-les en tranches fines ou en lanières et mettez-les à part.

• Hachez le reste des chairs de lapin avec la gorge de porc et le lard fumé. Ajoutez au mélange les gousses d'ail et l'oignon hachés menu, le mélange d'épices et le quatre-épices, le sel et le poivre. Mouillez de 3 ou 4 c. à soupe (3 ou 4 c. à table) de marinade.

• Par ailleurs, coupez en très petits dés le foie du lapin, hachez-le grossièrement avec les pruneaux dénoyautés et ajoutez toutes les fines herbes hachées et les oranges de la marinade, hachées. Salez et poivrez.

• Foncez un moule à pâte en porcelaine à feu avec la plus grande partie de la pâte que vous laissez déborder tout autour du moule.

• Étalez une couche de mélange porc-lapin, puis la moitié du mélange foie-pruneaux-herbes, puis les morceaux de lapin coupés en lanières, puis de nouveau le mélange foie-herbes-pruneaux puis le reste du mélange porc-lapin.

• Rabattez la pâte sur le dessus du hachis.

• Abaissez le reste de la pâte en forme de couvercle sur le pâté. Soudez bien les bords en les humectant. Décorez le couvercle avec les tombées de pâte. Faites une cheminée avec un rouleau de papier d'aluminium pour permettre aux vapeurs de cuisson de s'évaporer.

• Chauffez le four à 200°C (400°F).

• Enfournez après avoir doré le dessus avec un jaune d'oeuf délayé dans un peu d'eau salée.

• Au bout de 30 minutes de cuisson, ramenez la température à 160°C (325°F) et laissez cuire encore 1 heure 30 minutes.

• Passez le fond de viande au chinois pour en éliminer tous les petits morceaux d'os et les parcelles de chair de lapin.

• Au besoin, clarifiez-le au blanc d'oeuf (voir recette de la galantine de lapin n° 128).

• Faites-le refroidir.

• Quand le pâté est cuit et qu'il n'est plus que tiède, versez le fond de viande, encore liquide, mais prêt à prendre en gelée par la cheminée, autant que la viande pourra en absorber.

• Faites prendre le reste en gelée au réfrigérateur et coupez-le en petits losanges qui vous serviront à décorer le pâté que vous aurez démoulé pour le servir.

• Ce pâté peut se garder au froid de 5 à 6 jours. Il est meilleur consommé le lendemain de sa cuisson.

130. Terrine de lapin aux poireaux

Pour 8 personnes

1,5 kg (3 lb 5 oz) de lapin (râble et cuisses)
750 g (1 lb 10 oz) de blanc de poireaux
1 pied de veau
400 g (14 oz) de carottes
1 branche de céleri
1 c. à café (1 c. à thé) de basilic frais haché ou 1 pincée de basilic séché
1 clou de girofle
Thym et laurier
50 ml (1/4 tasse) de porto
250 ml (1 tasse) de vin blanc sec (Anjou, Savoie)
2 c. à soupe (2 c. à table) d'huile
Sel et poivre
3 ou 4 c. à café (3 ou 4 c. à thé) de gélatine en poudre

• Plongez le pied de veau (que votre tripier aura paré) dans l'eau bouillante salée pendant 10 minutes. Retirez-le.
• Dans une casserole, mettez le vin blanc, le céleri, 1 branche de thym, 1 feuille de laurier, 2 feuilles de basilic, le clou de girofle, le sel et le poivre. Posez le pied de veau et complétez le liquide avec de l'eau de façon que le pied de veau soit entièrement couvert.
• Faites cuire à feu très doux pendant 2 heures. Ajoutez de l'eau en conséquence quand le liquide s'évapore.
• Après 1 heure 30 minutes de cuisson, ajoutez 1 poireau et les carottes coupées en bâtonnets.
• Retirez le pied de veau et les carottes, et mettez-les à part. Filtrez le jus de cuisson à travers un chinois. Réservez.
• Découpez le lapin en morceaux. Mettez l'huile dans une cocotte. Quand elle est bien chaude, faites revenir les morceaux de lapin jusqu'à coloration. Jetez la graisse de la cocotte. Remettez les morceaux de lapin et arrosez-les du jus de cuisson du pied de veau. Laissez mijoter 20 minutes.
• Ajoutez alors dans la cocotte le reste des poireaux liés en bouquet et faites cuire 15 minutes.

- Sortez les poireaux qui doivent être assez cuits. Si le lapin a encore besoin d'un peu de cuisson, laissez-le encore mijoter de 10 à 15 minutes.
- Séparez alors les morceaux de lapin du jus de cuisson, que vous filtrez une fois de plus pour qu'il soit bien clair.
- Ajoutez le porto au jus de cuisson et pendant qu'il est chaud, mélangez les cuillerées de gélatine en poudre et faites fondre complètement en remettant au besoin le jus sur le feu pour un très rapide tour de bouillon.
- Désossez complètement le lapin et le pied de veau. Coupez la viande en petits dés. Liez le tout avec un peu de jus de cuisson. Saupoudrez de basilic haché.
- Dans une terrine, faites couler une couche de jus de cuisson prêt à prendre en gelée.
- Disposez les carottes sur cette gelée, puis une couche de viande, puis les poireaux coupés en petits morceaux, puis de nouveau la viande. Tassez bien en mettant, au besoin, une planchette avec un poids sur la préparation.
- Faites couler le reste de la gelée et laissez prendre au froid du réfrigérateur pendant au moins 12 heures.
- Démoulez pour servir en plongeant la terrine quelques secondes dans l'eau bouillante ou en la maintenant au-dessus de la vapeur d'une casserole d'eau bouillante.
- Décorez avec des cornichons, des olives ou des cerises au vinaigre à moins que vous ne préfériez une sauce chutney à la mangue.

131. Petits moules de lapereau au concombre

Pour 6 à 8 personnes

2 lapereaux (cuisses et râbles)
4 c. à soupe (4 c. à table) d'huile
2 échalotes
1 gousse d'ail
1 bouquet garni (persil, thym et laurier)
500 ml (2 tasses) de bon vin blanc sec
2 concombres
1 gros bouquet d'estragon frais ou 1 c. à café (1 c. à thé) d'estragon séché
500 ml (2 tasses) de gelée de viande (recette n° 5) dans laquelle vous aurez mis les os et le reste de la viande des lapereaux
1 citron non traité

• Coupez les lapereaux en morceaux et faites-les revenir dans l'huile chaude. Quand ils sont bien dorés, retirez-les et jetez la graisse de cuisson.
• Remettez les morceaux de lapin dans la cocotte avec l'ail, les échalotes, le bouquet garni et le vin blanc, ainsi qu'une branche d'estragon.
• Couvrez, portez à ébullition et laissez cuire en mijotage pendant 1 heure à 1 heure 15 minutes.
• Entre-temps, pelez les concombres. Enlevez les graines de l'intérieur et coupez la chair en petits dés.
• 15 minutes avant la fin de la cuisson, mettez les dés de concombre à cuire avec les morceaux de lapereaux.
• Retirez les lapereaux et les dés de concombre. Réservez-les. Filtrez le jus et ajoutez la gelée (recette n° 5).
• Coupez les morceaux de lapereaux désossés en petits dés. Hachez l'estragon et saupoudrez-en la viande.
• Dans de petits bols individuels, déposez un peu de gelée au fond. Ornez d'une feuille d'estragon, puis d'une rondelle de citron bien fine. Disposez la viande et les concombres. Coulez la gelée par-dessus et faites prendre au réfrigérateur pendant une nuit.
• Pour servir, démoulez chaque petit moule sur de la laitue et accompagnez d'une sauce à la menthe (recette n° 23).

Recettes à base de gibier

132. Alouettes en pâté chaud
133. Terrine d'alouettes
134. Pâté d'alouettes au foie gras
135. Terrine de bécasses aux pistaches
136. Suprêmes de bécasses en gelée
137. Bécasses en croûte
138. Cailles en mousseline
139. Aspics de cailles
140. Petits pâtés de cailles
141. Timbale de cailles au foie gras
142. Terrine de cailles en gelée
143. Ballottine de faisan
144. Faisan aux noisettes en croûte
145. Terrine de faisan à l'alsacienne
146. Terrine de faisan au poivre vert
147. Pâté fin de faisan en croûte aux morilles des Peupliers
148. Mosaïque de perdreaux et de foie gras
149. Terrine de perdrix
150. Galantine d'oiseaux sauvages
151. Oreiller de la belle Aurore
152. Pâté en trois coups de fusil
153. Terrine de garenne à la bourguignonne
154. Brioches du braconnier
155. Rillettes des garennes
156. Terrine de lapin de garenne aux noisettes
157. Pâté de lièvre
158. Pâté de lièvre de Jean-Marie Gaultier
159. Pain de lièvre muscadé
160. Terrine de lièvre au cognac
161. Crépinettes de marcassin ou de chevreuil
162. Hure de sanglier "grand buffet"

132. Alouettes en pâté chaud

Pour 6 personnes

10 alouettes
150 g (5 oz) de lard gras frais
150 g (5 oz) de foie de veau
150 g (5 oz) de crème fraîche (crème à 35 p. 100)
1 échalote
1 branche de thym frais ou 1 c. à café (1 c. à thé) de thym séché
3 c. à soupe (3 c. à table) de calvados ou de cognac
Sel et poivre
400 g (14 oz) de pâte feuilletée (recette n° 16)
1 jaune d'oeuf pour dorer la pâte

- Il faut préparer les alouettes au moins la veille du jour où vous voulez servir ce pâté.
- Désossez les alouettes en respectant le plus possible leur forme. Pour cela, incisez-les par le dos et travaillez avec un petit couteau à lame fine et pointue.
- Videz les alouettes et réservez les foies, gésiers et coeurs. Parez les foies en enlevant le fiel et les petits vaisseaux sanguinolents; ouvrez le gésier et nettoyez-le.
- Coupez le lard en petits dés. Faites-le fondre dans une petite casserole sur feu doux.
- Épluchez l'échalote et coupez-la très menu. Mettez-la à fondre avec le lard.
- Coupez le foie de veau en petits dés. Coupez aussi les foies d'alouettes. Faites-les rosir dans le lard. Parfumez avec le thym émietté. Salez et poivrez.
- Chauffez le calvados (ou le cognac); versez-le, hors du feu, sur les foies. Faites flamber.
- Passez au mélangeur le lard, les foies, les gésiers et les coeurs des alouettes. Mélangez la crème à ce hachis.
- Reconstituez les alouettes et fourrez-les avec ce mélange (ou du moins une partie). Ficelez-les. Laissez-les s'imprégner de la farce au réfrigérateur pendant 12 heures. Conservez aussi au froid le reste de la farce.

Le lendemain:

• Faites la pâte feuilletée et laissez-la reposer plusieurs heures.
• Puis, étalez la pâte sur une planche farinée.
• Allumez le four à 200°C (400°F).
• Placez les alouettes tête-bêche au centre de la pâte. Remplissez les vides avec le reste de la farce.
• Repliez la pâte et soudez les bords en les humectant.
• Décorez le dessus du pâté avec les rognures de pâte.
• Ménagez une cheminée sur le dessus du couvercle pour permettre l'évaporation des vapeurs de cuisson. Maintenez les bords de la cheminée avec un petit rouleau en papier d'aluminium.
• Dorez avec le jaune d'oeuf délayé dans un peu d'eau salée.
• Enfournez pendant environ 1 heure.

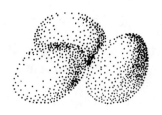

133. Terrine d'alouettes

Pour 6 personnes

Même farce que pour les alouettes en pâté chaud (recette n° 132) mais rendez-la plus abondante en lui adjoignant 200 g (7 oz) de jambon cuit maigre, haché. Pas de pâte, évidemment.
Il vous faudra aussi des bardes de lard en quantité suffisante pour en tapisser la terrine.
Réservez deux ou trois têtes d'alouettes pour décorer votre plat.

- Ayant désossé les alouettes, les ayant fourrées de farce et laissées reposer 24 heures, chauffez le four à 200°C (400°F).
- Tapissez la terrine en terre vernissée avec les bardes de lard, qui vont déborder tout autour.
- Étalez une couche de farce au fond de la terrine.
- Posez les oiseaux sur la farce. Comblez les vides avec le reste de la farce et masquez ainsi les oiseaux.
- Rabattez les bardes de lard sur le dessus.
- Décorez avec les têtes d'oiseaux réservées.
- Fermez hermétiquement la terrine en plaçant un cordon de pâte faite de farine et d'eau tout autour du couvercle.
- Mettez la terrine au bain-marie dans un plat à gratin rempli aux 3/4 d'eau chaude et enfournez pendant 1 bonne heure. Le cordon de pâte doit être bien doré. Laissez refroidir avant de mettre au réfrigérateur.
- À l'inverse des recettes précédentes, cette terrine peut se garder plusieurs jours au réfrigérateur.

- **Note** : Vous pouvez procéder de la même façon avec des cailles ou des grives.

134. Pâté d'alouettes au foie gras

Ce pâté est une spécialité de Pithiviers, dont il porte parfois le nom.

Pour 6 personnes

12 alouettes
375 g (13 oz) d'échine de porc
375 g (13 oz) de noix de veau
100 ml (1/3 tasse) de madère
200 g (7 oz) de foie gras truffé
2 jaunes d'oeufs plus 1 pour dorer le pâté
1 échalote
1 pincée de poudre de noix muscade
Sel et poivre
50 g (2 oz) de beurre
350 g (12 oz) de pâte à pâté (recette no° 14)
500 ml (2 tasses) de gelée de gibier (recette n° 6 faite avec les os des alouettes)

- Ouvrez les alouettes par le dos pour les désosser. Parfumez la gelée avec les os ainsi recueillis.
- Réservez les foies et les intestins des alouettes. Faites-les revenir dans le beurre.
- Faites macérer les alouettes dans le madère assaisonné de sel, de poivre, de poudre de noix muscade et d'échalote coupée en menus morceaux. Laissez-les ainsi toute une nuit.
- Faites une pâte à pâté et laissez-la reposer au frais.
- Broyez ensemble le porc, le veau ainsi que les intestins et les foies des alouettes. Ajoutez les 2 oeufs battus et la marinade filtrée. Mélangez bien.
- Coupez le foie gras en douze portions égales et mettez-en dans chacun des petits oiseaux que vous reformerez en boule.
- Étalez la pâte à pâté.
- Chauffez le four à 200°C (400°F).
- Étalez au milieu de la pâte une bonne couche de farce. Posez les oiseaux dessus, puis recouvrez avec le reste de farce.
- Rabattez les bords de la pâte pour enfermer le tout. Soudez bien les bords en les humectant.

• Décorez le dessus du pâté avec les restes de pâte. Ouvrez une cheminée au milieu du couvercle et maintenez les bords à l'aide d'un petit rouleau de papier d'aluminium, pour permettre l'évaporation des vapeurs de cuisson.

• Dorez avec le jaune d'oeuf délayé dans un peu d'eau chaude salée.

• Posez le pâté sur la plaque du four et faites cuire pendant 1 heure 30 minutes.

• Laissez refroidir et coulez la gelée encore liquide par la cheminée d'aluminium.

• Mettez au réfrigérateur pour quelques heures pour que la gelée prenne.

135. Terrine de bécasses aux pistaches

Pour 6 à 8 personnes

3 bécasses
350 g (12 oz) de foie de canard gras cru
200 g (7 oz) de poitrine de porc
1 barde de lard
2 oeufs
150 g (5 oz) de pistaches mondées
60 g (2 oz) de farine
2 échalotes
1 feuille de laurier
1 petite branche de thym frais ou 1 c. à café (1 c. à thé) de thym séché
Quelques aiguilles de romarin
50 ml (1/4 tasse) de cognac ou d'armagnac

Pour le fumet:

1 carotte
2 oignons
1 bouquet garni (persil, thym, laurier et céleri)
150 ml (2/3 tasse) de vin blanc sec
Sel et poivre

- Il faut vous y prendre 4 jours à l'avance pour servir cette terrine.
- Désossez les bécasses. Réservez les foies et les intestins. Mettez à part les os.
- Réservez les filets de bécasses. Mélangez le reste des chairs avec les intestins, les foies (dont vous aurez retiré le fiel et les filets sanguinolents), les 2 échalotes, la poitrine de porc et 75 g (2 1/2 oz) de foie gras. Mouillez avec la moitié du cognac. Salez et poivrez. Placez dans une terrine. Posez les filets de bécasses sur la farce, parsemez de thym, de romarin et de laurier et recouvrez de la barde de lard.
- Laissez macérer au réfrigérateur pendant 48 heures.
- Épluchez la carotte et les oignons, coupez-les en julienne. Mettez-les à cuire avec les os des bécasses, que vous aurez eu soin de concasser. Ajoutez le bouquet garni, salez et poivrez. Mouillez avec le vin blanc sec, 150 ml (2/3 tasse) d'eau et laissez cuire à petit feu pendant 2 heures. Laissez refroidir avant de mettre au réfrigérateur.

48 heures après:

- Retirez les filets de bécasses et les aromates.
- Broyez le reste des chairs. Mélangez à la fourchette les pistaches et les 2 oeufs entiers battus à cette farce.
- Chauffez le four à 180°C (350°F).
- Posez la barde de lard au fond de la terrine. Étalez dessus une partie de la farce, disposez dessus la moitié des filets. Coupez en tranches fines le reste du foie gras que vous salez et poivrez.
- Recouvrez avec le reste des filets de bécasses et le reste de la farce.
- Arrosez avec le reste de cognac.
- Filtrez le bouillon d'os, soigneusement, à travers un chinois doublé d'une étamine humide.
- Versez les 3/4 d'un verre de ce fumet sur la terrine. Faites des petits trous avec une aiguille à tricoter pour que le liquide se répartisse bien dans la préparation.
- Couvrez avec une barde de lard.
- Fermez la terrine et soudez son couvercle avec un cordon de pâte fait de 80 g (2 3/4 oz) de farine et d'eau.
- Enfournez et laissez cuire pendant 30 à 35 minutes.
- Ôtez le couvercle, versez le reste du bouillon d'os (s'il en était resté). Refermez et laissez refroidir.
- Mettez la terrine dans le bas du réfrigérateur pour 48 heures avant de la servir.

136. Suprêmes de bécasses en gelée

Pour 10 personnes

3 bécasses
100 g (3 oz) de foie gras
150 g (5 oz) de chair à saucisse fine
Les foies et les intestins des bécasses
200 g (7 oz) de crème fraîche (crème à 35 p. 100)
75 ml (2 1/2 oz) de porto
750 ml (3 tasses de gelée de gibier (recette n° 6)
2 truffes (si possible) ou des pelures de truffes
Sel et poivre

- Faites rôtir les bécasses en tenant les chairs rosées.
- Laissez refroidir. Enlevez la peau. Levez les filets (suprêmes) et mettez-les à part.
- Enlevez tout le reste de la chair des bécasses. Hachez très finement avec les foies et les intestins des oiseaux.
- Passez cette purée au tamis.
- Ajoutez 150 g (5 oz) de chair à saucisse très fine et la moitié du porto. Salez et poivrez.
- Mettez votre mélange dans un récipient que vous posez dans un grand saladier rempli de glaçons.
- Fouettez la crème fraîche jusqu'à consistance de crème fouettée ou presque. Ajoutez la crème à votre mélange.
- Vous aurez fait fondre la gelée jusqu'à consistance de sirop épais.
- Ajoutez 3 à 4 cuillerées de gelée liquide mais froide dans l'appareil.
- Incorporez les truffes coupées en lamelles ou les pelures de truffes et leur jus.
- Parfumez le reste de la gelée avec le reste de porto.
- Faites refroidir la petite terrine au plus froid du réfrigérateur.
- Garnissez-en le fond et les parois avec la gelée (la moitié). Posez une couche de farce sur la gelée, puis les suprêmes de bécasses, puis une mince couche de mousseline, puis le foie gras découpé en escalopes fines. Terminez par le reste de la mousseline. Versez dessus le reste de la gelée et faites prendre au froid, au réfrigérateur, pendant plusieurs heures.

- Démoulez en tenant le moule au-dessus d'une casserole d'eau bouillante.
- Accompagnez de toasts chauds et de beurre de très bonne qualité.

---

137. Bécasses en croûte

Pour 10 personnes

500 g (1 lb) de pâte feuilletée (recette n° 16)

- Reprendre la recette des Suprêmes de bécasses en gelée (recette n° 136).
- Plutôt que de chemiser un moule de gelée, foncez-le de pâte feuilletée, en gardant suffisamment de pâte pour faire le couvercle.
- Chauffez le four à 200°C (400°F).
- Répartissez les éléments du pâté sur la pâte feuilletée.
- Refermez avec un couvercle de pâte dans lequel vous ménagez une cheminée. Dorez au jaune d'oeuf délayé dans un peu d'eau salée.
- Faites cuire jusqu'à ce que la croûte soit bien dorée.
- Servez chaud avec une salade verte ou laissez refroidir et coulez de la gelée par la cheminée et mettez au réfrigérateur pour une nuit avant de servir.

138. Cailles en mousseline

Pour 6 personnes

6 cailles
100 g (3 oz) de foie gras
2 truffes
1 litre (4 tasses) de gelée de gibier (recette n° 6)
200 g (7 oz) de crème fouettée
75 ml (2 1/2 oz) de madère

- Les cailles étant parées et troussées, faites-les cuire à l'étouffée dans la gelée parfumée au madère.
- Laissez-les refroidir.
- Passez la gelée pour éliminer le moindre débris de viande.
- Enlevez les chairs des cailles et supprimez la peau.
- Hachez cette chair et passez-la au tamis pour qu'elle soit réduite à une purée très fine.
- Ajoutez le foie gras en mélangeant très soigneusement, et 2 ou 3 c. à soupe (2 ou 3 c. à table) de gelée au madère liquide.
- Posez le récipient dans lequel vous avez travaillé ce mélange dans un saladier rempli de glaçons.
- Battez la crème fraîche jusqu'à ce qu'elle ait presque la consistance de la crème chantilly. Incorporez peu à peu la crème à la purée de cailles en travaillant toujours sur les glaçons.
- Incorporez encore 2 ou 3 cuillerées de gelée liquide.
- Pendant ce temps, faites refroidir un moule de métal dans la partie la plus froide du réfrigérateur.
- Coulez de la gelée dedans en le basculant dans tous les sens.
- Découpez les truffes en losanges. Décorez la gelée avec les truffes.
- Ajoutez les morceaux qui restent à la mousse de cailles.
- Versez cette mousse dans le moule chemisé de gelée. Tassez bien. Recouvrez du reste de gelée.
- Faites prendre au réfrigérateur.
- Démoulez en tenant le moule au-dessus de la vapeur d'une casserole d'eau bouillante.
- Servez avec des toasts chauds et du beurre très frais.

139. Aspics de cailles

Pour 6 personnes

**6 cailles
150 g (5 oz) de foie gras, truffé
1 litre (4 tasses) de fond de gibier (recette n° 9)
50 ml (1/4 tasse) de porto
4 c. à café (4 c. à thé) de gélatine en poudre
1 petite boîte de pelures de truffes
15 feuilles d'estragon frais ou 1 c. à soupe (1 c. à table) d'estragon séché
6 tranches fines de citron non traité**

- Désossez les cailles en les incisant par le dos.
- Mettez les os dans le fond de gibier.
- Reconstituez les cailles après les avoir fourrées de foie gras.
- Enveloppez-les dans une mousseline et ficelez-les.
- Faites-les pocher pendant 20 minutes dans le fond de gibier.
- Sortez-les et égouttez-les. Enlevez les ficelles et la mousseline.
- Filtrez le fond de viande. Ajoutez le porto, la boîte de pelures de truffes et son jus et la gélatine en poudre. Redonnez juste un tour de bouillon en remuant constamment pour faire fondre complètement la gélatine.
- Prenez comme plat de service un plat un peu creux.
- Versez une couche de gelée au fond et faites prendre au froid. Disposez les cailles dessus. Décorez-les avec les feuilles d'estragon et les rondelles de citron.
- Nappez de gelée encore liquide mais prête à prendre. Laissez refroidir et mettez au réfrigérateur au moins une nuit.

140. Petits pâtés de cailles

Prévoir autant de cailles que de convives.

Pour 1 caille

25 g (1 oz) de foie gras truffé
2 bardes fines de lard maigre fumé
50 g (2 oz) de pâte feuilletée (recette n° 16)
4 ou 5 raisins muscats
2 c. à soupe (2 c. à table) de fond de viande (recette n° 9) parfumé d'un soupçon de marc de Bourgogne
Du jaune d'oeuf pour dorer la pâte

- Faites la pâte feuilletée et laissez-la reposer au frais.
- Désossez les cailles en les incisant par le dos. Faites bouillir les os dans le fond de viande.
- Fourrez les cailles d'un peu de foie gras truffé.
- Reconstituez leur forme et bardez-les avec le lard fumé. Ne salez pas, le lard est assez salé à lui tout seul.
- Étalez la pâte feuilletée. Faites des abaisses de 10 cm (4 po) de diamètre à l'emporte-pièce.
- Placez une caille au centre d'une de ces abaisses de pâte. Mettez quelques raisins autour.
- Refermez le petit pâté en posant une deuxième abaisse de pâte sur la première. Soudez les bords en humectant bien. Ménagez une petite cheminée pour l'évaporation des vapeurs de cuisson.
- Dorez le dessus du pâté avec le jaune d'oeuf délayé dans un peu d'eau salée.
- Chauffez le four à 260°C (500°F) et enfournez pour 20 minutes environ.
- Au moment de servir, coulez par la cheminée 1 ou 2 c. à soupe (1 ou 2 c. à table) de fond de viande parfumé au marc de Bourgogne.

141. Timbale de cailles au foie gras

Pour 8 à 10 personnes

1 foie d'oie de 800 g (1 lb 12 oz) environ
8 cailles
1 truffe
1 boîte de pelures de truffes
50 ml (1/4 tasse) de porto
Sel et poivre

Farce:

Les foies, coeurs et gésiers des cailles
125 g (4 oz) de jambon cuit
125 g (4 oz) de noix de veau
125 g (4 oz) d'échine de porc
2 oeufs entiers
1 c. à soupe (1 c. à table) de crème fraîche (crème à 35 p. 100)
1 pincée de poudre de noix muscade
1 pincée de quatre-épices
Sel et poivre
2 c. à soupe (2 c. à table) de cognac
400 g (14 oz) de pâte à pâté (recette n° 14)
4 bardes de lard
1 jaune d'oeuf pour dorer la pâte
500 ml (2 tasses) de gelée (recette n° 7) aromatisée au porto

• Désossez les cailles en les incisant sur le dos et faites cuire les os dans la gelée déjà prête. Filtrez la gelée et aromatisez-la au porto.

• Faites macérer pendant 4 heures le foie gras salé et poivré dans le porto et laissez-le au frais.

• Parez les foies des cailles en enlevant le fiel et les filets sanguinolents. Ouvrez les gésiers pour les vider.

• Faites rosir les foies de caille dans un peu de beurre. Chauffez le cognac et faites flamber.

• Broyez ensemble les foies, les coeurs et les gésiers de caille, le jambon, le veau et l'échine de porc. Mélangez avec la boîte de pelures de truffes, les oeufs battus, la crème fraîche, les épices, le sel et le poivre.

- Fourrez les cailles avec une noix de cette farce. Mettez au frais les cailles et le reste de farce.
- Faites la pâte à pâté et laissez-la reposer au frais.
- Cloutez le foie d'oie avec de petits morceaux de truffe.
- Abaissez la pâte à pâté. Foncez un moule en forme de timbale assez haut de bords avec la plus grande partie de cette pâte. Placez les bardes de lard.
- Sortez le foie de la marinade au porto. Placez-le au centre de la timbale. Entourez-le des cailles, debout aussi et l'estomac appuyé sur les bardes des parois.
- Mélangez le porto de la marinade à la farce réservée. Remplissez les vides avec cette farce. Tassez.
- Posez un couvercle de pâte sur la timbale. Soudez bien les bords en les humectant.
- Ménagez une cheminée au centre du couvercle. Maintenez-en les bords à l'aide d'un petit rouleau de papier d'aluminium pour permettre aux vapeurs de cuisson de s'évaporer.
- Chauffez le four à 220°C (425°F).
- Dorez le couvercle de pâte avec le jaune d'oeuf délayé dans un peu d'eau chaude salée.
- Décorez avec les rognures de pâte.
- Enfournez pendant 1 heure 15 minutes, environ.
- Quand le pâté est cuit, laissez-le un peu refroidir et faites couler dedans, par la cheminée, la gelée au porto que vous aurez préparée et tenue à consistance de sirop épais.
- Faites prendre au réfrigérateur.
- Ne servez qu'un ou deux jours plus tard.

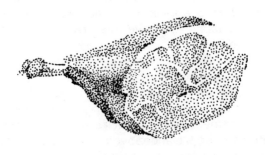

142. Terrine de cailles en gelée

Pour 6 personnes

6 cailles
120 g (4 oz) de chair à saucisse fine
120 g (4 oz) de lard gras
120 g (4 oz) de noix de veau
1 pincée de poudre de cumin
Sel
1/2 c. à café (1/2 c. à thé) de poivre en grains
500 ml (2 tasses) de gelée de viande (recette n° 5) parfumée des os des oiseaux

120 g (4 oz) d'échine de porc
2 oeufs entiers
1 échalote
50 ml (1/4 tasse) d'eau-de-vie

- Désossez les cailles en les incisant par le dos.
- Faites cuire les os dans la gelée déjà faite.
- Videz les cailles. Réservez les foies que vous parerez en enlevant le fiel et les vaisseaux sanguinolents. Gardez aussi les coeurs et les gésiers, que vous ouvrirez et viderez.
- Coupez le lard en petits dés. Faites-les fondre à feu doux. Mettez les foies des oiseaux à rosir avec les lardons. Chauffez l'eau-de-vie. Hors du feu, versez-la sur le mélange foie-lardons et faites flamber.
- Au mélangeur, broyez ensemble le lard gras, la noix de veau, l'échine de porc, l'échalote, les foies ainsi que les coeurs et les gésiers des cailles. Mélangez avec la chair à saucisse et les oeufs battus.
- Salez, ajoutez la pincée de cumin et le poivre en grains.
- Remplissez les cailles avec un peu de cette farce et reconstituez leur forme.
- Tapissez une terrine de bardes de lard qui déborderont tout autour.
- Étalez le 1/3 de la farce sur les bardes. Disposez les oiseaux. Comblez les vides avec la farce. Lissez le reste de la farce sur le dessus.
- Rabattez les bardes de lard.
- Couvrez hermétiquement la terrine en faisant un cordon de pâte avec de la farine et de l'eau tout autour du couvercle.
- Chauffez le four à 200°C (400°F).
- Placez la terrine dans un plat à gratin rempli aux 3/4 d'eau chaude.
- Faites cuire environ 1 heure 10 minutes.
- Laissez refroidir sans ouvrir. Quand la terrine est presque froide, enlevez le couvercle et la barde de lard et coulez la gelée prête à prendre. Mettez au réfrigérateur pendant au moins 12 heures.

143. Ballottine de faisan

Pour 6 personnes

1 faisan d'environ 1,2 kg (2 lb 10 oz)
300 g (10 oz) de gorge de porc frais
125 g (4 oz) d'échine de porc
125 g (4 oz) de noix de veau
200 g (7 oz) de foie gras frais
3 oeufs plus 1 blanc pour clarifier
100 g (3 oz) de pistaches mondées
1 barde de lard très large
1 truffe ou 1 boîte de pelures de truffes
100 ml (1/3 tasse) de calvados
1 pincée de muscade en poudre
1 pincée de gingembre en poudre
1 pincée de poivre de Cayenne
1,5 litre (6 tasses) de fond de viande (recette n° 9)
4 c. à café (4 c. à thé) de gélatine en poudre
1 bouquet garni (persil, thym, laurier et céleri)
2 clous de girofle

• Désossez le faisan en l'incisant par le dos et en essayant de laisser la peau intacte. Faites cuire les os concassés dans le fond de viande pendant au moins 1 heure. Filtrez et réservez au frais.

• Réservez les filets et laissez-les mariner 48 heures avec les éléments du bouquet garni, 2 clous de girofle, le jus de la boîte de pelures de truffes, et 50 ml (1/4 tasse) de calvados.

• Nettoyez le foie du faisan de son fiel et des filets sanguinolents.

• Hachez ensemble le foie et les chairs de faisan (à l'exception des filets), la gorge de porc, l'échine, le veau et le foie gras frais.

• Retirez les filets de la marinade. Passez-la et mouillez le hachis avec cette marinade. Ajoutez la poudre de muscade et le gingembre.

• Posez le récipient dans lequel vous mélangez cette préparation dans un saladier rempli de glaçons. Incorporez un à un les oeufs battus, le sel, le poivre, le poivre de Cayenne, puis les pistaches et les truffes.

- Formez la ballottine en utilisant la peau du faisan comme enveloppe. Disposez au centre les filets et entourez-les de la farce. Rapprochez les bords de la peau du faisan. Recousez. Enveloppez dans la large barde. Ficelez bien.
- Faites pocher dans le fond de viande que vous avez préparé la veille, et ceci pendant 1 heure 30 minutes.
- Laissez refroidir dans le jus de cuisson. Égouttez bien la ballottine, déficelez-la. Roulez-la dans un linge en serrant fortement et réservez au froid.
- Clarifiez le jus de cuisson en le remettant à bouillir, puis en y versant le blanc d'un oeuf et la coquille concassée. Au bout de 15 à 20 minutes de bouillon, les impuretés du jus de cuisson se seront agglomérées au blanc d'oeuf coagulé. Écumez. Filtrez le jus de cuisson à travers un chinois doublé d'une étamine humide.
- Faites dissoudre la gelée en poudre dans le bouillon clarifié. Redonnez un tour de bouillon pour que la gelée soit bien fondue. Ajoutez 50 ml (1/4 tasse) de calvados pour parfumer. Mettez au froid pour que la gelée commence à prendre.
- Sortez la ballottine de son linge, et de sa barde de lard.
- Quand la gelée est à moitié prise, enduisez la ballottine avec la gelée, une première fois. Remettez au froid.
- À votre goût, décorez la ballottine de rondelles de truffes, d'oeuf dur, de feuilles d'estragon, de cerfeuil, etc. et de rondelles de citron.
- Coulez de nouveau une couche de gelée prête à prendre.
- Remettez au froid.
- Au moment de servir, hachez en neige la gelée qui reste et faites-en un cordon autour de la ballottine.

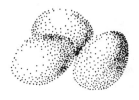

144. Faisan aux noisettes en croûte

Pour 8 personnes

700 g (1 1/2 lb) de pâte à pâté (recette n° 14)
1 beau faisan d'environ 1,2 kg (2 lb 10 oz)
300 g (10 oz) d'échine de porc
300 g (10 oz) de gorge de porc
2 oeufs entiers plus 1 jaune pour dorer la pâte
50 ml (1/4 tasse) de marc de Bourgogne
100 g (3 oz) de noisettes mondées
1 orange
2 c. à soupe (2 c. à table) d'huile
2 carottes coupées en rondelles
2 oignons coupés en rondelles
1 gousse d'ail écrasée
1 bouquet garni (persil, thym, laurier et céleri)
1/2 c. à café (1/2 c. à thé) de baies de genièvre
1 truffe émincée ou 1 boîte de pelures de truffes
50 g (2 oz) de beurre
1 petite branche de thym frais ou 1 c. à café (1 c. à thé) de thym séché
1 feuille de laurier
De très fines bardes de lard
2 c. à café (2 c. à thé) de gélatine en poudre
Sel et poivre

- Faites la pâte à pâté et laissez-la reposer au frais.
- Désossez le faisan. Mettez à part les filets et faites-les macérer pendant 2 heures au moins dans le marc de Bourgogne.
- Nettoyez le foie du faisan de son fiel et des filets sanguinolents.
- Concassez les os et faites-les revenir dans 2 cuillerées d'huile. Mouillez de 1 litre (4 tasses) d'eau froide, ajoutez les carottes et les oignons coupés en rondelles, l'ail écrasé, le bouquet garni, les baies de genièvre, le sel et le poivre. Laissez mijoter au moins 1 heure. Puis passez le jus de cuisson au chinois et remettez à réduire jusqu'à 500 ml (2 tasses).
- Coupez la chair du faisan (à l'exception des filets) en petits dés, ainsi que le foie, la gorge et l'échine de porc. Broyez le tout ensemble jusqu'à ce que vous obteniez une pâte lisse.

- Placez le récipient dans un saladier rempli de glaçons. Incorporez les 2 oeufs battus en omelette, la truffe coupée en lamelles (ou les pelures de truffes et leur jus), les noisettes grossièrement hachées, le jus de l'orange et le zeste blanchi dans l'eau bouillante et haché très fin, puis un verre du jus de cuisson réduit.
- Faites revenir les filets de faisan dans 50 g (2 oz) de beurre.
- Chauffez le four à 220°C (425°F).
- Abaissez la pâte. Réservez la quantité nécessaire pour faire un couvercle de pâte.
- Beurrez un moule et foncez-en le fond et les parois avec la pâte à pâté.
- Tapissez-en l'intérieur d'une très fine barde de lard.
- Étalez une couche de farce au fond du moule et le long des parois.
- Déposez les filets au centre de la farce. Couvrez avec le reste de farce. Placez une autre très fine barde de lard dessus, puis une feuille de laurier. Émiettez un peu de thym.
- Humectez les bords de la pâte. Humectez aussi la périphérie du couvercle de pâte et soudez bien ensemble.
- Ménagez une cheminée au centre du couvercle et maintenez les bords écartés à l'aide d'un petit rouleau de papier d'aluminium.
- Décorez avec des rognures de pâte. Dorez au jaune d'oeuf délayé dans un peu d'eau salée.
- Enfournez.
- Au bout de 10 minutes, ramenez la chaleur du four à 200°C (400°F) et laissez cuire pendant une grande heure.
- Laissez refroidir.
- Faites fondre — si nécessaire — la gélatine en poudre dans le reste de jus de cuisson des os et faites couler cette gelée par la cheminée.
- Laissez prendre au réfrigérateur pendant plusieurs heures.

145. Terrine de faisan à l'alsacienne

Pour 6 à 8 personnes

1 faisan
150 g (5 oz) de lard gras
100 g (3 oz) de lard de poitrine
75 g (2 1/2 oz) de pistaches mondées
2 échalotes
2 jaunes d'oeufs
50 ml (1/4 tasse) de porto
50 ml (1/4 tasse) d'armagnac
1 pincée de cumin
1 branche d'estragon frais ou 1 c. à café (1 c. à thé) d'estragon séché
2 feuilles de laurier
Sel et poivre
Des bardes de lard en quantité suffisante pour tapisser une terrine

- Désossez complètement le faisan. Gardez les filets entiers. Coupez le reste de la chair en dés, ainsi que le lard de poitrine et le lard gras. Nettoyez le foie du faisan en enlevant le fiel et les filets sanguinolents.
- Dans une terrine, mettez macérer toute la viande dans le porto. Salez et poivrez. Ajoutez la pincée de cumin, une feuille de laurier et l'estragon.
- Laissez reposer pendant 24 heures, au réfrigérateur.
- Sortez les filets, égouttez-les et réservez-les.
- Broyez ensemble les chairs macérées, ainsi que l'estragon. Mouillez avec le porto parfumé au cumin. Retirez le laurier.
- Hachez menu les échalotes.
- Battez les oeufs en omelette. Incorporez au hachis de viandes les oeufs et les échalotes.
- Faites chauffer le four à 200°C (400°F).
- Tapissez une terrine en porcelaine à feu avec les bardes de lard, qui devront déborder tout autour.
- Étalez une couche de farce. Posez dessus la moitié des pistaches mondées, puis de nouveau une petite couche de farce, puis les filets de faisan, de nouveau un peu de farce, puis de nouveau des pistaches. Terminez par le reste de farce.
- Rabattez les bardes de lard sur le dessus de la terrine. Posez les feuilles de laurier dessus.

• Fermez hermétiquement la terrine en soudant un cordon de pâte fait de farine et d'eau tout autour du couvercle.

• Placez la terrine dans un plat à gratin rempli aux 3/4 d'eau chaude et enfournez pendant 1 heure 30 minutes.

• Il faut que le cordon de pâte soit bien doré, mais pas brûlé.

• Laissez bien refroidir la terrine avant de la mettre reposer au réfrigérateur pour 24 heures au moins.

146. Terrine de faisan au poivre vert

Pour 6 à 8 personnes

1 faisan
350 g (12 oz) de lard gras
125 g (4 oz) de foie de veau (ou de volaille)
150 g (5 oz) de jambon cuit
1 pied de veau ouvert en 2
2 carottes
1 poireau
2 échalotes
1 bouquet garni: persil, thym, laurier et 1 branche de céleri
1 bouteille (750 ml (3 tasses) environ) de vin blanc sec de bonne qualité
3 c. à soupe (3 c. à table) de porto
50 ml (1/4 tasse) de rhum
1 petite boîte de poivre vert
1 crépine de porc
4 c. à café (4 c. à thé) de gélatine en poudre

La veille:

• Désossez le faisan. Mettez à part les os en les gardant au frais.
• Enlevez le fiel et les filets sanguinolents du foie de faisan. Placez-le dans une terrine avec les chairs du faisan et laissez macérer avec le jambon coupé en petits dés, le rhum et le poivre vert; ceci pendant 24 heures.

Le jour même:

• Épluchez, lavez et émincez les légumes: carottes, poireau et échalotes. Mettez-les dans un fait-tout avec les os de faisan, le pied de veau et le bouquet garni, le sel et le poivre. Mouillez de la bouteille de vin blanc à laquelle vous aurez ajouté le même volume d'eau.
• Faites cuire à ébullition constante pendant 1 heure 30 minutes.
• Pendant ce temps, hachez la chair du faisan, le foie, le jambon et le lard gras. Travaillez bien pour obtenir une farce assez lisse.
• Parfumez avec le rhum de macération et le poivre vert. Salez.
• Lavez la crépine. Mettez-la dans le fond d'une terrine.

- Passez le bouillon dans lequel ont cuit les os et le pied de veau. Ajoutez le porto et pendant qu'il est encore bien chaud faites-y fondre la gélatine en poudre. Si besoin est, redonnez juste un tour de bouillon pour que la gélatine soit bien fondue et incorporée.
- Chauffez le four à 220°C (425°F).
- Versez la gelée sur la farce dans la terrine. Rabattez la crépine sur le dessus. Couvrez la terrine. Mettez-la dans un plat à gratin rempli aux 3/4 d'eau très chaude et enfournez pendant 1 heure.
- Laissez refroidir. Enlevez le couvercle. Posez sur la préparation une planchette de la dimension de l'ouverture de la terrine. Placez un poids sur la planchette et faites prendre au réfrigérateur pendant 1 nuit.

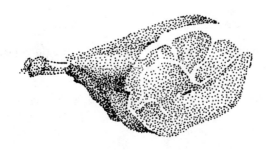

147. Pâté fin de faisan en croûte aux morilles des Peupliers

Pour 10 à 12 personnes

Pour la pâte:

450 g (1 lb) de farine
170 g (6 oz) de beurre
2 oeufs
75 à 125 ml (2 1/2 à 4 oz) d'eau
1 1/2 c. à café (1 1/2 c. à thé) de sel

Pour le pâté:

2 faisans * de 1,4 à 1,8 kg (3 à 4 lb)
75 ml (2 1/2 oz) de cognac
Sel et poivre
Piment de la Jamaïque (*allspice*) au goût
1 ou 2 c. à soupe (1 ou 2 c. à table) de crème fraîche (crème à 35 p. 100) (facultatif)
4 blancs d'oeufs
150 ml (2/3 tasse) de crème fraîche (crème à 35 p. 100)
1 1/2 c. à café (1 1/2 c. à thé) de gélatine en poudre
250 ml (1 tasse) de fond de volaille (recette n° 9)
20 morilles

- Faites la pâte en utilisant les ingrédients mentionnés dans cette recette et en suivant la méthode de la pâte à pâté (recette n° 14).
- Mettez les aiguillettes de faisan à mariner dans une partie** du cognac avec le sel, le poivre et le piment de la Jamaïque (*allspice*).

---

* Demandez à votre fournisseur de désosser les faisans et d'en réserver les aiguillettes.

** Le cognac ne doit pas nécessairement couvrir les aiguillettes. Mettez-en une petite quantité au fond d'un bol et retournez les aiguillettes de temps en temps.

- Passez la chair des faisans (toute la chair, sauf les aiguillettes) au mélangeur. À cette étape, vous pouvez ajouter 1 ou 2 c. à soupe (1 ou 2 c. à table) de crème fraîche (crème à 35 p. 100) si vous craignez de passer seulement le faisan au mélangeur.
- Passez ensuite la chair des faisans dans un tamis en raclant le fond avec une spatule de plastique. Jetez les filaments blancs retenus dans le tamis.
- Déposez la purée obtenue dans un bol de métal. Placez le bol dans un saladier rempli de glace pilée et mettez le tout au réfrigérateur pendant 30 minutes.
- Incorporez ensuite à la préparation refroidie les blancs d'oeufs, la crème et le reste du cognac. Salez et poivrez. Passez 10 morilles au mélangeur et ajoutez-les au mélange précédent.
- Abaissez la pâte et garnissez-en le fond et les parois d'un moule à pain.
- Étendez dans le moule le 1/4 de la préparation, déposez ensuite la moitié des aiguillettes et rajoutez de la préparation.
- Tassez bien, puis ajoutez une partie des morilles qui restent. Continuez de cette façon et finissez par la préparation.
- Couvrez le pâté d'une abaisse. Vous pouvez décorer ce pâté en formant des fleurs, des feuilles ou d'autres motifs à votre goût avec les restes de pâte.
- Il est très important de ménager une cheminée au centre du couvercle et d'en maintenir les bords écartés à l'aide d'un petit rouleau de papier d'aluminium. Cela permet à la vapeur de s'échapper.
- Badigeonnez la pâte de lait. Mettez au four à 180°C (350°F) pendant 1 heure.
- Faites dissoudre la gélatine dans le consommé et versez-la dans l'orifice du pâté pendant qu'il est encore chaud.
- Laissez refroidir pour permettre à la gelée de prendre.

148. Mosaïque de perdreaux et de foie gras

Pour 8 personnes

1 foie d'oie d'environ 500 g (1 lb)
2 perdreaux bien en chair
300 ml (1 1/4 tasse) de bon vin blanc
2 échalotes hachées
250 g (8 oz) de chair à saucisse fine
10 tranches très fines de lard maigre (ou demi-maigre)
1 boîte de pelures de truffes
1 grosse c. à soupe (1 c. à table) de graisse d'oie
30 ml (1 oz) d'eau-de-vie ou de calvados
1 oeuf entier
Thym et laurier
1 pincée de quatre-épices
Sel et poivre
Des bardes de lard gras

- Faites dégorger le foie d'oie toute une nuit dans l'eau fraîche.

Le lendemain:

- Désossez les perdreaux. Réservez les filets. Faites-les mariner dans du vin blanc, salez et poivrez. Laissez au frais.
- Concassez les carcasses et les abattis des perdreaux. Faites-les revenir dans la graisse d'oie. Mouillez avec le reste du vin blanc. Ajoutez les échalotes hachées, la pincée de quatre-épices, du thym émietté, une feuille de laurier cassée en petits morceaux, le sel et le poivre. Laissez bouillir doucement et longtemps.
- Assurez-vous que le foie n'a plus de fiel et qu'il ne présente pas de traces verdâtres près du fiel. Coupez-le en tranches un peu épaisses. Salez.
- Faites une farce en mélangeant la chair à saucisse, la boîte de pelures de truffes et son jus, l'oeuf battu en omelette, le reste de la chair des perdreaux désossés, hachée menu.
- Sortez les filets de la marinade. Ajoutez la marinade au hachis.
- Chauffez le four à 180°C (350°F).

- Tapissez une terrine en porcelaine à feu avec les bardes de lard. Étalez dessus un peu de farce, puis une tranche de foie, des tranches minces de lard maigre et des filets de perdreaux. Comblez les vides avec la farce et ainsi de suite.
- Terminez avec une barde de lard gras sur laquelle vous posez une feuille de laurier.
- Filtrez le concentré de bouillon obtenu avec les carcasses de perdreaux. Ajoutez-y 1 c. à soupe (1 c. à table) d'alcool. Piquez le pâté avec une aiguille à tricoter et versez dessus le liquide ainsi obtenu.
- Fermez la terrine avec son couvercle entouré d'un cordon de pâte faite de farine et d'eau.
- Mettez la terrine dans un plat à gratin rempli aux 3/4 d'eau chaude et enfournez pendant au moins 1 heure 30 minutes. Il faut que le cordon de pâte soit bien doré.
- Laissez refroidir avant de mettre au réfrigérateur.
- Si vous avez fait cette terrine plusieurs jours à l'avance, recouvrez le pâté d'une bonne couche de graisse de porc fondue, pour lui assurer une meilleure conservation.

149. Terrine de perdrix

Pour 6 personnes

500 g (1 lb) de chair de perdrix une fois désossée
150 g (oz) de noix de veau
125 g (4 oz) de lard gras
150 g (" oz) de gorge de porc
100 g (3 oz) de foies de volailles
75 ml (2 1/2 oz) de vin blanc sec
4 c. à soupe (4 c. à table) d'armagnac ou d'eau-de-vie
1 oeuf entier
5 graines de coriandre
4 bardes de lard
1 barde très fine
Sel et poivre
1 pointe de couteau de poivre de Cayenne
Thym émietté
1 feuille de laurier

- Désossez les perdrix. Mettez à part les filets. Faites-les macérer dans le vin blanc et l'alcool, au frais, sans oublier la coriandre.
- Hachez ensemble le reste des chairs de perdrix, le veau, la gorge de porc et le lard.
- Ajoutez l'oeuf entier en remuant vigoureusement et parfumez avec la marinade après avoir mis les filets à égoutter.
- Salez et poivrez la farce. Ajoutez le poivre de Cayenne et un peu de thym émietté.
- Tapissez le fond et les parois de la terrine avec les bardes de lard.
- Chauffez le four à 200°C (400°F).
- Versez la moitié de la farce dans la terrine. Enveloppez les filets dans la barde très fine. Posez-les au milieu de la farce. Remplissez avec le reste de la farce.
- Cognez la terrine sur la table sur un torchon plié en quatre, à plusieurs reprises pour bien tasser le mélange.
- Fermez la terrine en soudant le couvercle avec un cordon de pâte fait de farine et d'eau.

• Mettez la terrine dans un plat à gratin rempli aux 3/4 d'eau très chaude et enfournez pendant environ 1 heure 15 minutes.

• Laissez refroidir et quand la terrine est tiède, enlevez le couvercle. Posez une planche de la dimension de l'ouverture de la terrine sur le pâté. Posez un poids sur la planche et mettez pour une nuit au réfrigérateur, sous presse.

• Servez avec une salade verte bien relevée, ou avec des cornichons et des cerises au vinaigre.

150. Galantine d'oiseaux sauvages

Pour 6 personnes

1 faisan ou 2 perdreaux ou 3 bécasses
100 g (3 oz) de langue écarlate
100 g (3 oz) de jambon maigre
100 g (3 oz) de lard gras
400 g (14 oz) de chair à saucisse fine
50 ml (1/4 tasse) de fine champagne
2 oeufs
1 barde de lard
500 ml (2 tasses) de gelée de gibier (recette n° 6) ou gelée en sachet
50 g (2 oz) de truffes ou de pistaches
Sel et poivre
1 pincée de quatre-épices
1 litre (4 tasses) de fond de gibier (recette n° 9)

- Désossez le faisan (ou les perdreaux, ou les bécasses) à moins que votre volailler n'accepte de le faire pour vous.
- Réservez les filets et découpez en lanières, ainsi que le lard, le jambon maigre et la langue écarlate.
- Placez ces viandes dans un plat creux et arrosez-les avec la fine champagne. Salez, poivrez et mettez la pincée de quatre-épices. Ajoutez les truffes coupées en lamelles (ou les pelures de truffes et leur jus) ou les pistaches grossièrement hachées.
- Laissez mariner une heure ou deux.
- Hachez la chair des cuisses des oiseaux avec les débris de chair que vous aurez pu gratter sur les os de la carcasse. Ajoutez la chair à saucisse, les oeufs battus en omelette, le sel et le poivre.
- Étalez la barde de lard. Garnissez-la en faisant alterner une couche de farce et une couche de filets de viande avec la marinade.
- Roulez en forme de gros boudin et serrez dans un linge blanc que vous ficelez bien et dont vous tenez les extrémités torsadées pour qu'elles soient parfaitement fermées.
- Ajoutez 1 litre (4 tasses) d'eau au fond de gibier (recette n° 9) et portez à ébullition. Placez la galantine dans le fait-tout et faites frémir (sans bouillir à gros bouillon) pendant une bonne heure.

- Sortez-la. Déballez-la, essuyez-la et serrez-la de nouveau fortement dans un autre linge blanc sec. Laissez-la refroidir. Quand elle est bien froide, enlevez le torchon mais laissez la barde.
- Placez alors la galantine dans un plat creux et étroit et couvrez-la de gelée encore liquide, mais prête à prendre. Mettez-la au froid.
- Servez le lendemain accompagnée d'une sauce aux canneberges (airelles) (recette n° 20).

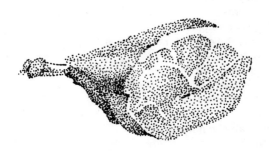

151. Oreiller de la belle Aurore

Ce pâté qui a fait la gloire de Lucien Tendret est devenu un classique des pâtés de gibier. Chaque cuisinier l'a mis dans ses recettes et, naturellement, chaque cuisinier a apporté des modifications à la recette originale. Nous vous donnons ici une version relativement abordable de ce pâté somptueux, gloire d'un repas de Réveillon, par exemple.

Sachez toutefois que vous devez prévoir une semaine de préparation avant de mettre ce pâté sur la table. Mais quel résultat!

Ce pâté est ainsi nommé en l'honneur de Claudine-Aurore Récamier, mère du célèbre gastronome Brillat-Savarin.

Pour un pâté de 5,5 kg (12 lb)

1 kg (2 lb 3 oz) de pâte feuilletée (recette n° 16)
1,5 litre (6 tasses) de gelée de viande (recette n° 5)
1 faisan bien tendre (ou 2 perdreaux)
1 râble de lièvre
1 canard
1 poulet
500 g (1 lb) de noix de veau
500 g (1 lb) de porc mi-gras
250 g (8 oz) de jambon cuit
125 g (4 oz) de lard gras frais coupé en bâtonnets
250 g (8 oz) de foie gras
250 g (8 oz) de foies de volailles
1 c. à soupe (1 c. à table) d'échalotes hachées
150 ml (2/3 tasse) de bon vin blanc sec
50 ml (1/4 tasse) de porto ou de madère
50 ml (1/4 tasse) de fine champagne ou de cognac
1 c. à café (1 c. à thé) d'anis (pastis)
Le jus d'un citron
2 c. à soupe (2 c. à table) d'huile d'olive
50 g (2 oz) de beurre
60 g (2 oz) de truffes coupées en dés
100 g (3 oz) de pistaches mondées et hachées
2 oeufs entiers
2 blancs d'oeufs (pour clarifier) plus 2 jaunes (pour dorer)
500 g (1 lb) de bardes de lard
Sel, poivre et un mélange d'épices (muscade, paprika, cumin, poivre de Cayenne et clou de girofle broyé)

- Ce pâté se compose de deux sortes de *viandes* (*blanche* et *rouge*) marinées dans deux sortes de *marinades* (une pour la *viande blanche* et une pour la *viande rouge*) et de deux sortes de *farces* (une *farce brune* et une *farce blanche*). Dans chacune de ces farces, on incorpore une quantité égale de la même farce à gratin.
- L'ensemble des viandes et des farces constituant la "chair à pâté" est préparé plusieurs jours à l'avance et cuit à l'avance.
- La veille du jour où le pâté sera servi, on enrobera la chair à pâté d'une pâte feuilletée qu'on fera cuire. La pâte sera beaucoup plus croustillante et bien cuite que si elle avait dû séjourner au four le temps (très long) que toutes les viandes cuisent. On fera aussi couler la gelée liquide à l'intérieur du pâté et cette gelée aura toute une journée pour prendre et donner sa saveur à l'ensemble.

Huit jours à l'avance:

- Désossez le faisan (ou les perdreaux). Réservez les blancs coupés en filets. Mettez à part le foie d'un côté, les os de l'autre.
- Même opération pour le canard.
- Même opération pour le poulet.
- Désossez également le râble de lièvre. Coupez la chair en filets et réservez les os. Mettez à part les débris de chair retirée des os.
- Coupez en lanières 250 g (8 oz) de noix de veau.
- Coupez le jambon cuit en lanières de 2 cm (1 po) d'épaisseur.
- Coupez le lard gras en bâtonnets.
- Parez les foies de faisan, de canard, de poulet et les foies de volailles achetés en plus en enlevant soigneusement le fiel et les filets sanguinolents.

Préparez les deux marinades:

1) Dans la *marinade* pour la *viande blanche*, mettez les filets de poulet, les lanières de noix de veau, le jambon cuit, les échalotes hachées, le vin blanc, le jus de citron, 1 cuillerée d'huile d'olive, 1 cuillerée à café (1 c. à thé) d'anis (pastis), le sel, le poivre et le mélange d'épices. Laissez mariner pendant 24 heures, en retournant les viandes de temps en temps.

2) Dans la *marinade* pour la *viande rouge*, mettez les blancs de faisan (ou de perdreaux), les filets de canard et le râble de lièvre coupé en lanières. Salez et poivrez, ajoutez un peu du mélange d'épices. Mouillez avec 30 ml (1 oz) de fine champagne, 30 ml (1 oz) de porto et 1 c. à soupe (1 c. à table) d'huile d'olive. Laissez mariner pendant 24 heures en remuant les viandes de temps en temps.

239

• Faites fondre à feu doux la gelée de viande (recette n° 5) dans laquelle vous aurez mis tous les os de faisan (ou de perdreaux), de canard, de lièvre et de poulet. Faites bouillotter à petit feu pendant 1 heure 30 minutes. Filtrez à travers un chinois pour enlever le maximum d'os. Remettez sur le feu. Versez dans le liquide les 2 blancs d'oeufs et les coquilles concassées et faites bouillir de nouveau, pendant 20 minutes. Les impuretés viendront s'agglomérer au blanc d'oeuf coagulé. Écumez et filtrez de nouveau à travers un chinois doublé d'une étamine humide. Gardez ce liquide au réfrigérateur (une fois refroidi). Il prendra en gelée. Vous aurez à l'utiliser la veille du repas.

Le lendemain, faites les farces:

1) La *farce blanche*. Hachez très fin, ensemble, le reste du veau, les cuisses de volaille, la moitié du porc mi-gras et ajoutez 1 oeuf battu. Salez. Mélangez bien.

2) La *farce brune*. Hachez très fin, ensemble, les cuisses de faisan (ou de perdreaux) et les parures de faisan, les cuisses et les parures de canard, les parures du râble de lièvre et le reste du porc mi-gras. Salez. Ajoutez 1 oeuf battu. Mélangez bien.

3) *Farce commune aux deux précédentes*. Faites revenir les petits bâtonnets de lard dans le beurre. Retirez-les quand ils sont blonds et dans cette graisse, faites dorer tous les foies. Il faut qu'ils soient rosés. Salez et poivrez. Jetez l'excédent de graisse. Remettez au feu, ajoutez les 30 ml (1 oz) de fine champagne qui restent et flambez. Ajoutez les 30 ml (1 oz) de porto qui restent. Coupez le feu. Fermez la casserole où sont les foies de volailles et laissez refroidir lentement.

• Écrasez les foies au pilon, puis passez-les au tamis. Incorporez alors le foie gras, puis écrasez à nouveau au pilon. Mélangez très bien.
• Partagez cette purée de foies en deux parties égales.
• Incorporez une partie à la farce blanche, (mélangez très bien); et l'autre partie à la farce brune en mélangeant avec le même soin.
• Pour faire cuire ce pâté, il vous faut un moule carré car sa forme doit être celle d'un oreiller.
• Bardez donc votre terrine carrée avec les bardes de lard.
• Étalez une couche de farce brune, placez les filets de volaille, veau et jambon. Intercalez de petits dés de truffes et des pistaches.
• Étalez une couche de farce blanche, puis placez dessus les filets de faisan, de lièvre et de canard en ajoutant aussi de petits morceaux de truffes et de pistaches.

- Montez le pâté ainsi en mettant, en alternance, les couches de farce brune, de viandes blanches, de farce blanche et de viandes rouges. Placez les filets des différentes viandes en quinconce à la verticale, pour obtenir une jolie mosaïque au découpage.
- Terminez par une couche de farce.
- Refermez les bardes de lard dessus. Posez le couvercle sur la terrine mais sans le souder au cordon de pâte.
- Chauffez le four à 160°C (325°F). Placez la terrine dans un plat à gratin rempli aux 3/4 d'eau très chaude et enfournez pour 4 heures. Prenez soin de toujours maintenir de l'eau chaude dans le plat à gratin.
- Vous saurez que votre pâté est cuit à point quand la graisse qui surnage sera limpide.
- Laissez refroidir à l'air libre, puis mettez la terrine au réfrigérateur pendant 3 ou 4 jours.

La journée avant de servir le pâté:

- Démoulez le pâté. Enlevez toutes les bardes de lard et les traces de gelée sur toutes les faces.
- Beurrez une feuille de papier d'aluminium. Étalez la pâte feuilletée dessus sur une surface supérieure en largeur et en longueur à la base du pâté. Posez le pâté sur cette partie de pâte feuilletée.
- Étalez le reste de la pâte feuilletée et plaquez-la sur le dessus du pâté en rabattant sur les côtés. Faites remonter la pâte feuilletée de la base et faites adhérer très hermétiquement les bords en les humectant. Faites une torsade de pâte tout autour. Décorez un angle du pâté avec un reste de pâte comme s'il s'agissait d'une broderie à l'angle d'un oreiller.
- Dorez le tout avec les jaunes d'oeufs délayés dans un peu d'eau salée. Ménagez 3 ou 5 cheminées sur le couvercle à l'aide de petits rouleaux de papier d'aluminium.
- Faites chauffer le four à 220°C (425°F).
- Comme ce pâté est grand et que le poids de viande qui le garnit est important, cerclez les 4 côtés dans plusieurs feuilles repliées de papier d'aluminium que vous ficelez autour du pâté. Vous éviterez ainsi qu'il ne s'effondre en cours de cuisson.
- Enfournez le pâté pour 10 minutes. Ensuite, baissez la chaleur à 190°C (375°F).
- Au bout de 1 heure 10 minutes de cuisson totale, la pâte est suffisamment raffermie. Vous pouvez ôter le cercle de papier qui entoure les côtés. Ils pourront ainsi dorer uniformément.
- Laissez au four pendant environ 1 heure 30 minutes en tout.

- Faites décongeler la gelée que vous avez préparée à partir des os des gibiers employés.
- Quand le pâté est tiède, faites couler à satiété la gelée par les cheminées.
- Au besoin, mettez de nouveau à prendre au réfrigérateur ce qui peut rester de gelée; elle vous servira de décoration autour du pâté sur le plat de service.
- Mettez le pâté au réfrigérateur jusqu'au lendemain.
- Pour servir, coupez le pâté en deux dans le sens de la longueur, puis chaque morceau dans le sens de la largeur. Vous aurez ainsi plus de facilité pour couper des tranches de belle apparence et dans lesquelles les différentes farces et viandes seront également réparties.

- **Note:** Il existe de nombreuses adaptations de cette recette. Les uns remplacent le foie gras par la même quantité de purée de foies de volailles (faite avec des foies de volailles, des oeufs, de la moelle de boeuf, de la crème fraîche et du cognac), les autres remplacent le jambon cuit par des bâtonnets de ris de veau préalablement blanchis dans un court-bouillon.
- Certains préconisent l'adjonction d'une panade à la frangipane (recette n° 12). alors que d'autres disent que c'est alourdir inutilement ce mets déjà très riche.
- Chacun pourra donc laisser libre cours à son imagination, en tenant compte des goûts culinaires de sa famille, de ce qu'il trouvera au marché... et de son budget.

152. Pâté en trois coups de fusil

Pour 8 personnes

1 kg (2 lb 3 oz) de pâte à pâté (recette n° 14)
1 faisan (ou 1 ou 2 perdreaux)
1 canard sauvage
1 râble de lièvre (à défaut de lapin de garenne)
3 oeufs
300 g (10 oz) de noix de veau
300 g (10 oz) de gorge de porc frais
300 g (10 oz) de gelée de gibier (recette n°6) plus 200 g (7 oz) pour décorer
1 pincée de cardamome réduite en poudre
1 pincée de coriandre en poudre
Sel et poivre
1 oeuf pour dorer la pâte
15 g (1/2 oz) de beurre pour le moule

- Faites la pâte à pâté et laissez-la reposer au froid.
- Désossez le faisan, le canard et le râble de lièvre.
- Hachez séparément les chairs de ces trois gibiers.
- Hachez ensuite et séparément la gorge de porc et la noix de veau.
- Mélangez la gorge de porc et la noix de veau. Salez et poivrez généreusement. Ajoutez les épices.
- Faites trois parts égales de cette farce.
- Ajoutez-en une partie à chacun des trois hachis de gibier. Battez un oeuf avec chaque mélange et remuez bien pour obtenir une pâte bien lisse. Incorporez à chaque préparation 100 g (3 oz) de gelée de gibier.
- Préchauffez le four à 180°C (350°F).
- Abaissez la pâte à pâté et découpez-la en 4 parties égales, de la grandeur de la surface du fond du moule que vous aurez choisi.
- Beurrez abondamment le fond et les parois de ce moule.
- Placez une première abaisse de pâte. Étalez dessus la farce au faisan, puis une seconde abaisse de pâte, puis la farce au canard, puis la troisième abaisse de pâte et la farce au lièvre. Couvrez avec la quatrième abaisse de pâte que vous dorez à l'aide d'un jaune d'oeuf délayé dans un peu d'eau salée.
- Enfournez pendant environ 1 heure 30 minutes.
- Laissez refroidir avant de démouler. Décorez avec de la gelée coupée en cubes.
- Servez avec une salade de laitue à l'orange (recette n° 45) par exemple et avec une sauce aux canneberges (airelles) (recette n° 20).

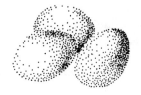

153. Terrine de garenne à la bourguignonne

Pour 8 personnes

1 lapin de garenne avec son foie et son coeur
250 g (8 oz) de filet de veau
250 g (8 oz) d'échine de porc
125 g (4 oz) de lard maigre
150 g (5 oz) de mie de pain trempée dans du lait
2 oeufs entiers
150 ml (2/3 tasse) de vin blanc sec, de bonne qualité
3 c. à soupe (3 c. à table) d'huile
1 feuille de laurier
1 brindille de thym frais ou 1 pincée de thym séché
Sel et poivre
50 ml (1/4 tasse) de marc de Bourgogne
Des bardes de lard pour garnir la terrine
1 bouquet garni: thym, laurier et persil
1 oignon clouté d'un clou de girofle

- Désossez le lapin. Réservez les filets.
- Mettez la tête et les os à bouillir pendant au moins 30 minutes dans une casserole avec le bouquet garni et l'oignon clouté de girofle. Le mélange doit être juste couvert d'eau.
- Pendant ce temps, coupez en petits morceaux le veau, l'échine de porc, la chair du lapin et les filets gardés entiers. Couvrez avec le vin blanc, l'huile, le thym et le laurier.
- Laissez mariner toute la nuit.
- Le lendemain, faites tremper la mie de pain dans le lait. Versez dessus les oeufs battus en omelette.
- Sortez toutes les viandes de la marinade. Hachez ensemble la chair du lapin (à l'exception des filets), l'échine de porc, le lard maigre, le veau, le foie et le coeur du lapin.
- Ajoutez la mie de pain et les oeufs battus, puis le marc de Bourgogne. Mélangez bien. Si la préparation vous semble un peu trop sèche, filtrez la marinade et mouillez avec toute ou avec une partie de la marinade.
- Bardez une terrine. Étalez une couche de hachis, puis disposez les filets réservés et recouvrez avec le reste de hachis.
- Chauffez le four à 220°C (425°F).

• Recouvrez la terrine d'une barde de lard sur laquelle vous posez une feuille de laurier. Placez le couvercle de la terrine. Soudez-le hermétiquement à l'aide d'un cordon de pâte faite de farine et d'eau que vous placez tout autour du couvercle.
• Mettez la terrine dans un plat à gratin rempli aux 3/4 d'eau bien chaude. Enfournez pendant 1 heure 30 minutes. Au bout de 20 minutes de cuisson, baissez la chaleur du four à 200°C (400°F).
• Quand la terrine est bien froide, enlevez le couvercle. Posez une planche de la dimension de l'ouverture de la terrine. Mettez un poids dessus et laissez refroidir sous presse toute une nuit au réfrigérateur.

154. Brioches du braconnier

Pour 10 personnes

1 kg (2 lb 3 oz) de pâte à brioche (recette n° 15)
1 lapin de garenne et son foie
250 g (8 oz) de lard maigre ⎰ si vous avez obtenu 500 g (1 lb) de chair
500 g (1 lb) de gorge de porc ⎱ de votre lapin une fois désossé
3 oeufs entiers plus 1 jaune pour dorer les brioches
50 ml (1/4 tasse) d'eau de vie ou de calvados
Sel et poivre
1 pincée de poudre d'anis (très peu)
1 c. à soupe (1 c. à table) de persil frais haché ou 1 c. à café (1 c. à thé) de persil séché
1 c. à soupe (1 c. à table) d'un mélange de ces herbes fraîches, hachées (estragon, basilic, sariette, thym et hysope*) ou 1 c. à café (1 c. à thé) de ces herbes séchées
15 g (1/2 oz) de beurre plus 15 g (1/2 oz) pour la plaque du four

• Faites la pâte à brioche et laissez-la lever (recette n° 15).
• Désossez le lapin et pesez la chair obtenue avant de vous procurer le lard et la gorge de porc puisque les quantités seront proportionnelles au poids de chair de lapin.
• Parez le foie du lapin en enlevant le fiel et les filets sanguinolents.
• Coupez-le en petits dés et faites-le revenir dans le beurre fondu.
• Hachez ensemble les chairs du lapin, son foie, la gorge de porc et le lard maigre. Incorporez les fines herbes hachées menu, l'eau-de-vie ou le calvados, les 3 oeufs battus en omelette, le sel, le poivre et la poudre d'anis.
• Mélangez bien la préparation et faites-en des boules grosses comme le poing.
• Étalez la pâte à brioche. Coupez-la par la moitié.
• Posez vos boules sur la pâte. Découpez tout autour. Posez un autre morceau de pâte par-dessus. Soudez les bords en humectant.

* Hysope: plante aromatique à saveur forte et amère connue depuis l'Antiquité. Aujourd'hui, on l'utilise pour fabriquer des liqueurs comme la chartreuse. On peut aussi en assaisonner les farces, certaines charcuteries, salades ou compotes de fruits.

- Faites chauffer le four à 200°C (400°F). Beurrez la plaque du four. Posez les petites brioches individuelles dessus. Dorez le chapeau avec le jaune d'oeuf délayé dans un peu d'eau salée.
- Mettez au four, laissez gonfler et dorer pendant environ 30 à 45 minutes.
- Ces petits pâtés peuvent se manger chauds ou froids et s'emporter pour couper la faim, dans une partie de chasse.

---

155. Rillettes des garennes

Pour 8 personnes

1 lapin de garenne
Gorge de porc (le même poids que de chair de lapin désossé)
500 ml (2 tasses) de bon vin blanc sec
50 ml (1/4 tasse) de cognac
Sel et poivre
1 pincée de noix muscade en poudre

- Désossez un lapin de garenne.
- Pesez la chair et prenez le même poids de gorge de porc frais.
- Découpez la chair du lapin et la gorge en petits dés et mettez-les à feu très doux dans une cocotte.
- Mouillez avec le vin blanc.
- Salez et poivrez. Ajoutez la noix muscade.
- Laissez réduire pendant 2 heures au moins, jusqu'à cuisson complète. La viande doit pouvoir se déchiqueter à la fourchette.
- Réduire le tout à consistance de pâte fine. (Vous pouvez achever le travail au mélangeur.) Incorporez le cognac. Remuez vigoureusement pour que le mélange soit parfait.
- Remplissez de petites terrines. Au besoin, couvrez de graisse d'oie fondue pour une plus longue conservation. Gardez au réfrigérateur et servez très frais avec des croûtons grillés.

156. Terrine de lapin de garenne aux noisettes

Pour 8 à 10 personnes

1 gros lapin de garenne
400 g (14 oz) de noix de veau
500 g (1 lb) de gorge de porc
150 g (5 oz) de lard maigre coupé en petits dés
200 g (7 oz) de foie de veau (ou moitié veau et volaille, ou 200 g (7 oz) de foies de volailles, parés et sans fiel)
250 ml (1 tasse) de vin blanc sec
50 ml (1/4 tasse) de calvados ou de fine champagne
1 oignon coupé en rondelles
1 carotte coupée en rondelles
2 c. à soupe (2 c. à table) d'huile
1 bouquet garni (persil, thym, laurier et céleri)
2 oeufs entiers
150 g (5 oz) de noisettes (pesées une fois décortiquées)
Sel et poivre
1 pincée de poivre de Cayenne
2 grandes bardes de lard
1 crépine de porc

- Préparez une marinade avec le vin blanc sec, le calvados, le bouquet garni, l'oignon et la carotte coupés en rondelles, le poivre et l'huile.
- Désossez le lapin. Mettez à part la chair du râble et le foie.
- Mettez à mariner le reste de la chair du lapin. Coupez le râble en lanières et mettez sur le dessus de la marinade.
- Laissez macérer 24 heures.
- Le lendemain, hachez le veau, la gorge de porc, la chair du lapin (à l'exception des lanières de râble).
- Filtrez la marinade et ajoutez le jus au hachis de viande.
- Coupez le lard maigre en petits dés que vous faites blondir à la poêle à feu moyen. Quand les dés sont bien blonds, égouttez-les. Mettez à la place les foies de veau, de lapin et de volaille coupés en petits morceaux et faites rosir quelques minutes dans la graisse laissée par les lardons. Poivrez.
- Hachez lardons et foies et incorporez au précédent hachis.

- Enlevez la peau brune des noisettes (à moins que vous n'ayez, plus raisonnablement, acheté des noisettes prêtes à utiliser comme les noisettes pour l'apéritif).
- Ajoutez les noisettes au mélange des hachis. Battez les oeufs en omelette. Incorporez-les au mélange. Goûtez pour saler et poivrer si nécessaire. Ajoutez le poivre de Cayenne.
- Tapissez la terrine avec les bardes de lard. Étalez la moitié de la farce au fond de la terrine. Disposez les filets de râble. Couvrez avec le reste de hachis.
- Lavez la crépine. Égouttez-la et posez-la sur le dessus.
- Réglez le four à 220°C (425°F).
- Fermez la terrine en faisant un cordon de pâte avec de la farine et de l'eau et placez ce cordon tout autour du couvercle.
- Mettez la terrine dans un plat à gratin rempli aux 3/4 d'eau très chaude.
- Enfournez environ 1 heure 30 minutes.
- Laissez refroidir avant d'enlever le couvercle.
- Si vous avez une planchette à la dimension de l'ouverture de la terrine, posez-la sur la crépine et placez un poids par-dessus. Laissez refroidir toute une nuit sous presse au réfrigérateur.
- Servez démoulé ou non, accompagné d'une simple salade verte, bien acidulée.

157. Pâté de lièvre

Pour 8 à 10 personnes

750 g (1 lb 10 oz) de pâte à pâté (recette n° 14)
1 lièvre et son foie
300 g (10 oz) d'échine de porc
300 g (10 oz) de lard gras
6 bardes de lard
200 g (7 oz) de noix de veau
2 foies de lapin parés
20 g (2/3 oz) de beurre
2 c. à soupe (2 c. à table) de calvados
50 g (2 oz) de noix hachées grossièrement
250 g (8 oz) de gelée parfumée à l'estragon (recette n° 8)
2 oeufs entiers
1 jaune d'oeuf pour dorer
Thym et laurier émiettés
Sel et poivre

Pour le fond de viande:

2 oignons hachés menu
2 carottes coupées en rondelles fines
1 gousse d'ail écrasée
1 bouquet de persil frais ou 1 c. à café (1 c. à thé) de persil séché
225 ml (7 1/2 oz) de bon bourgogne rouge
1/2 c. à café (1/2 c. à thé) de baies roses
1/2 c. à café (1/2 c. à thé) de graines de coriandre
Les graines écrasées de 3 gousses de cardamome

- Faites la pâte à pâté et laissez-la reposer au frais.
- Désossez le lièvre. Mettez à part le foie et parez-le. Mettez aussi à part les filets du râble et recouvrez-les de calvados.
- Concassez les os de la carcasse et de la tête du lièvre. Mettez-les dans une marmite avec le bourgogne rouge, tous les éléments du fond de viande et 2 litres (8 tasses) d'eau et portez à ébullition pendant 1 heure au moins, en écumant souvent.
- Au bout de ce temps, passez au chinois doublé d'une étamine humide et faites réduire jusqu'à l'obtention de 250 ml (1 tasse) de fond.

- Passez au hachoir le veau, les chairs du lièvre (sauf les râbles), le lard et l'échine de porc. Mélangez bien. Ajoutez les oeufs un par un, la moitié du fond de viande et les noix hachées.
- Faites fondre 30 g (1 oz) de beurre dans une poêle. Passez les foies de lapin et le foie du lièvre dans le beurre chaud, pour les raidir. Ils doivent rester rosés à l'intérieur. Coupez-les en dés et incorporez-les à la farce.
- Chauffez le four à 200°C (400°F). Abaissez la pâte et réservez la quantité nécessaire pour le couvercle.
- Beurrez la terrine. Tapissez-en le fond et les parois avec le beurre qui reste. Placez-y les bardes de lard. Puis posez-y une bonne couche de farce.
- Enveloppez séparément les deux filets du râble de lièvre dans une barde. Posez-les côte à côte sur la farce. Achevez de remplir avec le reste de la farce. Mouillez avec le reste du fond de viande et du calvados de la marinade.
- Recouvrez d'une barde de lard. Émiettez le thym et le laurier dessus.
- Posez le couvercle de pâte que vous avez réservé. Faites bien adhérer en humectant les bords.
- Ménagez une cheminée dans le couvercle de pâte et maintenez les bords à l'aide d'un petit tuyau en papier d'aluminium.
- Dorez le couvercle à l'aide du jaune d'oeuf délayé avec un peu d'eau salée.
- Enfournez à 220°C (425°F), puis au bout de 10 minutes, ramenez la chaleur à 200°C (400°F) et laissez cuire une grande heure.
- Quand la croûte est bien dorée, sortez le pâté du four. Laissez refroidir et coulez par la cheminée la gelée parfumée à l'estragon que vous avez légèrement réchauffée pour qu'elle soit liquide mais prête à prendre.
- Laissez reposer pendant 12 à 24 heures au réfrigérateur avant de démouler pour servir.

158. Pâté de lièvre de Jean-Marie Gaultier

Pour 10 à 12 personnes

500 g (1 lb) de chair de lièvre (un lièvre d'environ 3 kg (6 lb 10 oz)
250 g (8 oz) de lardons en lamelles
75 g (2 1/2 oz) de truffes (facultatif)
150 ml (2/3 tasse) de cognac ou d'armagnac
500 g (1 lb) de lard gras
250 g (8 oz) d'échine de porc
250 g (8 oz) de chair de veau
2 oeufs
40 g (1 1/2 oz) au total de sel et de poivre
Thym et laurier au goût

- Désossez le lièvre et coupez la chair en grosses lamelles.
- Ajoutez les lardons et les truffes (si désiré), et faites mariner le tout au moins 2 heures dans le cognac ou l'armagnac.
- Hachez le lard gras, le porc et le veau, puis ajoutez la chair de lièvre marinée que vous avez aussi hachée.
- Avec une spatule, incorporez à ce mélange les oeufs, un à un, puis la marinade.
- Mettez ensuite le sel, le poivre ainsi que le thym et le laurier.
- Graissez des terrines et remplissez-les du mélange obtenu.
- Faites cuire au bain-marie que vous placerez dans un four à 180°C (350°F). Laissez cuire de 1 heure à 1 heure 15 minutes ou jusqu'à ce que la pointe d'un couteau piquée au centre du pâté en ressorte très chaude.
- Faites bien refroidir avant de démouler.
- Pour une meilleure conservation, versez dans la terrine du gras de porc préalablement fondu.

159. Pain de lièvre muscadé

Pour 6 à 8 personnes
1 lièvre avec son foie
100 g (3 oz) de lard gras
200 g (7 oz) de noix de veau
350 g (12 oz) de panade à la frangipane (recette n° 12)
100 g (3 oz) de crème fraîche (crème à 35 p. 100)
4 blancs d'oeufs
Sel et poivre
1 pointe de poivre de Cayenne
1 ou 2 pincées de poudre de noix muscade
20 g (2/3 oz) de beurre pour beurrer le moule

• Désossez le lièvre. Gardez quelques lanières de chair du râble pour mettre au milieu de la farce.
• Coupez des lardons de lard gras; faites-les fondre à la poêle. Quand ils sont bien blondis, sortez-les et mettez à la place le foie de lièvre paré, (sans fiel ni filets sanguinolents) coupé en petits dés et faites-le raidir. Réservez.
• Hachez finement la chair du lièvre et la noix de veau.
• Faites la panade à la frangipane et laissez-la au frais.
• Mettez le hachis de viande dans un récipient que vous posez dans un grand saladier rempli de glaçons.
• Incorporez peu à peu les blancs d'oeufs, en remuant vigoureusement avec le fouet, puis la crème fraîche. Au besoin, remettez le tout au réfrigérateur pendant 15 minutes. Il faut que le mélange reste très ferme.
• Salez, poivrez et ajoutez les épices.
• Chauffez le four à 200°C (400°F).
• Mélangez la panade et le mélange de hachis, de blancs d'oeufs et de crème.
• Beurrez un moule. Étendez au fond une couche de farce, puis disposez les lardons, les dés de foie et les lanières de chair de lièvre. Recouvrez avec le reste de farce.
• Couvrez le moule et mettez-le dans un plat à gratin rempli aux 3/4 d'eau très chaude.
• Enfournez pour une petite heure.
• Vous pouvez servir ce pain de lièvre sortant du four avec une purée de marrons ou de céleri-rave, ou froid avec une salade d'endives, betteraves et noix, bien relevée.

160. Terrine de lièvre au cognac

Pour 8 personnes

1 lièvre
250 g (8 oz) de noix de veau
500 g (1 lb) de gorge de porc
3 oeufs entiers
Sel et poivre
1 pincée de quatre-épices
1 pincée de noix muscade en poudre
50 ml (1/4 tasse) de cognac
15 g (1/2 oz) de beurre
2 bardes de lard
75 g (2 1/2 oz) de lard gras coupé en lanières

- Désossez entièrement le lièvre. Mettez à part le foie et les filets.
- Découpez les filets en fines lanières que vous mettez mariner avec les lanières de lard gras dans le cognac assaisonné des épices.
- Nettoyez le foie en lui enlevant le fiel et les filets sanguinolents. Passez le foie au beurre chaud (mais pas trop) quelques minutes pour le raidir. Il doit rester rose.
- Parez la chair restante du lièvre en enlevant le plus possible les nerfs. Pesez-la.
- Les proportions ci-dessus en noix de veau et gorge correspondent à 500 g (1 lb) de chair de lièvre. Si le poids est différent, modifiez les proportions en conséquence.
- Hachez finement et séparément le veau, la chair du lièvre et la gorge de porc.
- Sortez de la marinade les filets de lièvre et les lanières de lard gras.
- Mélangez soigneusement les différents hachis et les oeufs un par un. Mouillez avec la marinade épicée.
- Chauffez le four à 200°C (400°F).
- Prenez une terrine en porcelaine à feu. Bardez-la de lard. Posez une couche de farce, puis une partie des filets, des lanières de lard et des dés de foie; puis de nouveau une couche de farce, puis le reste des filets de lièvre, de lard et de foie et terminez par le reste de la farce.

• Posez la deuxième barde de lard sur le dessus. Posez le couvercle de la terrine. Placez la terrine dans un plat à gratin rempli aux 3/4 d'eau très chaude et enfournez pour environ 1 heure 30 minutes. La terrine est cuite si la graisse qui surnage est limpide.

• Laissez refroidir dans la cuisine, puis ôtez le couvercle. Posez une planche sur le pâté, cette planche étant de la dimension de l'ouverture de la terrine. Placez un poids sur la planche et laissez prendre sous presse au réfrigérateur pendant une nuit.

• Si vous voulez servir cette terrine tout de suite, enlevez les bardes et présentez avec une salade d'endives, betteraves et noix.

• Si vous voulez conserver cette terrine, il faut la démouler, la parer et la remettre dans un moule, entourée et recouverte de saindoux, bien à l'abri de l'air, et dans un endroit frais.

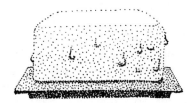

161. Crépinettes de marcassin ou de chevreuil

Pour 6 à 8 personnes

Le foie d'un jeune marcassin
500 g (1 lb) de filet mignon de marcassin ou de chevreuil
500 g (1 lb) de gras de gorge de marcassin ou de chevreuil
250 g (8 oz) de feuilles d'épinards
3 grosses c. à soupe (3 c. à table) de ces herbes fraîches hachées (persil, cerfeuil, estragon, céleri, hysope*, basilic et sauge) ou 1 c. à soupe (1 c. à table) d'un mélange de ces herbes séchées
1 oeuf entier
1 échalote hachée
Sel et poivre
1/2 c. à café (1/2 c. à thé) de cumin en poudre
Crépines ramollies à l'eau tiède et épongées

- Assurez-vous que le foie du marcassin a bien été nettoyé de son fiel et de toutes les parties touchées par le fiel.
- Détaillez le foie et les filets de marcassin en petits dés. Hachez grossièrement la gorge de marcassin.
- Faites blanchir 5 minutes les feuilles d'épinards bien lavées. Égouttez-les, pressez-les entre vos mains pour en enlever le maximum d'eau. Hachez-les rapidement avec un couteau sur une planche et salez.
- Dans un saladier, mélangez la chair du marcassin, le foie, la gorge, les épinards, les fines herbes et l'échalote hachée, l'oeuf entier battu en omelette et la poudre de cumin. Salez et poivrez.
- Étalez les crépines sur un linge propre.
- Faites des boules du mélange viandes-herbes d'un poids approximatif de 100 g (3 oz). Posez-les sur les crépines et enveloppez-les.
- Rangez les crépinettes dans un plat en terre en les tassant bien les unes contre les autres et faites cuire à four doux, à 180°C (350°F), pendant 1 heure 30 minutes en les arrosant avec le jus de cuisson.
- Ces crépinettes se servent chaudes ou froides.
- Si vous les servez chaudes, vous pouvez les accompagner d'une sauce aux canneberges (airelles) (recette n° 20).

* Hysope: plante aromatique à saveur forte et amère connue depuis l'Antiquité. Aujourd'hui, on l'utilise pour fabriquer des liqueurs comme la chartreuse. On peut aussi en assaisonner les farces, certaines charcuteries, salades ou compotes de fruits.

162. Hure de sanglier "grand buffet"

Pour 20 à 25 personnes

1 tête de sanglier (parée)
2 kg (4 1/2 lb) de viande maigre de sanglier
2 kg (4 1/2 lb) de gras de gorge de porc
6 oeufs
50 ml (1/4 tasse) de rhum
50 g (2 oz) de beurre
4 ou 5 échalotes finement hachées
2 carottes coupées en rondelles
1 oignon coupé en rondelles
2 gros bouquets garnis (persil, céleri, thym et laurier)
Sel et poivre en grains (1/2 c. à café (1/2 c. à thé)
1 pointe de poivre de Cayenne
1/2 c. à café (1/2 c. à thé) (petite) de noix muscade en poudre
150 ml (2/3 tasse) de bon vin rouge
3 litres (12 tasses) de gelée de gibier (recette n° 6)

• À moins que vous ne soyez très habile et que vous disposiez de beaucoup de temps, demandez à votre fournisseur de parer la tête du sanglier et de la désosser sans abîmer la peau. Faites mettre d'un côté la graisse et les aponévroses, d'autre part la viande maigre et la langue.

Faites deux marinades:

1) Avec tous les éléments gras, le rhum, le bouquet garni, le sel, le poivre et la moitié des épices.

2) Avec la chair maigre du sanglier, coupée en morceaux de la forme de bâtonnets de 1 cm (1/2 po) d'épaisseur, le vin rouge, les carottes et l'oignon coupés en rondelles, l'autre bouquet garni, le sel, le poivre et le reste des épices.

• Laissez les marinades au frais pendant 48 heures.

• Passé ce temps, enlevez le bouquet garni de la marinade des graisses. Hachez-les grossièrement.

• Faites fondre les échalotes dans le beurre. Incorporez-les. Battez les oeufs en omelette et mélangez-les vigoureusement avec les échalotes et les graisses hachées.

- Sortez les bâtonnets de viande maigre de leur marinade. Incorporez-les au hachis de graisse.
- Filtrez la marinade et mouillez le mélange de graisse et viande avec cette marinade.
- Remplissez la tête de sanglier de ce mélange. Donnez le plus possible la forme originale. Serrez dans un torchon pour que la farce ne s'échappe pas de la tête.
- Faites cuire pendant 3 heures, à tout petit bouillon, dans la gelée de gibier liquéfiée.
- Sortez la tête de sanglier. Laissez-la refroidir. Enlevez le torchon. Posez la tête sur une grille pour la faire égoutter.
- Faites réduire le fond de cuisson. Clarifiez-le avec des blancs d'oeufs. Versez la gelée prête à prendre sur la tête de sanglier que vous aurez placée sur le plat de service, et faites prendre toute une nuit au réfrigérateur.

Recettes à base de viande

163. Gigot d'agneau en croûte
164. Épaule d'agneau en crépinette
165. Gigot d'agneau au foie gras
166. Mouton aux épices à l'ancienne
167. Boeuf en gelée
168. Terrine de boeuf bohémienne
169. Pâté en croûte à la russe
170. Pâtés pantin à la moelle
171. Petits pains à la viande et aux olives
172. Pâté de viande à l'indienne
173. Fromage de tête
174. Tête fromagée à la façon de tante Armande
175. Fromage de Pâques
176. Bonnet de dame Jehanne
177. Jambon persillé de Bourgogne
178. Mousseline de jambon
179. Saucisson en brioche
180. Filet mignon de porc en pâte
181. Caillettes de porc à l'ardéchoise
182. Papiton du Périgord
183. Pâté au cochon
184. Cretons maison
185. Graisse de rôti
186. Pâté bourguignon
187. Pain de veau aux tomates
188. Flan de veau au paprika
189. Veau à l'orange en terrine
190. Pâté muscade
191. Jarret de veau en gelée
192. Terrine de veau au jambon
193. Terrine fine aux herbes
194. Pâté de foie de veau

163. Gigot d'agneau en croûte

Pour 8 à 10 personnes, suivant la taille du gigot

1 gigot d'agneau
8 à 10 clous de girofle
10 bardes de lard fumé maigre coupées très mince
Sel et poivre
500 g (1 lb) de pâte à pâté (recette n° 14)
1 jaune d'oeuf pour dorer

• Faites la pâte à pâté et roulez-la en boule avant de la réserver au frais.
• Vous avez deux possibilités pour réussir ce plat: soit que vous demandiez à votre boucher de désosser le gigot, alors vous n'aurez aucune difficulté à découper le plat sur la table, soit que vous vous sentiez suffisamment habile pour découper le gigot comme un simple gigot rôti, malgré la présence de la croûte.
• Piquez le gigot de clous de girofle (comme vous le feriez de pointes d'ail).
• Bardez-le avec les tranches de lard.
• Faites saisir la viande à la rôtissoire pendant 15 minutes, en la retournant constamment.
• Sortez le gigot du four. Enlevez les bardes croustillantes et réservez-les.
• Laissez refroidir la viande jusqu'à ce qu'elle soit tiède.
• Abaissez la pâte. Elle doit avoir de 3 à 4 mm (un peu moins de 1/4 po) d'épaisseur.
• Enveloppez le gigot dans la pâte. Dorez à l'oeuf et décorez de feuilles de pâte ou de dessins faits avec la partie ronde d'un couteau.
• Placez le gigot sur une plaque beurrée et remettez-le au four à 220°C (425°F) jusqu'à ce que la croûte soit très bien dorée sur toutes ses faces.
• Il faut compter de 40 à 45 minutes, suivant la grosseur du gigot.
• Vous pouvez présenter ce plat chaud, sortant du four, accompagné des bardes de lard, ou le laisser refroidir et le servir le lendemain (les bardes de lard froides sont difficiles à digérer, ne les servez pas).

• **Note:** Si vous voulez réchauffer ce plat, il est *indispensable* de retirer les clous de girofle.

164. Épaule d'agneau en crépinette

Pour 6 personnes

Environ 1 kg (2 lb 3 oz) d'épaule d'agneau
100 g (3 oz) de lard maigre
250 g (8 oz) de foie (volaille, agneau ou veau)
5 jaunes d'oeufs

Fines herbes:

1 c. à soupe (1 c. à table) de persil frais haché ou 1 c. à café (1 c. à thé) de persil séché
2 c. à soupe (2 c. à table) de menthe fraîche hachée ou 2 c. à café (2 c. à thé) de menthe séchée
1/2 c. à café (1/2 c. à thé) d'hysope * fraîche hachée ou 1 pincée d'hysope séchée
1 pincée de marjolaine ou d'origan séché
1/2 c. à café (1/2 c. à thé) de gingembre en poudre
1 c. à café (1 c. à thé) de sucre en poudre
Sel et poivre
1 crépinette

• Faites rôtir l'épaule d'agneau sur toutes ses faces dans un four très chaud, à 260°C (500°F) pendant 15 à 20 minutes, pour qu'elle dore.
• Sortez-la du four. Désossez-la et dégraissez-la.
• Réservez l'os.
• Hachez ensemble au hachoir (le mélangeur réduit trop en purée): la chair de l'épaule d'agneau, le foie cru et le lard.
• Dans une terrine, cassez les oeufs et battez-les en omelette. Ajoutez les fines herbes hachées, le gingembre et le sucre.
• Mélangez à la fourchette avec les viandes hachées. Salez et poivrez, mais très peu. Cette préparation est tellement parfumée par les herbes qu'elle n'a pas besoin d'être très assaisonnée.

---

* Hysope: plante aromatique à saveur forte et amère connue depuis l'Antiquité. Aujourd'hui, on l'utilise pour fabriquer des liqueurs comme la chartreuse. On peut aussi en assaisonner les farces, certaines charcuteries, salades ou compotes de fruits.

- Étendez la crépinette sur la table. Étalez dessus la moitié de la préparation. Placez l'os de l'épaule. Versez le reste de la farce. Donnez vaguement la forme de l'épaule. Refermez la crépinette et maintenez-la avec des bâtonnets de bois.
- Enfournez à four très chaud, à 260°C (500°F) pendant 45 à 50 minutes.
- Laissez refroidir hors du four et mettez au réfrigérateur.
- Vous pouvez garder ce plat 3 ou 4 jours au réfrigérateur.
- Servez avec une mayonnaise à l'ail (recette n° 33), une sauce à la menthe (recette n° 23), une sauce fraîche aillée (recette n° 24) ou un assortiment des trois.

- **Note:** Ne négligez pas de mettre l'os au milieu de la préparation. Il donne, en cuisant, une saveur supplémentaire à votre plat.

165. Gigot d'agneau au foie gras

Pour 8 personnes

1 gigot d'agneau d'environ 1 kg (2 lb 3 oz)
2 rognons d'agneau
1 boîte de pelures de truffes (ou 1 truffe entière)
150 g (5 oz) de foie gras de canard
50 ml (1/4 tasse) de cognac
1 crépine de porc
2 c. à soupe (2 c. à table) d'huile d'olive
400 g (14 oz) de pâte feuilletée (recette n° 16) ou demi-feuilletée (recette n° 17)
20 g (2/3 oz) de beurre
1 oeuf pour dorer la pâte
Sel et poivre

- Désossez le gigot avant de le cuire (ou demandez à votre boucher de le faire pour vous) et laissez le gigot fendu. Dégraissez-le et réservez l'os.
- Découpez le foie gras en petits dés.
- Nettoyez les rognons et coupez-les en petits dés.
- Mettez le beurre dans une poêle. Faites bien chauffer et jetez-y les morceaux de rognons et les pelures de truffes. Salez et poivrez. Versez 1 c. à soupe (1 c. à table) de cognac dans la poêle et flambez.
- Retirez du feu. Posez le contenu de la poêle sur le gigot ouvert. Ajoutez les dés de foie gras. Recousez avec une aiguille à brider et du fil de cuisine. Enveloppez le tout dans une crépine de porc bien lavée.
- Mettez l'huile dans une cocotte. Quand elle est très chaude, placez-y le gigot ainsi que l'os que vous avez gardé.
- Arrosez du reste de cognac. Au bout de quelques minutes, si besoin est, déglacez avec un peu d'eau (ou de jus de viande). Couvrez la cocotte et laissez cuire à feu doux pendant une petite heure.
- Sortez le gigot de la cocotte et laissez-le refroidir complètement. Réservez le jus de cuisson.
- Étalez la pâte feuilletée. Le gigot étant parfaitement refroidi (l'idéal serait qu'il soit rassis et de reporter au lendemain cette deuxième partie de l'opération), enlevez la crépinette et les ficelles.
- Enveloppez le gigot dans la pâte feuilletée. Décorez en utilisant la partie ronde d'un couteau et les débris de pâte.

• Dorez à l'oeuf. Enfournez à 200°C (425°F), puis au bout de 5 minutes, baissez la chaleur à 180°C (350°F).
• Le plat est bon à servir quand la croûte est cuite; cela demande de 35 à 40 minutes.
• Présentez en même temps le jus de cuisson que vous aurez fait réchauffer.

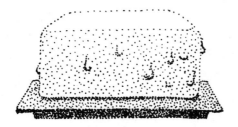

166. Mouton aux épices à l'ancienne

Pour 12 personnes

1 gigot de 2 kg (4 1/2 lb), désossé
150 ml (2/3 tasse) de vin blanc sec (ou de bon vinaigre de vin)
1 carotte coupée en rondelles
1 oignon coupé en rondelles
2 gousses d'ail écrasées
1 bouquet garni: persil, thym, laurier et 1 branche de céleri
2 pieds de cochon ouverts en deux
1 c. à soupe (1 c. à table) de gros sel
10 grains de poivre noir
10 baies de genièvre
1/2 c. à café (1/2 c. à thé) de poudre de quatre-épices
10 clous de girofle
2 litres (8 tasses) d'eau
6 c. à café (6 c. à thé) de gélatine en poudre
1 oeuf

• Pour obtenir la poudre la plus fine possible, broyez ensemble au mélangeur le sel, le poivre, le genièvre et les clous de girofle. Ajoutez la poudre de quatre-épices.
• Enlevez la peau du gigot et piquez-en la surface avec les dents d'une fourchette, puis frottez la viande avec votre mélange d'épices pour qu'elle s'imprègne bien du parfum. Placez dans un récipient et laissez pendant toute une nuit, bien fermé; les aromates donneront toute leur saveur à la viande.
• Mettez le gigot dans un grand fait-tout. Couvrez d'eau froide. Ajoutez les 2 pieds de cochon, le vin (ou le vinaigre), le bouquet garni, la carotte et l'oignon coupés en rondelles, ainsi que les gousses d'ail écrasées.
• Faites cuire à petit feu pendant 2 ou 3 heures. Il faut que la viande soit très tendre.
• Sortez-la du bouillon. Mettez-la dans une terrine avec quelques cuillerées de bouillon. Posez un couvercle de bois exactement à la dimension intérieure de la terrine et posez dessus un poids d'un minimum de 2 kg (4 1/2 lb) pour que la pièce de viande soit sous presse, et cela pendant toute une nuit.

• Filtrez le bouillon et laissez-le au froid toute une nuit pour que la graisse fige. Enlevez toute la graisse qui s'est formée en croûte.
• Remettez le bouillon à bouillir à gros bouillons pour qu'il réduise de moitié. Quand il est presque assez réduit, jetez dedans le blanc d'un oeuf et sa coquille concassée. Toutes les impuretés du bouillon (que vous aurez remis à cuire) s'aggloméreront à l'oeuf coagulé. Écumez et en fin de cuisson, passez le bouillon au chinois que vous aurez doublé d'une étamine humide.
• S'il vous semble que le bouillon, en refroidissant, ne devient pas une gelée assez consistante et ferme, faites dissoudre la gélatine dans de l'eau et mélangez-la vigoureusement au bouillon, au besoin en le faisant chauffer à nouveau.
• Versez une partie de la gelée sur la viande dans la terrine. Faites prendre le reste dans un bol, et laissez le tout au réfrigérateur jusqu'au moment de servir.
• Démoulez la terrine sur un plat garni de feuilles de laitue.
• Coupez le contenu du bol de gelée en petits dés que vous éparpillez autour de la viande.
• Servez avec une salade composée: salade de riz à l'antillaise (recette n° 42) par exemple. Vous aurez un repas complet.

167. Boeuf en gelée

Pour 8 à 10 personnes

2 kg (4 1/2 lb) de rumsteak, paré, dégraissé, de forme rectangulaire
1 bouteille de vin blanc (mâcon, par exemple)
750 g (1 lb 10 oz) de carottes épluchées, coupées en rondelles
400 g (14 oz) de petits pois écossés
2 gousses d'ail non épluchées
4 à 6 échalotes non épluchées
1 beau bouquet garni (thym, laurier, persil et 1 branche de céleri)
2 c. à soupe (2 c. à table) d'huile d'olive
60 g (2 oz) de beurre
2 clous de girofle
1/2 c. à café (1/2 c. à thé) de gingembre en poudre
1 pincée de cannelle
Sel et poivre
1 litre (4 tasses) de gelée de viande (recette n° 5)

• Mettez l'huile et le beurre dans une cocotte. Quand ils sont chauds, faites revenir le morceau de boeuf sur toutes ses faces. Il doit être bien doré.

• Salez, poivrez, ajoutez les carottes coupées en rondelles, l'ail, les échalotes et les clous de girofle. Couvrez. Laissez cuire à feu très doux pour que la viande et les légumes donnent leur jus.

• Mouillez alors avec le vin réchauffé à part dans une autre casserole, la moitié de la gelée, également fondue, et un grand verre d'eau chaude. Laissez mijoter pendant au moins 1 heure 30 minutes.

• À un quart d'heure de la fin de la cuisson, ajoutez le bouquet garni, le gingembre et la cannelle.

• Ôtez la viande et les carottes. Filtrez le jus et laissez refroidir. Enlevez la graisse qui surnage. Ajoutez alors le reste de la gelée que vous aurez réchauffée à consistance d'un sirop épais.

• Pendant ce temps, faites cuire les petits pois 10 minutes à l'eau bouillante salée (parfumée d'estragon si vous voulez raffiner).

• Dans une terrine ovale, coulez une couche de gelée. Disposez dessus des rondelles de carottes et des petits pois. Faites prendre la gelée au réfrigérateur.

• Coupez la pièce de boeuf en tranches régulières. Posez-les debout en intercalant entre chaque tranche un peu de carottes et de petits pois.
• Recouvrez le tout de gelée et disposez harmonieusement le reste des légumes. Faites prendre au froid pendant toute une nuit.
• Démoulez pour servir en glissant une lame fine de couteau tout autour de la terrine et en la plongeant pour quelques secondes dans un récipient plein d'eau bouillante.

168. Terrine de boeuf bohémienne

Pour 6 à 8 personnes

500 g (1 lb) de boeuf haché (maigre)
500 g (1 lb) de chair à saucisse truffée (si possible)
100 g (3 oz) de mie de pain
250 ml (1 tasse) de lait
3 oeufs plus 2 oeufs durs (cuits 10 minutes dans l'eau bouillante salée)
3 gousses d'ail
1 oignon
1 bouquet de persil frais ou 1 c. à café (1 c. à thé) de persil séché
1 bouquet de ciboulette fraîche ou 1 c. à café (1 c. à thé) de ciboulette séchée
50 ml (1/4 tasse) de cognac (ou de whisky)
1 c. à café (1 c. à thé) de poudre de noix muscade
Sel et poivre
3 feuilles de laurier
20 g (2/3 oz) de beurre

- Plongez les oeufs durs dans l'eau froide, cassez la coquille et écalez-les. Réservez.
- Lavez la ciboulette et le persil. Laissez-les bien égoutter avant de les hacher finement.
- Faites tremper le pain rassis émietté dans le lait tiède.
- Hachez l'ail et l'oignon, ainsi que la viande de boeuf. Pour cette dernière, point n'est besoin de prendre du bifteck, un beau bourguignon suffit. Ayez soin d'enlever la graisse au maximum.
- Dans une terrine, battez au mélangeur le boeuf haché, les fines herbes, la chair à saucisse, l'ail, l'oignon, la mie de pain bien essorée, les 3 oeufs entiers l'un après l'autre et le cognac. Salez, poivrez et ajoutez la poudre de noix muscade.
- Chauffez le four à 200°C (400°F).
- Beurrez largement une terrine en porcelaine à feu. Versez la moitié de la préparation. Lissez bien. Posez les deux oeufs cuits dur sur la farce, au milieu, l'un derrière l'autre. Versez le reste de la farce. Tassez en cognant la terrine sur la table recouverte d'un torchon plié en quatre. Disposez 3 feuilles de laurier sur le dessus de la préparation.

- Fermez hermétiquement la terrine en étalant un cordon de pâte (farine délayée dans de l'eau) tout autour du couvercle.
- Posez la terrine dans un plat à gratin rempli aux 3/4 d'eau bouillante et enfournez de 55 minutes à 1 heure. Il faut que le cordon de pâte soit bien doré.
- Laissez bien refroidir avant d'ouvrir.
- Servez dans la terrine, avec des cornichons au sel et une salade verte bien relevée.
- Vous pouvez conserver cette terrine 8 jours au réfrigérateur avant de la servir, mais dans ce cas, n'ouvrez pas la terrine et laissez le cordon de pâte autour du couvercle.

169. Pâté en croûte à la russe

Pour 6 personnes

Farce:

300 g (10 oz) de boeuf maigre
150 g (5 oz) de lard maigre
250 g (8 oz) de champignons
200 g (7 oz) de riz
3 échalotes hachées
30 g (1 oz) de beurre
100 ml (1/3 tasse) de vodka
3 oeufs
100 g (3 oz) de crème fraîche épaisse (crème à 35 p. 100)
100 g (3 oz) de crème fraîche liquide (crème à 15 p. 100) ou de crème aigre (crème sure)
Sel et poivre

Pâte:

325 g (11 oz) de fromage blanc à pâte lisse (12 petits-suisses *)
350 g (12 oz) de farine
160 g (5 1/2 oz) de beurre
1 pincée de sel

La veille:

• Coupez le boeuf et le lard en petits morceaux et faites-les revenir dans le beurre à la cocotte. Salez et poivrez.
• Épluchez et hachez les échalotes et ajoutez-les dans la cocotte. Faites cuire à petit feu pendant 1 heure 15 minutes.
• Pendant ce temps, nettoyez et essuyez les champignons. Coupez-les en lamelles et ajoutez au boeuf en fin de cuisson. Parfumez avec la vodka.
• Faites cuire le riz à l'eau bouillante salée pendant 10 à 12 minutes. Égouttez-le et mettez-le dans la cocotte avec la viande pour qu'il finisse de cuire.

_____

* Petit-suisse: fromage frais très crémeux en forme de petit cylindre. On peut le manger avec du sucre ou avec du poivre.

- Réservez tous ces éléments au froid jusqu'au lendemain.

Quelques heures avant le repas, préparez la pâte:

- Versez la farine dans un saladier, formez une fontaine dans laquelle vous versez le fromage blanc, puis le beurre ramolli et le sel. Pétrissez du bout des doigts. Formez une boule et laissez-la reposer une heure à température de la pièce.
- Farinez une planche. Étendez la pâte au rouleau. Formez deux rectangles, l'un nettement plus grand que l'autre.
- Beurrez une feuille de papier d'aluminium. Placez-la sur la plaque du four. Posez le plus grand rectangle de pâte dessus.
- Battez 2 oeufs entiers avec les 100 g (3 oz) de crème épaisse. Incorporez avec le mélange de viande, de riz et de champignons. Versez le tout sur la pâte, au milieu. Remontez les bords et couvrez avec le plus petit rectangle en soudant les bords avec de l'eau et en formant une torsade pour que la préparation ne s'échappe pas.
- Chauffez le four à 220°C (425°F).
- Faites une ouverture sur le dessus de la pâte et maintenez les bords écartés à l'aide d'un rouleau de bristol ou de papier d'aluminium, pour permettre aux vapeurs de cuisson de s'échapper.
- Dorez le couvercle de pâte avec un jaune d'oeuf délayé dans un peu d'eau salée.
- Faites cuire environ 1 heure. Il faut que la pâte soit bien dorée.
- Au moment de servir, faites couler la crème liquide ou la crème sure à l'intérieur du pâté par la cheminée.

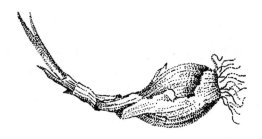

170. Pâtés pantin à la moelle

Pour 6 personnes

350 g (12 oz) de pâte feuilletée (recette n°16)
12 gros os à moelle très frais
5 oeufs durs
1 c. à café (1 c. à thé) de cumin en poudre
Sel et poivre

• Faites la pâte feuilletée (recette n° 16) et laissez reposer.
• Enveloppez chaque os à moelle dans une feuille de papier d'aluminium et mettez à four très chaud, 250°C (475°F) pendant 10 minutes. Il vous sera ensuite facile d'extraire la moelle des os.
• Faites cuire les oeufs jusqu'à ce qu'ils soient durs (10 minutes à l'eau bouillante salée). Plongez-les dans l'eau froide et écalez-les, puis hachez-les à la fourchette.
• Incorporez le cumin aux oeufs hachés, plus ou moins suivant votre goût.
• Étalez la pâte sur une planche farinée. Découpez-la pour former des petits pâtés.
• Sur une moitié de chaque morceau de pâte, déposez une rondelle de moelle d'environ 1 cm (1/2 po) d'épaisseur. Saupoudrez d'oeufs hachés, salez et poivrez.
• Repliez la pâte et fermez hermétiquement les bords en humectant la pâte.
• Déposez les pâtés sur la plaque du four beurrée.
• Chauffez le four à 200°C (400°F) et mettez cuire les petits pâtés en les retournant à mi-cuisson pour qu'ils soient bien dorés sur les deux faces.
• Servez brûlant avec une salade de romaine bien croquante, bien relevée et bien fraîche. Le contraste est délicieux.

171. Petits pains à la viande et aux olives

Pour 6 personnes

300 g (10 oz) de pâte à pâté (recette n° 14)
500 g (1 lb) de boeuf haché
100 g (3 oz) de lard maigre
3 échalotes
2 oeufs durs
1 c. à soupe (1 c. à table) de concentré de tomates
100 g (3 oz) d'olives (vertes, noires ou mélangées)
1 pincée de sucre
10 gouttes de sauce Tabasco
1 pincée de thym en poudre
Sel et poivre
20 g (2/3 oz) de beurre
1 jaune d'oeuf pour dorer

• Faites votre pâte à pâté et laissez-la reposer.
• Hachez le lard maigre et les échalotes.
• Beurrez une cocotte. Faites-y revenir le lard et les échalotes à feu doux. Ajoutez ensuite le boeuf haché. Laissez cuire 10 minutes.
• Dénoyautez les olives et coupez-les en petits morceaux.
• Faites cuire les oeufs pendant 10 minutes dans l'eau bouillante salée. Plongez-les dans l'eau froide. Écalez-les et hachez-les grossièrement à la fourchette.
• Versez dans la cocotte le concentré de tomates, la sauce Tabasco, les olives, les oeufs durs, le thym et le sucre. Salez et poivrez.
• Laissez mijoter à feu doux pendant 10 minutes.
• Farinez une planche pour y abaisser votre pâte à pâté. Découpez-la en cercles.
• Posez sur une moitié de pâte 2 c. à soupe (2 c. à table) de farce. Repliez la pâte sur elle-même et soudez les bords en humectant la pâte.
• Chauffez le four à 200°C (400°F).
• Dorez les petits pains avec 1 jaune d'oeuf que vous étalez au pinceau.
• Faites cuire 20 minutes environ vos petits pains en les retournant à mi-cuisson pour qu'ils soient bien dorés sur les deux faces.
• Servez froid, avec une salade composée: tomates et oignons (recette n° 47).
• **Note** : Ces petits pains conviennent également très bien pour un pique-nique.

172. Pâté de viande à l'indienne

Pour 6 à 8 personnes

400 g (14 oz) de boeuf maigre haché
400 g (14 oz) d'échine de porc hachée
3 tranches de pain de mie
75 ml (2 1/2 oz) de lait
2 oeufs
1 c. à soupe (1 c. à table) rase de cari de Madras
1 pincée de sucre
50 g (2 oz) de beurre
3 gros oignons doux hachés
Le jus d'un citron
50 g (2 oz) d'amandes effilées
Sel

- Faites tremper le pain dans le lait après l'avoir émietté.
- Au mélangeur, hachez le boeuf, le porc et les oignons, et faites revenir pendant 10 minutes dans une poêle beurrée de 30 g (1 oz) de beurre.
- Dans une terrine, battez les oeufs entiers en omelette.
- Mélangez-les à la viande hachée. Ajoutez le pain bien trempé, le cari, le sucre et le jus de citron.
- Versez alors les amandes effilées dans le mélange et continuez à amalgamer mais en vous servant uniquement d'une fourchette (pour ne pas abîmer les amandes).
- Beurrez un moule à cake, ou une terrine rectangulaire, avec le beurre qui reste.
- Chauffez le four à 180°C (350°F).
- Couvrez la terrine et placez-la dans un plat à gratin rempli aux 3/4 d'eau bouillante.
- Enfournez pendant 1 heure 30 minutes. Laissez refroidir avant de démouler.
- Servez avec une salade acidulée (recette n° 40).

173. Fromage de tête

Pour 10 personnes

1 tête de porc
2 pieds de porc
1 poireau
2 branches de céleri
2 carottes
2 navets
1 oignon clouté de 2 clous de girofle
1 branche de thym frais ou 1 c. à café (1 c. à thé) de thym séché
1 c. à café (1 c. à thé) de thym-citron séché
3 feuilles de laurier
3 gousses d'ail
Gros sel
Sel et poivre

Pour la gelée:

1/2 c. à café (1/2 c. à thé) de noix muscade en poudre
2 c. à soupe (2 c. à table) de persil frais haché auquel vous aurez ajouté
10 feuilles de basilic frais, hachées ou 2 c. à café (2 c. à thé) de basilic séché
1 pincée de sauge
75 ml (2 1/2 oz) de bon vinaigre de vin
2 c. à soupe (2 c. à table) d'eau de vie ou de calvados

- Demandez au charcutier de scier la tête de porc en morceaux à peu près égaux pour qu'ils cuisent uniformément.
- Demandez-lui aussi de fendre en deux les pieds de porc bien parés.
- La veille, enduisez les morceaux de porc de gros sel et laissez au froid. La viande exsudera son liquide. Au moment de faire cuire la viande, il faudra bien la rincer, à plusieurs reprises.
- Dans un grand fait-tout, placez une grille ou un panier grillagé pour pouvoir retirer la viande et les légumes plus facilement.
- Mettez la viande dans ce panier (tête de porc en morceaux et pieds de porc). Couvrez d'eau et poivrez.
- Faites cuire à feu doux et enlevez l'écume qui se forme à l'ébullition.

- Pendant ce temps, épluchez et lavez les légumes. Liez ensemble le poireau, le céleri, le thym et le thym-citron ainsi que les feuilles de laurier.
- Après 1 heure de cuisson des viandes, ajoutez les légumes, l'ail et l'oignon et faites cuire à couvert, à feu doux, pendant 4 heures. Vous devez respecter cette cuisson à feu doux pour éviter que la viande ne durcisse.
- Au bout de ce temps, arrêtez la cuisson. Réservez la viande et les pieds de porc. Retirez les légumes et jetez-les. Retirez le plus possible la graisse qui surnage.
- Filtrez le liquide à travers un chinois doublé d'une étamine humide, et remettez le bouillon sur le feu pour qu'il réduise de moitié.
- Pendant ce temps, désossez la viande. Enlevez la membrane dure qui reste sur la langue. Découpez toute la viande (graisse et cartilages tendres compris) en bouchées.
- Mettez cette viande dans un saladier. Arrosez-la du vinaigre de vin et de l'alcool, goûtez et, éventuellement, salez et poivrez. Ajoutez la noix muscade en poudre et le hachis de fines herbes.
- Mélangez bien pour que les morceaux de viande soient bien enrobés de l'assaisonnement.
- Disposez les morceaux de viande dans une terrine en porcelaine ou dans plusieurs bols, mais sans les remplir.
- Mettez une cuillerée de bouillon dans une soucoupe et portez-le à l'endroit le plus froid du réfrigérateur. S'il est pris en gelée très vite, votre bouillon est assez cuit.
- Filtrez-le encore une fois à travers un chinois doublé d'une étamine et finissez de remplir les récipients où vous avez mis les morceaux de viande. Faites prendre au froid.
- Une mince couche de graisse se formera sans doute au-dessus de ces fromages. Laissez-la jusqu'à consommation. Cette graisse isole la viande et aide à sa conservation.
- Servez démoulé accompagné d'une salade de chou rouge au carvi (recette n° 48) ou simplement avec du pain de campagne et du beurre.

174. Tête fromagée à la façon de tante Armande

Pour 4 à 6 personnes

700 g (1 1/2 lb) de filets de porc frais
4 pieds de porc
1 oignon émincé
1 c. à café (1 c. à thé) de clous ronds
Sel et poivre

Pour la gelée:

1 c. à soupe (1 c. à table) de gélatine diluée dans 125 ml (1/2 tasse) d'eau froide
1/2 c. à café (1/2 c. à thé) de clous de girofle, moulus
1/2 c. à café (1/2 c. à thé) de cannelle moulue

* Mettez la viande dans un grand fait-tout.
* Ajoutez l'oignon, les clous, le sel et le poivre.
* Couvrez d'eau et portez à ébullition.
* Baissez le feu car la viande, pour rester tendre, doit tout juste frémir. Laissez cuire à découvert, à feu doux, pendant 4 heures.
* Quand la viande est bien tendre, retirez-la de la casserole et coupez-la en petits morceaux.
* Coulez le bouillon dans une passoire.
* Remettez ensuite le bouillon sur le feu avec la gélatine, les morceaux de viande, les clous de girofle et la cannelle.
* Laissez bouillir de 5 à 10 minutes.
* Faites refroidir quelque peu à température ambiante, puis versez la préparation dans des moules.
* Placez un couvercle sur les moules contenant la tête fromagée ou recouvrez-les d'une pellicule de plastique.
* Réfrigérez de préférence une demi-journée avant de servir.

175. Fromage de Pâques

Pour 6 à 8 personnes

1 kg (2 lb 3 oz) de jambon cru
3 pieds de veau
2 carottes
2 oignons en rondelles
3 échalotes
2 gousses d'ail
8 oeufs durs
2 c. à soupe (2 c. à table) au total de persil et d'estragon frais hachés ou
2 c. à café (2 c. à thé) de ces herbes séchées
Poivre (pas de sel, le jambon reste salé malgré le dessalage)

- Faites dessaler le jambon pendant au moins 12 heures.
- Demandez au tripier de parer les pieds de veau et de les ouvrir en deux.
- Quand le jambon est dessalé, mettez-le à cuire dans un fait-tout avec les pieds de veau. Recouvrez d'eau et portez lentement à ébullition.
- Écumez après le premier bouillon.
- Épluchez les légumes et ajoutez-les au bouillon. Laissez cuire à petit bouillon pendant 2 heures au moins. Veillez à ce que la viande soit toujours recouverte de liquide, mais pas trop.
- Faites cuire les oeufs 10 minutes dans l'eau bouillante salée. Plongez-les dans l'eau froide et écalez-les.
- Dix minutes avant la fin de la cuisson, mettez les oeufs durs épluchés dans la marmite où cuit le jambon.
- Sortez le jambon et les pieds de veau. Faites égoutter. Sortez aussi les oeufs.
- Découpez le jambon en petites bouchées. Désossez les pieds de veau et découpez la chair en petits dés. Mélangez. Coupez les oeufs durs en rondelles.
- Disposez la viande et les tranches d'oeufs durs dans une terrine.
- Passez le bouillon à travers un chinois doublé d'une étamine humide.
- Versez ce qu'il faut de bouillon pour recouvrir la terrine dans un pot. Ajoutez les fines herbes hachées et goûtez, au cas où il faudrait ajouter du sel.

- Remplissez la terrine de bouillon aux herbes et faites prendre au réfrigérateur pendant 12 heures au moins avant de servir.
- S'il vous reste du bouillon, laissez-le prendre en gelée et conservez-le au congélateur.

---

176. Bonnet de dame Jehanne

Brillat-Savarin servait ce pâté à ses invités, mais il ne faisait que reprendre une recette que toutes les ménagères bourguignonnes faisaient depuis des générations.

Pour 6 à 8 personnes

400 g (14 oz) de rouelle de veau
250 g (8 oz) de jambon cuit
300 g (10 oz) de chair à saucisse fine
250 g (8 oz) d'olives vertes dénoyautées
Sel et poivre
2 larges bardes de lard gras
20 g (2/3 oz) de beurre
4 c. à café (4 c. à thé) de gélatine en poudre

- Coupez la rouelle de veau en tranches fines.
- Coupez le jambon en petits dés et mélangez-les à la chair à saucisse.
- Faites blanchir 2 minutes les olives à l'eau bouillante. Égouttez-les soigneusement et coupez-les en quatre.
- Beurrez une terrine en porcelaine à feu.
- Posez une barde au fond de la terrine.
- Étalez une couche de rouelle de veau, puis une partie de la farce jambon-chair à saucisse, puis une partie des olives, et ainsi de suite, en couches successives. Finissez par des lanières de rouelle.
- Placez la deuxième barde sur le dessus de la préparation.
- Fermez la terrine.
- Chauffez le four à 200°C (400°F).
- Placez la terrine dans un plat à gratin rempli aux 3/4 d'eau bouillante et enfournez pour 1 bonne heure.
- Démoulez. Récupérez le jus rendu par la cuisson. Ajoutez son volume de bouillon dans lequel vous aurez fait fondre 2 à 4 cuillerées de gélatine en poudre (il faut 4 c. à café (4 c. à thé) pour 1 litre (4 tasses) de liquide).
- Versez la gelée dans la terrine. Posez une planche (de la dimension de l'intérieur de la terrine) sur le pâté. Placez un poids sur la planche et faites prendre au frais pendant une nuit.

177. Jambon persillé de Bourgogne

Pour 8 personnes

1,5 kg (3 lb 5 oz) de noix de jambon cru
3 pieds de veau
4 échalotes
1 carotte
1 bouquet garni (persil, thym, laurier et 1 branche de céleri)
1 branche d'estragon frais ou 1 c. à café (1 c. à thé) d'estragon séché
1 oignon piqué de 1 clou de girofle
1/2 c. à café (1/2 c. à thé) de poivre en grains
1,5 litre (6 tasses) de vin de Bourgogne blanc sec
2 c. à soupe (2 c. à table) de vinaigre de vin
3 c. à soupe (3 c. à table) de persil frais haché ou 1 c. à soupe (1 c. à table) de persil séché
25 ml (1 oz) de marc de Bourgogne

• Faites dessaler le jambon toute une nuit.
• Mettez-le dans un fait-tout, couvrez-le d'eau froide et faites cuire à feu doux pendant 1 heure à partir de l'ébullition.
• Sortez-le du fait-tout. Jetez l'eau et remettez le jambon dans le fait-tout avec les pieds de veau et 1,5 litre (6 tasses) de vin blanc de Bourgogne.
• Épluchez les échalotes, l'oignon et la carotte. Mettez-les aussi dans le fait-tout avec le bouquet garni, l'estragon et le poivre.
• Faites cuire doucement encore une heure.
• Égouttez le jambon. Retirez la couenne et la plus grande partie du lard.
• Passez le bouillon à travers un chinois doublé d'une étamine humide.
• Remettez le bouillon sur le feu pour qu'il réduise presque de moitié.
• Découpez le jambon en petits dés.
• Hachez le persil.
• Dans une terrine ou un saladier, disposez des couches de jambon en alternance avec des couches de persil.
• Pressez fortement avec un couvercle, ou une assiette, sur lequel vous aurez mis un poids.
• Quand le bouillon (qui est devenu de la gelée) est prêt à prendre mais encore liquide, ajoutez le vinaigre et le marc de Bourgogne. Goûtez et ajoutez du sel, éventuellement.
• Versez sur les morceaux de jambon et faites prendre au réfrigérateur pendant 12 heures.
• Servez en larges tranches épaisses d'un doigt.

178. Mousseline de jambon

Pour 6 personnes

500 g (1 lb) de jambon
60 g (2 oz) de farine
75 g (2 1/2 oz) de beurre
500 ml (2 tasses) de lait
75 g (2 1/2 oz) de gruyère ou de parmesan râpé
150 ml (2/3 tasse) de vermouth
150 g (5 oz) de crème fraîche épaisse (crème à 35 p. 100)
4 jaunes d'oeufs
6 blancs d'oeufs
1 pincée de poudre de noix muscade
Sel et poivre
15 g (1/2 oz) de beurre pour le moule

- Mettez le beurre dans une casserole. Faites-le fondre doucement. Incorporez la farine d'un seul coup en remuant vivement. Versez peu à peu tout le lait, sans cesser de remuer, pour obtenir une béchamel épaisse. Salez, poivrez et ajoutez la poudre de noix muscade.
- Laissez refroidir.
- Hachez finement le jambon et mouillez-le avec le vermouth.
- Ajoutez la crème fraîche et battez bien pour mélanger, puis incorporez le fromage râpé (en réservant 15 g (1/2 oz) de fromage).
- Versez la béchamel sur ce mélange et fouettez vigoureusement, puis incorporez les jaunes d'oeufs, un par un, sans cesser de fouetter.
- Battez les blancs en neige très ferme et ajoutez-les à la mousse.
- Chauffez le four à 200°C (400°F).
- Beurrez un moule à charlotte, saupoudrez-en les parois et le fond de fromage râpé. Versez dedans la préparation au jambon.
- Placez le moule dans un plat à gratin rempli aux 3/4 d'eau très chaude et enfournez pendant environ 35 minutes.
- La mousseline est cuite quand elle se dégage des bords du moule.
- Démoulez sur un plat chaud et servez nappé d'une sauce chaude aux champignons (recette n° 28).
- Vous pouvez laisser refroidir dans le moule. Renversez la mousseline dans le plat de service au moment de passer à table et accompagnez d'une mayonnaise aux fines herbes (recette n° 36).

179. Saucisson en brioche

Il n'existe pas une ménagère lyonnaise qui ne sache faire le saucisson en brioche, pas un restaurant qui ne mette ce plat à son menu.

Pour 6 personnes

500 g (1 lb) de pâte à brioche (recette n° 15)
500 g (1 lb) de saucisson à cuire (ou mieux, 500 g (1 lb) de cervelas truffé à cuire)
1 oeuf pour dorer la pâte
15 g (1/2 oz) de beurre pour le moule

- Faites la pâte à brioche et laissez-la reposer.
- Piquez le saucisson à la fourchette pour qu'il n'éclate pas à la cuisson.
- Mettez-le à cuire 35 minutes dans une grande casserole d'eau bouillante salée.
- Retirez-le et égouttez-le. Quand il est tiède, enlevez la peau et essuyez-le soigneusement. Roulez-le dans la farine puis enduisez-le sommairement du jaune d'oeuf battu et salé, à l'aide d'un pinceau.
- Posez une feuille de papier d'aluminium sur la plaque de cuisson du four. Beurrez-la et farinez-la.
- Chauffez le four à 200°C (400°F).
- Étalez la pâte à brioche sur le papier beurré. Donnez-lui la forme d'un rectangle légèrement plus grand que le saucisson.
- Enfoncez le saucisson dans la pâte de façon à ce qu'il y disparaisse et qu'il soit complètement enrobé de pâte.
- Dorez avec le reste du jaune d'oeuf salé.
- Remettez la pâte dans un endroit tiède pour qu'elle lève à nouveau.
- Quand la brioche est bien levée, enfournez pendant 40 minutes environ.
- Servez très chaud, éventuellement avec une salade verte parfumée à l'échalote hachée, ou une salade de romaine à l'orange (recette n° 45) plus insolite mais délicieuse.

- **Note** : Si nous n'êtes pas sûr de la bonne tenue de la pâte à brioche à la cuisson, mettez-la dans un moule à cake. Dorez-la et cuisez-la comme ci-dessus.

180. Filet mignon de porc en pâte

Pour 6 personnes

750 g (1 lb 10 oz) de filet mignon
2 c. à soupe (2 c. à table) de moutarde aromatique
1 c. à café (1 c. à thé) d'herbes de Provence
Sel et poivre
200 g (7 oz) de petits champignons de Paris
50 g (2 oz) de beurre
400 g (14 oz) de pâte feuilletée (recette n° 16) ou demi-feuilletée (recette n° 17)
1 jaune d'oeuf pour dorer la pâte

- Faites la pâte et laissez-la reposer.
- Mettez le beurre dans une cocotte et faites-le fondre sans dorer.
- Faites revenir le (ou les) filet mignon dans le beurre pour qu'il prenne couleur.
- Sortez-le et laissez-le refroidir. Conservez le jus qu'il a pu rendre à la cuisson.
- Quand la viande est froide, enduisez-la de moutarde aromatique à votre goût (estragon, poivre vert, citron ou quatre-épices) puis saupoudrez-la d'herbes de Provence.
- Chauffez le four à 180°C (350°F).
- Mettez une feuille de papier d'aluminium sur la plaque du four. Beurrez la feuille de papier.
- Abaissez la pâte feuilletée à la dimension d'un rectangle sensiblement plus grand que le filet mignon.
- Posez la pâte sur la feuille beurrée. Au milieu de la pâte, disposez la moitié des champignons de Paris, crus, nettoyés et bien essuyés.
- Posez dessus le (ou les) filet mignon, puis de nouveau des champignons, le jus de cuisson et refermez hermétiquement la pâte pour qu'elle enrobe complètement la viande.
- Si vous le voulez, dorez le dessus de ce pâté avec du jaune d'oeuf battu et salé.
- Enfournez, laissez cuire une petite heure, jusqu'à ce que la croûte soit bien dorée.
- Servez bien chaud.
- **Note** : Vous pouvez aussi en faire un pâté froid, mais enrobez la viande dans une pâte à pâté (recette n° 14) et procédez de la même façon.

181. Caillettes de porc à l'ardéchoise

Pour 6 personnes

300 g (10 oz) de gorge de porc hachée
300 g (10 oz) d'échine de porc désossée et hachée
250 g (8 oz) de foie de porc coupé très menu ou haché grossièrement
300 g (10 oz) de crépine de porc
500 g (1 lb) d'épinards
500 g (1 lb) de feuilles vertes de bettes (ou 500 g (1 lb) de laitue)
3 c. à soupe (3 c. à table) de persil frais haché ou 1 c. à soupe (1 c. à table) de persil séché
2 c. à soupe (2 c. à table) d'un mélange de ciboulette, cerfeuil et estragon frais ou 2 c. à café (2 c. à thé) de ces herbes séchées
1 grosse échalote hachée (ou 2 petites)
1 gousse d'ail hachée
5 oeufs entiers
250 g (8 oz) de crème fraîche (crème à 35 p. 100)
3 c. à soupe (3 c. à table)de chapelure (ou de mie de pain rassis et grillé, broyée au mélangeur)
150 ml (2/3 tasse) de vin blanc sec
3 c. à soupe (3 c. à table) de cognac
Sel et poivre

• Épluchez et lavez soigneusement dans plusieurs eaux les épinards et les feuilles de bettes.
• Sortez-les de la cuvette où elles ont été lavées pour les poser dans un fait-tout sans eau. L'eau qui reste sur les feuilles suffit à la cuisson. Salez. Faites cuire 5 minutes à grand feu en remuant. Refroidissez sous l'eau froide et pressez entre vos mains pour enlever le plus d'eau possible.
• Dans une grande terrine, mélangez les viandes hachées, les fines herbes, l'échalote et l'ail, puis la mie de pain, le vin et le cognac; mélangez ensuite les feuilles d'épinards et de bettes hachées grossièrement.
• Dans un bol, battez ensemble les oeufs et la crème fraîche.
• Ajoutez-les au mélange en remuant vigoureusement pour bien amalgamer le tout.
• Posez la crépinette sur la table. Posez la valeur de 2 ou 3 grosses cuillerées à soupe (c. à table) du mélange dans un coin de la crépinette. Enveloppez cette farce avec la quantité de crépinette nécessaire pour former une boule.

- Recommencez l'opération jusqu'à ce que vous n'ayez plus de farce.
- Rangez les caillettes dans un plat à gratin en les serrant bien les unes contre les autres et faites cuire à four chaud à 230°C (450°F) pendant 45 à 50 minutes.
- Servez froid avec une sauce faite de yogourt, de menthe hachée et d'une gousse d'ail broyée.
- Les crépinettes peuvent être conservées 8 jours au réfrigérateur.

---

182. Papiton du Périgord

C'est un des pâtés les plus faciles à réaliser et qui demande le moins de temps. Il a, en outre, l'avantage de se conserver 15 jours au réfrigérateur et d'être délicieux. Que demander de plus!

Pour 8 à 10 personnes

750 g (1 lb 10 oz) de chair à saucisse
750 g (1 lb 10 oz) de foie de porc haché
150 g (5 oz) de mie de pain rassis émiettée dans du bouillon
5 oeufs
2 pincées de quatre-épices
1/2 c. à café (1/2 c. à thé) de noix muscade en poudre
6 c. à soupe (6 c. à table) d'eau-de-vie ou de cognac
200 g (7 oz) de crépine de porc
Sel et poivre

- Faites tremper la mie de pain dans du bouillon de viande (à défaut, employez du bouillon tout prêt en tablette, ou, au pire, tout simplement de l'eau. Vous en serez quitte pour mettre un tout petit peu plus de quatre-épices).
- Dans une grande terrine, mélangez soigneusement la chair à saucisse, le foie de porc haché, la mie de pain trempée et pressée pour qu'elle ne soit pas trop mouillée, l'alcool, les épices, le sel et le poivre.
- Chauffez le four à 180°C (350°F).
- Étalez la crépine dans une terrine. Versez toute la préparation dans la crépine. Tassez bien. Ramenez les bords de la crépine sur le dessus. Fermez la terrine.

- Enfournez. Au bout d'une demi-heure, baissez la chaleur à 150°C (300°F) et laissez cuire encore au moins 1 heure.
- En fin de cuisson, enlevez le couvercle de la terrine pour que le papiton dore sur le dessus.
- Attendez 2 ou 3 jours avant de l'entamer.

---

183. Pâté au cochon

Pour 6 personnes

400 g (14 oz) de pâte à pâté (recette n° 14)
300 g (10 oz) de jambon cuit en une seule tranche
300 g (10 oz) de filet de porc
1 cervelle de veau
2 oeufs plus 1 pour dorer
400 g (14 oz) de poireaux (le blanc seulement)
2 carottes
2 gros oignons
100 g (3 oz) d'olives vertes coupées en 2
2 c. à soupe (2 c. à table) de persil frais haché ou 2 c. à café (2 c. à thé) de persil séché
1 c. à café (1 c. à thé) de baies de genièvre
1/2 c. à café (1/2 c. à thé) de poivre noir en grains
2 clous de girofle
2 feuilles de laurier
500 ml (2 tasses) de bon vin rouge
2 c. à soupe (2 c. à table) de porto ou de cognac
250 ml (1 tasse) de gelée de viande (recette n° 5) ou de gelée toute faite
Sel et poivre
1 pointe de couteau de poivre de Cayenne
20 g (2/3 oz) de beurre pour le moule

---

3 ou 4 jours à l'avance:

- Faites une marinade avec le vin rouge, le porto, les feuilles de laurier, les baies de genièvre, les grains de poivre, les carottes coupées en fines rondelles, les oignons émincés et les clous de girofle.
- Découpez en tranches fines 150 g (5 oz) de filet de porc et 150 g (5 oz) de jambon cuit et mettez-les dans la marinade.
- Laissez reposer 3 ou 4 jours en ayant soin de retourner les morceaux de viande 2 fois par jour, pour qu'ils s'imprègnent bien de la marinade.

Le jour même:

• Faites la pâte à pâté et laissez-la reposer au frais.

• Sortez la viande de la marinade et laissez-la égoutter 2 heures.

• Épluchez, lavez les blancs de poireaux, coupez-les en tronçons et faites-les pocher 10 minutes dans l'eau bouillante salée. Égouttez.

• Laissez tremper la cervelle 2 heures dans l'eau pour la blanchir. Passé ce temps, enlevez tous les filaments sanguins et les membranes.

• Hachez ensemble les 150 g (5 oz) de filet de porc et les 150 g (5 oz) de jambon qui n'ont pas mariné, ainsi que la cervelle et les blancs de poireaux. Au besoin, mouillez d'un peu de marinade filtrée.

• Mélangez soigneusement dans une terrine les viandes et cervelle hachées avec le persil, les 2 oeufs entiers, le sel et le poivre. Ajoutez une pointe de couteau de poivre de Cayenne.

• Faites chauffer le four à 180°C (350°F).

• Abaissez votre pâte en deux parties inégales. Réservez la plus petite partie pour faire le couvercle du pâté.

• Beurrez un moule rond. Foncez-le avec la plus grande partie de la pâte. Laissez déborder la pâte tout autour.

• Garnissez le fond du pâté de la moitié du hachis, puis disposez la moitié des lamelles de viandes marinées. Éparpillez les olives dénoyautées et coupées en deux, puis mettez le reste de la viande marinée et enfin le reste de hachis.

• Rabattez les bords de la pâte sur le hachis. Mouillez la pâte.

• Abaissez le reste de la pâte à la dimension du couvercle du moule. Humectez les bords. Posez la pâte sur le moule et faites bien adhérer les bords.

• Avec les chutes de pâte, faites des bandelettes ou des figurines (feuilles, fleurs, ronds...) pour décorer le couvercle de pâte.

• Diluez le jaune d'oeuf avec un petit peu d'eau salée et dorez le dessus de votre pâté.

• Faites une ouverture au centre et maintenez l'ouverture avec un petit rouleau de papier d'aluminium, de façon à former une cheminée par où s'évaporeront les gaz de cuisson.

• Enfournez et laissez cuire 1 heure 30 minutes en surveillant pour que la croûte ne brûle pas. Si elle devenait trop dorée avant la fin de la cuisson, protégez-la avec une feuille d'aluminium.

• Quand le pâté est cuit et un peu refroidi, faites couler la gelée à travers la cheminée.

• Mettez au réfrigérateur et servez 1 ou 2 jours plus tard.

184. Cretons maison

Pour 6 personnes

700 g (1 1/2 lb) de porc haché
500 g (1 lb) de boeuf haché
500 g (1 lb) de veau haché
1 gros oignon émincé
250 ml (1 tasse) de lait
250 g (1 tasse) de mie de pain ou de croûtons
2 c. à soupe (2 c. à table) de bouillon de boeuf concentré vendu dans le commerce ou 125 ml (1/2 tasse) de fond de viande (recette n° 9)
1/4 c. à café (1/4 c. à thé) de muscade moulue
1/4 c. à café (1/4 c. à thé) de cannelle moulue
1 tête d'ail
Une pincée de sel de céleri
Sel et poivre

- Mêlez tous les ingrédients dans une grande casserole.
- Laissez cuire 1 heure à feu doux, à découvert.
- Si le mélange devient trop épais avant la fin de la cuisson, ajoutez un peu de lait.
- Passez le mélange encore chaud au hache-viande afin d'obtenir une substance crémeuse.
- Versez le mélange dans des moules individuels.
- Réfrigérez au moins 1 heure avant de servir.

185. Graisse de rôti

Pour 6 à 8 personnes

1 rôti de porc d'environ 2,2 kg (5 lb)
2 oignons moyens, émincés
2 à 3 gousses d'ail, émincées
250 ml (1 tasse) d'eau chaude
2 c. à soupe (2 c. à table) de bouillon de boeuf concentré vendu dans le commerce ou 125 ml (1/2 tasse) de fond de viande (recette n° 9)
Sel et poivre

- Dans une casserole en fonte émaillée, déposez le rôti de porc du côté gras et faites chauffer à feu assez vif.
- Quand il y a suffisamment de graisse de cuisson dans le fond de la casserole, ajoutez les oignons et l'ail.
- À feu moyennement vif, faites brunir, à découvert, le rôti de tous les côtés (y compris les côtés gras). Prenez bien soin de ne jamais laisser brûler.
- Ajoutez l'eau chaude, le bouillon, le sel et le poivre.
- À feu moyennement doux, laissez cuire le rôti de 4 à 5 heures. Le plat doit mijoter tout doucement.
- Surveillez bien la cuisson. *La viande ne doit jamais coller.* Rajoutez un peu d'eau au besoin.
- Quand le rôti est cuit et bien tendre, retirez-le de la casserole. Conservez-le pour le servir à vos invités, chaud ou froid.
- Si le jus de cuisson est très brun et très épais, vous pouvez l'allonger en ajoutant environ 125 ml (1/2 tasse) d'eau.
- Faites mijoter le jus environ 5 minutes en décollant bien toutes les parcelles qui ont pu adhérer à la casserole durant la cuisson.
- Coulez le jus de cuisson dans une passoire. Pressez les parcelles de viande ou de légumes au fond de la passoire pour en extraire le plus de jus possible.
- Versez le liquide filtré dans de petits plats et laissez refroidir à la température de la pièce.
- Placez ensuite au réfrigérateur pendant quelques heures avant de servir avec du bon pain frais.
- Le secret d'une bonne graisse de rôti consiste à bien retourner la viande de tous les côtés durant la cuisson.

186. Pâté bourguignon

Pour 6 personnes

400 g (14 oz) de pâte à pâté (recette n° 14)
300 g (10 oz) d'escalopes de veau (ou de volaille)
300 g (10 oz) de grillade de porc
2 oeufs entiers plus 1 pour dorer
100 g (3 oz) de crème fraîche épaisse (crème à 35 p. 100)
2 échalotes
1 gousse d'ail
225 ml (7 1/2 oz) de vin blanc sec
1 gros bouquet de persil, ciboulette, estragon et basilic frais ou 1 c. à soupe (1 c. à table) d'un mélange de ces herbes séchées
1 branche de céleri
1 branche de thym frais ou 1 c. à café (1 c. à thé) de thym séché
1 feuille de laurier
Sel et poivre
50 g (2 oz) de beurre (divisé en 2 parties)

La veille:

• Coupez la viande en petits dés et faites-la mariner dans le vin blanc avec les échalotes hachées, le bouquet garni, le sel et le poivre.

Le jour même:

• Faites la pâte à pâté et laissez-la reposer au frais.
• Sortez la viande de la marinade.
• Mettez 30 g (1 oz) de beurre dans une poêle et faites-y revenir la viande à feu doux, pendant 20 minutes.
• Mouillez avec le vin de la marinade.
• Hachez les fines herbes.
• Battez 2 oeufs entiers dans un bol et mélangez avec la crème fraîche. Salez et poivrez. Chauffez le four à 200°C (400°F). Abaissez la pâte à pâté et faites-en deux parts, dont la plus petite servira à faire le couvercle du pâté.
• Beurrez un moule. Foncez-le avec la plus grande partie de la pâte.
• Versez dedans la viande avec sa sauce au vin (retirez le bouquet garni).
• Saupoudrez avec les fines herbes hachées et répartissez à la surface le mélange oeufs-crème.

- Humectez les bords du pâté. Posez le couvercle de pâte. Ménagez une ouverture au centre du couvercle et faites tenir les bords écartés au moyen d'un petit rouleau de papier d'aluminium. Dorez à l'oeuf.
- Enfournez jusqu'à ce que la croûte soit bien dorée, ce qui demande environ 1 heure.
- Servez chaud, sans accompagnement, ou bien, démoulez quand le pâté est complètement refroidi et servez froid, avec une salade verte.

187. Pain de veau aux tomates

Pour 6 personnes

600 g (1 lb 5 oz) de veau à rôtir (épaule, par exemple)
300 g (10 oz) de panade à la frangipane (recette n° 12)
100 g (3 oz) de crème fraîche (crème à 35 p. 100)
1 petite boîte de concentré de tomates
1/2 c. à café (1/2 c. à thé) de basilic frais haché ou 1 pincée de basilic séché
Sel et poivre
1 pointe de couteau de poivre de Cayenne
50 g (2 oz) de beurre (dont 20 g (2/3 oz) pour le moule

- Faites votre panade à la frangipane et laissez-la reposer au frais.
- Hachez le veau et faites revenir la viande à feu doux dans le beurre pendant 15 minutes environ. (Vous pouvez utiliser pour cette recette un reste de rôti de veau. Dans ce cas, inutile de faire revenir la viande.)
- Dans une terrine, mélangez très soigneusement la panade et tous les éléments énumérés ci-dessus.
- Chauffez le four à 180°C (350°F).
- Beurrez un moule à cake ou un moule à pâté rectangulaire.
- Versez-y la préparation en cognant le moule sur la table, sur un torchon plié en quatre, pour bien tasser le mélange et chasser l'air.
- Couvrez le moule de son couvercle ou d'une feuille d'aluminium beurrée et enfournez pendant 45 à 55 minutes.
- Laissez refroidir et mettez au réfrigérateur pour 12 heures au moins.
- Démoulez avant de servir accompagné d'une sauce froide au cari (recette n° 31) ou d'une salade verte bien acidulée.

188. Flan de veau au paprika

Pour 6 à 8 personnes

1,2 kg (2 lb 10 oz) de veau haché (épaule ou poitrine)
12 tranches fines de lard maigre
1 petite boîte de pelures de truffes
3 oeufs entiers
2 gousses d'ail hachées
50 ml (1/4 tasse) de cognac ou de whisky
1 bonne c. à café (1 c. à thé) de paprika doux
Sel et poivre
1 c. à café (1 c. à thé) de persil haché
2 feuilles de laurier

• Dans un grand saladier, mélangez très soigneusement le veau haché, les 3 oeufs entiers, les pelures de truffes et leur jus, le cognac, l'ail et le persil hachés, ainsi que le paprika. Salez et poivrez.
• Tapissez le fond et les parois d'une terrine en porcelaine à feu des bardes de lard.
• Versez la farce tout entière dessus.
• Rabattez les bardes sur la farce. Posez les 2 feuilles de laurier.
• Mettez le couvercle et fermez-le hermétiquement en faisant un cordon de pâte de farine et d'eau tout autour.
• Chauffez le four à 200°C (400°F).
• Posez la terrine dans un plat à gratin que vous remplissez aux 3/4 d'eau très chaude.
• Enfournez pendant 50 à 60 minutes. Le cordon de pâte doit être bien doré.
• Laissez refroidir dans la terrine avant de mettre au réfrigérateur.
• Vous pouvez laisser attendre cette terrine pendant 5 à 6 jours avant de la servir, mais n'enlevez pas le cordon de pâte autour du couvercle.
• Servez avec des cornichons au sel et avec une mayonnaise (recette n° 32) au citron et au paprika.

189. Veau à l'orange en terrine

Pour 6 personnes

1,2 kg (2 lb 10 oz) de veau (épaule ou poitrine)
125 g (4 oz) de lard maigre
1 couenne de lard
Sel et poivre
1/2 c. à café (1/2 c. à thé) de gingembre frais en poudre
150 ml (2/3 tasse) de vin blanc moelleux (genre Monbazillac)
50 ml (1/4 tasse) de triple sec ou de cointreau
4 oranges bien juteuses
500 ml (2 tasses) de gelée de viande (recette n° 5) ou de gelée toute faite

La veille:

• Coupez la viande de veau en gros dés et mettez-les dans une terrine. Salez et poivrez, puis saupoudrez de gingembre.

• Pressez 2 des oranges, versez le jus sur la viande, puis le vin blanc et l'alcool. Remuez bien les morceaux de viande dans cette marinade et laissez macérer 24 heures en ayant soin de remuer la viande pour qu'elle s'imprègne bien du parfum.

Le jour même:

• Faites blanchir la couenne de lard 5 minutes à l'eau bouillante. Passez-la sous l'eau froide et retirez toute la graisse en raclant avec un couteau. Ne gardez que la couenne.

• Faites chauffer le four à 220°C (425°F).

• Coupez le lard frais maigre en petits dés.

• Prenez une terrine rectangulaire. Posez la couenne de lard au fond. Disposez dessus une couche de viande de veau, puis une partie du lard en petits dés, puis de nouveau de la viande marinée et ainsi de suite. Terminez par la viande.

• Versez par-dessus tout le liquide de la marinade. Couvrez la terrine et mettez à cuire pendant environ 1 heure 15 minutes.

• Faites 500 ml (2 tasses) de gelée. Parfumez-la avec le jus des 2 oranges qui restent.

• Quand la terrine est tiède, enlevez le couvercle. Piquez la viande avec une fourchette et faites couler la gelée prête à prendre mais encore liquide.

• Faites prendre au réfrigérateur jusqu'au lendemain.

• Servez bien frais avec une salade hawaïenne (recette n° 44).

190. Pâté muscade

Pour 6 personnes

400 g (14 oz) de pâte feuilletée (recette n° 16) ou surgelée
600 g (1 lb 5 oz) de veau haché (épaule ou poitrine)
125 g (4 oz) de chair à saucisse
300 g (10 oz) de panade au pain (recette n° 10)
2 oeufs plus 1 jaune d'oeuf pour dorer
1/2 c. à café (1/2 c. à thé) de noix muscade râpée
Sel et poivre
20 g (2/3 oz) de beurre

- Faites la pâte feuilletée et laissez-la reposer au frais (ou faites décongeler la pâte surgelée).
- Faites la panade au pain et laissez refroidir.
- Hachez le veau. Mélangez-le intimement à la chair à saucisse.
- Séparez les blancs des jaunes des 2 oeufs.
- Mélangez les jaunes à la viande hachée. Ajoutez la panade. Salez et poivrez.
- Râpez la noix muscade et incorporez au mélange.
- Battez les blancs d'oeufs en neige très ferme et ajoutez avec précaution à la farce.
- Beurrez un plat à rôtir. Donnez à votre préparation une forme rectangulaire, comme un rôti.
- Faites cuire au four à 200°C (400°F) pendant 30 minutes.
- Abaissez votre pâte feuilletée. Posez-la sur la plaque du four recouverte d'une feuille de papier d'aluminium bien beurrée.
- Posez le rôti au milieu de l'abaisse de pâte. Rabattez les bords pour envelopper le tout. Humectez les bords pour qu'ils adhèrent bien. Faites des dessins sur le dessus de la pâte avec le bout rond d'un couteau. Dorez à l'aide du jaune d'oeuf battu avec un peu d'eau tiède salée.
- Remettez au four à 200°C (400°F) pendant 35 à 40 minutes, jusqu'à ce que la pâte soit bien dorée et croustillante.
- Ce pâté ne se consomme que chaud et sans accompagnement.

191. Jarret de veau en gelée

Pour 6 personnes

3 carottes
1,2 kg (2 lb 10 oz) de jarret de veau, désossé et coupé en gros dés
Les os de jarret de veau
1 pied de veau ouvert en 2
2 l (8 tasses) d'eau
400 g (14 oz) de carottes
350 g (12 oz) de haricots verts
350 g (12 oz) de petits pois
1/2 botte de radis
3 tomates
1 gros oignon piqué de 2 clous de girofle
1 bouquet garni (persil, thym, laurier et 1 branche de céleri)
150 ml (2/3 tasse) de vin blanc sec
1 échalote
1 gousse d'ail
3 c. à café (3 c. à thé) de gélatine en poudre
1 oeuf
Sel et poivre
1 bouquet d'estragon frais ou 1 c. à café (1 c. à thé) d'estragon séché

• Faites un bouillon avec 2 litres (8 tasses) d'eau, 3 carottes, le bouquet garni, l'oignon piqué de 2 clous de girofle, l'ail, l'échalote, le pied de veau et la viande et l'os du jarret de veau.
• Portez à ébullition et laissez frémir pendant 1 heure 15 minutes, à couvert.
• Pendant ce temps, épluchez et lavez les haricots verts et les carottes, les radis et les petits pois.
• Faites cuire les haricots et les carottes 15 minutes à l'eau bouillante salée, et les petits pois 10 minutes. Passez-les sous l'eau froide et laissez bien égoutter.
• Quand la viande est cuite, sortez-la du bouillon, ainsi que le pied de veau.
• Passez le jus de cuisson au chinois doublé d'une étamine humide.
• Faites refroidir complètement le bouillon pour pouvoir le dégraisser complètement.

- Remettez-le sur le feu avec un bouquet d'estragon (dont vous aurez réservé une branche) ou ajoutez l'estragon séché. Portez à ébullition pendant 10 minutes.
- Versez dans le bouillon un blanc d'oeuf et sa coquille concassée pour le clarifier. Toutes les impuretés vont s'agglomérer au blanc d'oeuf coagulé. Écumez et passez de nouveau le bouillon au chinois.
- Faites dissoudre la gélatine dans le bouillon très chaud, au besoin en le ramenant à ébullition pour quelques secondes, en remuant tout le temps.
- Versez un peu de bouillon dans le fond d'un moule à baba et faites prendre au réfrigérateur.
- Quand il est pris en gelée, disposez au fond du moule et le long des parois les feuilles d'estragon, des rondelles de radis et des rondelles de tomates pour faire une décoration agréable à l'oeil.
- Dans une terrine, mélangez les dés de viande avec les légumes: haricots verts coupés en petits dés, carottes coupées en rondelles, petits pois, et le reste des radis et des tomates.
- Versez le tout dans le moule à baba.
- Faites couler la gelée prête à prendre, mais encore liquide, sur le mélange et laissez prendre au réfrigérateur pendant au moins 12 heures.
- Pour démouler facilement, plongez quelques secondes le moule dans de l'eau chaude, ou tenez-le au-dessus d'une casserole d'eau bouillante.
- Renversez sur le plat de service.
- Servez avec une sauce piquante aux tomates (recette n° 39).

192. Terrine de veau au jambon

500 g (1 lb) de veau (poitrine ou épaule) haché
250 g (8 oz) de foie de veau haché
150 g (5 oz) de chair à saucisse
150 g (5 oz) de jambon cuit en tranches assez épaisses
200 g (7 oz) de bardes de lard
2 gousses d'ail hachées
2 échalotes hachées
1 beau bouquet de persil frais haché ou 1 c. à café (1 c. à thé) de persil séché
1/2 c. à café (1/2 c. à thé) de gingembre en poudre
1 pincée de noix muscade en poudre
1 oeuf entier
50 ml (1/4 tasse) de cognac ou de whisky
Sel et poivre
2 feuilles de laurier

- Hachez le veau et le foie de veau.
- Mélangez à la chair à saucisse.
- Hachez ensemble l'ail, les échalotes et le persil. Mélangez à la viande.
- Ajoutez le gingembre, la cannelle et la muscade, puis l'oeuf battu et l'alcool.
- Salez et poivrez.
- Découpez les tranches de jambon en lanières.
- Foncez une terrine avec les bardes de lard en les laissant dépasser des bords.
- Étalez une couche de farce de viande hachée, puis une couche de lanières de jambon, et ainsi de suite, en terminant par la viande hachée.
- Rabattez les bardes sur le dessus. Disposez les 2 feuilles de laurier.
- Fermez la terrine en mettant un cordon de pâte faite de farine et d'eau tout autour du couvercle.
- Faites chauffer le four à 200°C (400°F).
- Placez la terrine dans un plat à gratin que vous remplirez aux 3/4 d'eau très chaude. Enfournez de 1 heure 15 minutes à 1 heure 30 minutes. Le cordon de pâte doit être bien doré.
- Laissez refroidir dans la terrine avant de mettre au réfrigérateur. Si vous voulez conserver cette terrine 5 à 6 jours avant de la servir (ce qui est parfaitement possible), n'enlevez pas le cordon de pâte.

193. Terrine fine aux herbes

Pour 6 personnes

300 g (10 oz) de veau (épaule)
300 g (10 oz) de foie de veau
300 g (10 oz) de porc maigre
300 g (10 oz) de jambon cuit
3 oeufs durs
350 g (12 oz) de bardes de lard
50 ml (1/4 tasse) de marc de Bourgogne ou de cognac
50 ml (1/4 tasse) d'huile d'olive
8 c. à soupe (8 c. à table) de toutes les herbes fraîches que vous pourrez avoir (estragon, persil, cerfeuil, feuilles de céleri, sariette (peu), basilic, ciboulette, sauge et marjolaine) ou 2 c. à soupe (2 c. à table) d'un mélange de ces herbes séchées
Sel et poivre

- Faites macérer le foie de veau coupé en petits morceaux — bien poivrés — dans l'huile et l'alcool pendant 3 heures au moins, 1 nuit au mieux.
- Hachez ensemble jambon, veau et porc maigre. Salez et poivrez.
- Ajoutez à ce hachis les morceaux de foie et leur marinade.
- Faites cuire les oeufs 10 minutes à l'eau bouillante. Passez-les sous l'eau froide et écalez-les.
- Lavez, essorez bien et hachez toutes les fines herbes.
- Chauffez le four à 200°C (400°F).
- Bardez une terrine en porcelaine à feu avec le lard en laissant dépasser des bords.
- Étalez une couche de hachis de viandes (la moitié), puis la moitié des fines herbes hachées, puis les oeufs durs, les uns derrière les autres, puis de nouveau les fines herbes, et enfin le reste de hachis de viandes.
- Rabattez les bardes.
- Fermez la terrine avec son couvercle et mettez un cordon de pâte faite de farine et d'eau tout autour du couvercle.
- Enfournez après avoir placé la terrine dans un bain-marie.

- Faites cuire de 1 heure à 1 heure 15 minutes. Il faut que le cordon de pâte soit bien doré.
- Quand la terrine est tiède, enlevez le couvercle. Placez dessus une planche de bois aux dimensions de l'ouverture de la terrine. Posez un poids sur la planche et mettez à refroidir. Conservez au réfrigérateur. N'enlevez la presse que le lendemain.
- Cette terrine se conserve de 2 à 3 jours.

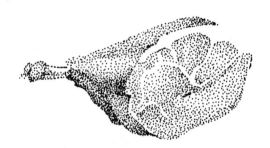

194. Pâté de foie de veau

Pour 6 personnes

800 g (1 3/4 lb) de foie de veau haché
350 g (3/4 lb) de filets de porc bien maigres, hachés
1 gros oignon émincé
1 oeuf
1 jaune d'oeuf
50 ml (1/4 tasse) de cognac
50 ml (1/4 tasse) de vin blanc
Sel et poivre
Muscade et clous de girofle moulus, au goût
Quelques feuilles de laurier
2 c. à soupe (2 c. à table) de mie de pain ou de croûtons
1 c. à soupe (1 c. à table) de beurre
Environ 500 g (1 lb) de lard salé en tranches minces

Gelée aux tomates:

500 ml (2 tasses) de jus de tomate
1 c. à soupe (1 c. à table) de gélatine en poudre dissoute dans 125 ml (1/2 tasse) d'eau froide
60 g (2 oz) de céleri coupé finement
Sel et poivre au goût

- Dans un grand saladier, mêlez bien tous les ingrédients, sauf les tranches de lard salé.
- Disposez les tranches de lard salé dans le fond et sur les parois intérieures d'un bain-marie.
- Versez la préparation dans le bain-marie.
- Couvrez le dessus de la préparation avec le reste des bardes de lard.
- Laissez cuire à couvert, au bain-marie, pendant environ 2 heures.
- Enlevez les tranches de lard salé recouvrant le dessus du pâté et laissez refroidir dans le bain-marie, à température ambiante.
- Démoulez, enlevez le reste des tranches de lard salé et servez avec une gelée aux tomates.
- Vous pouvez présenter ce pâté à vos invités, chaud ou froid, en entrée; ou chaud, avec des légumes, comme plat de résistance.

Pour la gelée aux tomates:

• Mettez tous les ingrédients dans une casserole et laissez mijoter à feu doux pendant environ 5 minutes.
• Versez le mélange dans des moules individuels.
• Laissez refroidir à température ambiante puis réfrigérez environ 3 heures avant de servir.

Recettes à base d'abats

195. *Pain de cervelle*
196. *Pain de cervelle (variante)*
197. *Terrine de cervelle aux écrevisses*
198. *Pâté de Saint-Maurice*
199. *Terrine de ris de veau aux pommes*
200. *Ris de veau en farce à l'oseille*
201. *Terrine du bon Docteur*
202. *Terrine de foies de volailles dite "foie gras du pauvre"*
203. *Mousse de foie de canard aux raisins*
204. *Pâté de foies de gibier au poivre rose de Dominique Truchon*
205. *Terrine aux noix*
206. *Gâteau de foie*
207. *Terrine de foie de veau au fromage*

195. Pain de cervelle

Pour 6 personnes

2 ou 3 cervelles de veau (suivant leur grosseur)
8 oeufs
250 g (8 oz) de petits pois très fins écossés
1 morceau de sucre
20 g (2/3 oz) de beurre
2 citrons
3 c. à soupe (3 c. à table) d'huile d'olive
1 pincée de poudre de noix muscade
1 pointe de couteau de poivre de Cayenne
Sel et poivre
Vinaigre
1 court-bouillon bien relevé (recette n° 1)

• Faites dégorger les cervelles à l'eau froide, légèrement salée et vinaigrée.
• Nettoyez de tous les filaments sanguinolents et des fines membranes.
• Recouvrez-les de court-bouillon (recette n° 1) et faites-les pocher (mais pas bouillir) pendant 15 minutes. Égouttez-les.
• Faites cuire les petits pois 10 minutes à l'étouffée avec un morceau de beurre et un morceau de sucre et quelques cuillerées d'eau salée. Égouttez-les.
• Coupez les cervelles en dés.
• Dans un saladier, battez les oeufs en omelette. Ajoutez les dés de cervelle, les petits pois et les épices. Salez et poivrez.
• Huilez un moule à cake. Posez-le directement sur le feu pour que l'huile soit bien chaude et grésille.
• Renversez d'un coup tout le mélange dans le moule.
• Chauffez le four à 200°C (400°F).
• Mettez le moule dans un plat à gratin rempli aux 3/4 d'eau bouillante.
• Ne couvrez pas le moule.
• Enfournez pendant 30 minutes.
• Laissez refroidir dans le moule. Ne démoulez que quand le pain est tiède.

- Mettez au réfrigérateur.
- Servez très froid, arrosé du jus des citrons et garni de quartiers de tomates et de citron.

- **Note:** Pour un buffet, ou avec l'apéritif, vous pouvez servir ce pain de cervelle coupé en bouchées.

---

196. Pain de cervelle (variante)

Cette recette est une variante de la recette précédente. Vous obtenez un pain beaucoup plus consistant, plus nourrissant et qui peut être servi comme plat unique pour le dîner familial. Cependant, il est beaucoup moins léger, tout en restant savoureux.

Pour 6 personnes

2 ou 3 cervelles de veau (suivant leur grosseur)
8 oeufs
250 g (8 oz) de petits pois très fins écossés
1 morceau de sucre
20 g (2/3 oz) de beurre
6 carottes
4 grosses pommes de terre farineuses
75 ml (2 1/2 oz) de lait
50 g (2 oz) de crème fraîche (crème à 35 p. 100)
Persil, thym, laurier et 1 petit oignon
2 citrons
3 c. à soupe (3 c. à table) d'huile d'olive
1 pincée de poudre de noix muscade
1 pointe de couteau de poivre de Cayenne
Sel et poivre
1 court-bouillon bien relevé (recette n° 1)

- Faites cuire les carottes 10 minutes à l'eau bouillante salée et coupez-les en bâtonnets.
- Faites une purée de pommes de terre parfumée avec le persil, le thym, le laurier et l'oignon. Retirez les aromates quand la purée est cuite. Broyez-la au pilon après avoir jeté l'eau de cuisson et l'avoir remplacée par le lait *chaud.* Incorporez la crème fraîche. Salez et poivrez.

- Battez les oeufs en omelette et parfumez-les avec les épices. Salez et poivrez. Ajoutez la cervelle coupée en dés et les petits pois.
- Huilez le moule à cake. Portez-le sur le feu et quand l'huile grésille, versez 2 louches du mélange d'oeufs et de cervelle.
- Puis mettez une partie des carottes, une couche de purée de pommes de terre, versez de l'omelette, mettez de nouveau des carottes, de la purée et versez tout le reste du mélange d'oeufs et de cervelle aux petits pois.
- Mettez à cuire comme pour la recette précédente, en laissant le pain au four 35 à 40 minutes.
- Servez chaud, de préférence, arrosé du jus des 2 citrons.
- Sinon, laissez bien refroidir avant de démouler, et présentez accompagné de cornichons et de petits oignons.

197. Terrine de cervelle aux écrevisses

Pour 6 personnes

450 g (1 lb) de cervelle de veau (ou de mouton)
280 g (9 oz) de beurre très frais
24 écrevisses
75 g (2 1/2 oz) de crème fraîche épaisse (crème à 35 p. 100)
45 g (1 1/2 oz) de riz
500 ml (2 tasses) de lait
3 oeufs
Sel et poivre
1 bonne pincée de paprika
1,5 litre (6 tasses) de court-bouillon (recette n° 1)
150 ml (2/3 tasse) de bon vin blanc sec

• Faites dégorger les cervelles dans de l'eau froide salée et vinaigrée. Nettoyez-les pour les débarrasser des membranes et des filets de sang.
• Faites pocher les cervelles dans la moitié du court-bouillon bien vinaigré, pendant 10 minutes. Égouttez-les.
• Faites bouillir le reste du court-bouillon. Ajoutez-y un verre de vin blanc sec. Faites bouillir de nouveau. Jetez les écrevisses vivantes dans le court-bouillon bouillant, jusqu'à complète coloration de la carapace. Vous aurez débarrassé les écrevisses de leur boyau intestinal, juste *avant* de les jeter dans le court-bouillon, sinon leur eau s'échappe par la blessure et elles se vident. Pour enlever ce boyau, il faut prendre un petit couteau bien pointu et tirer doucement (pour ne pas le briser) sur l'extrémité du boyau qui se trouve sous la queue.
• Égouttez les écrevisses et décortiquez-les. Réservez la tête et les carcasses.
• Concassez ces parures et mélangez-les à 250 g (8 oz) de beurre très frais. Broyez au mélangeur, puis passez au tamis pour obtenir un beurre d'écrevisses.
• Faites cuire le riz 18 minutes dans le lait bouillant salé. Égouttez-le.
• Broyez ensemble les cervelles, les queues d'écrevisses et le riz. Ajoutez les 3 oeufs battus, un à un, la crème fraîche et les épices. Passez au tamis.

- Chauffez le four à 200°C (400°F).
- Beurrez un moule avec le reste du beurre. Versez l'appareil dedans et faites cuire au bain-marie pendant 30 minutes. Laissez reposer le pain dans le moule une dizaine de minutes, pour qu'il se tasse avant de le démouler.
- Servez avec un beurre blanc (recette n° 18) pour la confection duquel vous utiliserez le beurre d'écrevisses que vous venez de faire avec les parures d'écrevisses.

198. Pâté de Saint-Maurice

Pour 8 à 10 personnes

1 kg (2 lb 3 oz) de pâte à pâté (recette n° 14)
500 g (1 lb) de cervelles de veau (ou d'agneau)
1 court-bouillon (recette n° 1) bien relevé pour pocher les cervelles
30 g (1 oz) de beurre pour le moule
1 jaune d'oeuf pour dorer la pâte

Farce:

150 g (5 oz) de chair de poulet
100 g (3 oz) d'échine de porc
225 g (7 1/2 oz) de jambon cuit un peu gras
200 g (7 oz) de crème fraîche épaisse (crème à 35 p. 100)
4 oeufs
50 ml (1/4 tasse) de cognac
3 grosses c. à soupe (3 c. à table) d'un mélange de fines herbes fraîches hachées (persil, cerfeuil, estragon, ciboulette, sariette, basilic, hysope *, sauge, menthe, céleri et serpolet (ou thym émietté) ou 1 c. à soupe (1 c. à table) de ces herbes séchées
Sel et poivre
1 pincée de poudre de noix muscade

- Faites la pâte à pâté et laissez-la reposer au frais.
- Faites dégorger les cervelles dans de l'eau salée et vinaigrée et nettoyez-les des membranes et des filets de sang.
- Faites-les pocher (sans bouillir) 10 à 15 minutes dans le court-bouillon et mettez-les à égoutter soigneusement.
- Faites la farce en broyant ensemble au mélangeur tous les éléments ci-dessus.
- Étalez la pâte. Conservez une partie à la dimension du couvercle du moule.
- Beurrez un moule et tapissez-en le fond et les parois avec la pâte en laissant un peu déborder la pâte tout autour.

---

* Hysope: plante aromatique à saveur forte et amère connue depuis l'Antiquité. Aujourd'hui, on l'utilise pour fabriquer des liqueurs comme la chartreuse. On peut aussi en assaisonner les farces, certaines charcuteries, salades ou compotes de fruits.

- Chauffez le four à 220°C (425°F).
- Mettez la moitié de la farce sur la pâte. Déposez les cervelles l'une derrière l'autre au milieu de la farce en les enfonçant un peu. Recouvrez avec le reste de la farce.
- Humectez les bords de la pâte. Posez la pâte réservée en couvercle. Soudez bien les bords en les roulant en torsades pour qu'ils adhèrent bien ensemble.
- Ouvrez une ou deux cheminées sur le couvercle et maintenez les bords écartés en introduisant un petit rouleau de papier d'aluminium, pour permettre l'évacuation des vapeurs de cuisson.
- Dorez le dessus du couvercle avec un jaune d'oeuf délayé dans un peu d'eau salée.
- Enfournez. Au bout de 10 minutes, baissez la chaleur à 200°C (400°F) et faites cuire environ 1 heure jusqu'à ce que la pâte soit uniformément dorée.
- Vous pouvez servir ce pâté chaud avec une sauce Périgueux (recette n° 38), ou froid avec une salade bien citronnée.

199. Terrine de ris de veau aux pommes

Pour 6 personnes

460 g (1 lb) de ris de veau   300 g (10 oz) de pulpe de tomate
300 g (10 oz) de noix de veau   500 g (1 lb) de pommes de reinette
250 g (8 oz) de petits pois écossés   5 blancs d'oeufs
900 ml (3 1/2 tasses) de crème fraîche épaisse (crème à 35 p. 100)
1 c. à soupe (1 c. à table) d'un mélange de persil et de basilic frais, hachés ou
1 c. à café (1 c. à thé) de ces herbes séchées
Sel et poivre
20 g (2/3 oz) de beurre pour la terrine

• Mettez les ris de veau dans une casserole à l'eau froide. Amenez à ébullition et laissez frémir 3 à 4 minutes. Essorez-les et épluchez-les, c'est-à-dire enlevez les membranes et les petits filets de sang.
• Hachez ensemble finement la noix et les ris de veau.
• Mettez ce hachis dans un récipient que vous poserez dans un saladier rempli de glaçons. Incorporez à ce mélange les blancs d'oeufs un par un, puis la crème fraîche, cuillerée par cuillerée et enfin les fines herbes. Salez, poivrez et mélangez encore vigoureusement quelques minutes. Réservez au froid.
• Faites bouillir les petits pois 10 minutes à l'eau bouillante salée. Égouttez-les. Broyez-les en purée.
• Lavez, épluchez et épépinez les tomates de façon à ne conserver que la pulpe charnue, dont vous devez avoir 300 g (10 oz) une fois toutes ces opérations faites. Broyez-les au mélangeur.
• Séparez la mousse à la viande et aux ris de veau en trois parties égales.
• Dans l'une, incorporez la purée de petits pois, dans l'autre incorporez la purée de tomates. Coupez les pommes en petits dés et mélangez-les à la troisième partie.
• Beurrez une terrine. Étalez d'abord la mousse aux petits pois, puis la mousse aux tomates, puis la mousse aux pommes.
• Couvrez d'une feuille d'aluminium. Mettez la terrine dans un plat à gratin rempli aux 3/4 d'eau chaude et mettez au four à 220°C (425°F) pendant 30 minutes environ.
• Laissez refroidir et mettez au réfrigérateur toute la nuit avant de démouler.

200. Ris de veau en farce à l'oseille

Pour 6 à 8 personnes

500 g (1 lb) de ris de veau
125 g (4 oz) de noix de veau
200 g (7 oz) de lard demi-maigre
2 foies de volailles hachés menu
1 boîte de pelures de truffes (facultatif)
300 g (10 oz) d'oseille
150 g (5 oz) de crème fraîche épaisse et fouettée (crème à 35 p. 100)
125 g (4 oz) de carottes hachées menu
1 oignon haché menu
1 branche de céleri hachée menu
1 grosse c. à soupe (1 c. à table) d'un mélange de persil, d'estragon, de ciboulette, de cerfeuil, de sauge, etc., hachés menu ou 1 c. à café (1 . à thé) de ces herbes séchées
2 feuilles de laurier
500 ml (2 tasses) de gelée de viande (recette n° 5)
75 g (2 1/2 oz) de mie de pain rassis, broyée
2 oeufs
5 c. à soupe (5 c. à table) de porto ou de madère
Des bardes de lard
30 g (1 oz) de beurre
1 pincée de poudre de noix muscade
1 pointe de couteau de poivre de Cayenne
Sel et poivre

• Broyez ensemble le veau, le lard demi-maigre, les foies de volailles, les épices, le sel et le poivre. Couvrez et laissez passer la nuit au réfrigérateur.
• Faites dégorger les ris de veau dans de l'eau salée et vinaigrée et enlevez les membranes et les filets de sang.
• Mettez le beurre dans une casserole à fond épais, à feu doux. Posez-y les légumes: carottes, oignon et céleri coupés menu, les fines herbes hachées et 1 feuille de laurier émiettée. Faites étuver le tout pendant 30 minutes, en remuant souvent pour que l'ensemble fonde sans prendre couleur.

- Ajoutez la gelée que vous ferez fondre (et éventuellement la boîte de pelures de truffes et son jus). Disposez les ris de veau par-dessus, faites bouillir de nouveau, à couvert; laissez cuire à petit frémissement pendant 45 minutes.
- Égouttez les ris de veau. Passez le jus de cuisson. Réservez les légumes.
- Employez la moitié du jus de cuisson à faire tremper la mie de pain pour obtenir une pâte ferme et collante.
- Incorporez-la au hachis de viande. Ajoutez les oeufs et le porto ou le madère. Mélangez bien et soigneusement. Il faut avoir un bon amalgame. Ajoutez alors les légumes déjà cuits et coupés en petits dés.
- D'autre part, lavez et égouttez l'oseille. Faites-la étuver dans un peu de beurre, sans cesser de remuer, pour obtenir une purée assez sèche. Ajoutez alors le reste du jus de cuisson des ris. Si l'ensemble vous semble trop liquide, laissez réduire.
- Passez le tout au tamis. Salez et poivrez. Mettez cette purée d'oseille dans un grand récipient, lui-même posé dans un saladier rempli de glaçons.
- Fouettez la crème fraîche pour qu'elle soit très légère et incorporez-la peu à peu à la purée d'oseille.
- Chauffez le four à 180°C (350°F).
- Tapissez une terrine de bardes de lard. Étalez dessus une couche de farce, puis la moitié de la mousse à l'oseille; disposez les ris de veau, couvrez avec le reste de mousse à l'oseille, puis avec le reste de farce.
- Posez une barde sur le dessus de la terrine et ajoutez une feuille de laurier.
- Posez simplement le couvercle sur la terrine (sans le souder avec de la pâte). Mettez la terrine dans un plat à gratin rempli aux 3/4 d'eau chaude et enfournez pendant 1 heure 15 minutes au minimum.
- Laissez refroidir avant de mettre au réfrigérateur.

201. Terrine du bon Docteur

Pour 6 à 8 personnes

600 g (1 lb 5 oz) de foies de volailles (ou de lapin, ou des deux)
300 g (10 oz) de chair à saucisse truffée
300 g (10 oz) de talon de jambon cuit
1 grosse tranche de pain de mie trempée dans du lait
150 ml (2/3 tasse) de vin blanc
50 ml (1/4 tasse) de porto
2 oeufs
1/2 c. à café (1/2 c. à thé) de poudre de noix muscade
Sel et poivre
50 g (2 oz) de beurre
2 feuilles de laurier

- Assurez-vous que les foies sont bien nettoyés, sans fiel ni trace de fiel et débarrassés des filets graisseux et sanguinolents.
- Mettez-les macérer 24 ou 36 heures dans le porto bien poivré.
- Au bout de ce temps, égouttez-les et faites-les blondir dans un peu de beurre. Il faut qu'ils raidissent tout en restant roses à l'intérieur. Réservez 3 ou 4 foies entiers (suivant leur grosseur).
- Hachez les autres et incorporez-les à la chair à saucisse, à la mie de pain écrasée et trempée dans du lait.
- Hachez le talon de jambon. Mélangez-le aussi à la farce. Ajoutez les oeufs battus l'un après l'autre, le porto de macération des foies, le vin blanc, la poudre de muscade, le sel et le poivre.
- Beurrez une terrine en porcelaine à feu. Posez une bonne couche de farce. Disposez les foies réservés entiers. Recouvrez du reste de farce. Mettez 2 feuilles de laurier sur le tout.
- La terrine doit être pleine aux 3/4.
- Couvrez-la et soudez les bords en faisant un cordon de pâte avec de la farine et de l'eau. Mettez la terrine dans un plat à gratin rempli aux 3/4 d'eau très chaude et enfournez à 200°C (400°F) pendant 1 heure environ. Il faut que le cordon de pâte soit bien doré sans être brûlé.
- Si vous voulez conserver cette terrine de 6 à 8 jours, n'enlevez pas le cordon de pâte, ne l'ouvrez pas. Mettez-la au réfrigérateur dès qu'elle est froide.

- Sinon, attendez le lendemain pour la découper en tranches que vous servirez avec une bonne salade, des cornichons, des cerises au vinaigre ou des oignons confits.

- **Note:** Vous pouvez donner à votre terrine une toute autre saveur si vous remplacez la poudre de noix muscade par de la poudre de cumin, en même quantité.

202. Terrine de foies de volailles dite "foie gras du pauvre"

Pour 4 à 5 personnes

350 g (12 oz) de foies de volailles
250 g (8 oz) de beurre très frais et de très bonne qualité
1 échalote
3 c. à soupe (3 c. à table) de porto ou de xérès
3 c. à soupe (3 c. à table) d'armagnac
1 pincée de poudre de noix muscade
30 g (1 oz) de beurre de cuisson
Sel et poivre

- Assurez-vous que les foies sont sans fiel, ni traces de fiel, ni déchets.
- Faites-les macérer au moins 2 heures dans le porto bien poivré.
- Laissez le beurre à la température de la pièce pour qu'il soit tendre.
- Égouttez les foies. Faites fondre une noix de beurre à feu doux. Faites blondir les foies dans ce beurre.
- Hachez menu l'échalote. Mettez-la à cuire avec les foies. Mouillez du porto de macération et, toujours à feu doux, laissez cuire de 5 à 6 minutes. Il faut que les foies restent rosés à l'intérieur.
- Chauffez l'armagnac, versez sur les foies et flambez.
- Retirez du feu. Écrasez à la fourchette (ou au mélangeur, mais c'est un peu brutal) pour obtenir une purée fine. Ajoutez le jus de cuisson, le sel, le poivre, la muscade et incorporez le beurre peu à peu par tout petits morceaux.
- Tassez bien le tout dans une terrine. Couvrez d'une feuille de papier d'aluminium et mettez au frais toute une nuit.
- Sortez du réfrigérateur une demi-heure avant de servir avec des toasts grillés chauds.
- L'idéal est de servir le même porto (ou xérès) comme boisson pour accompagner cette entrée.
- Cette terrine ne se conserve pas plus de 48 heures.

203. Mousse de foie de canard aux raisins

Pour 4 à 6 personnes

300 g (10 oz) de foies de canard
175 g (6 oz) de beurre très frais et de très bonne qualité
100 g (3 oz) de crème fraîche (crème à 35 p. 100)
2 c. à soupe (2 c. à table) de raisins de Corinthe
50 ml (1/4 tasse) de fine champagne
50 ml (1/4 tasse) de curaçao triple sec
2 petites échalotes
1/2 c. à café (1/2 c. à thé) de poivre vert
Sel et poivre

- Faites macérer les raisins dans le mélange des deux alcools.
- Nettoyez les foies en enlevant les fiels, les traces de fiel et les déchets. Coupez-les en gros morceaux. Faites blondir 30 g (1 oz) de beurre et faites sauter les morceaux de foies dans le beurre pendant 2 ou 3 minutes à feu vif. Ajoutez les échalotes hachées menu.
- Arrosez avec le jus de macération des raisins et dès que les alcools sont chauds, flambez.
- Passez le tout au mélangeur pour obtenir une pâte très lisse.
- Incorporez peu à peu le reste du beurre coupé en petits morceaux et gardé à la température de la pièce pour qu'il soit facile à travailler. Salez et poivrez.
- Battez la crème fraîche pour qu'elle soit légère. Incorporez-la au mélange cuillère par cuillère. Ajoutez le poivre vert et les raisins. Goûtez pour rectifier l'assaisonnement si besoin était.
- Tassez dans une terrine ou dans une coupe. Recouvrez d'une feuille de papier d'aluminium et faites prendre au réfrigérateur pendant une nuit.
- Démoulez pour servir accompagnée d'olives et de tomates coupées en quartiers.

204. Pâté de foies de gibier au poivre rose de Dominique Truchon

Pour 4 à 6 personnes

115 g (4 oz) de foies d'oie
115 g (4 oz) de foies de faisan
115 g (4 oz) de foies de pintadeau ou de canard
115 g (4 oz) de beurre mou (incorporé à la recette en 2 fois)
3 c. à café (3 c. à thé) de cognac (incorporé à la recette en 2 fois)
Sel et poivre
Huile
Poivre rose
1/2 sachet de gélatine sans saveur
200 ml (3/4 tasse) de fond de gibier ou de volaille (recette n° 9)
Cresson

- Nettoyez les foies et coupez-les en 2 ou 3 morceaux.
- Faites fondre 25 g (1 oz) de beurre dans une poêle et faites-y sauter les foies 3 minutes. Passez-les ensuite au mélangeur.
- Ajoutez le reste du beurre coupé en morceaux, 2 c. à café (2 c. à thé) de cognac, le sel et le poivre.
- Remettez le mélangeur en marche jusqu'à l'obtention d'une mousse homogène. Laissez refroidir.
- Huilez un bol d'une contenance de 450 ml (environ 2 tasses). Versez-y la préparation en tassant bien.
- Déposez à la surface assez de poivre rose pour recouvrir presque entièrement le pâté. Puis, avec une spatule, faites-le pénétrer légèrement.
- Couvrez d'une feuille de papier d'aluminium, mettez au réfrigérateur et laissez durcir de 3 à 4 heures.
- Au bout de ce temps, délayez la gélatine avec le bouillon froid, dans une casserole. Portez doucement à ébullition en remuant sans cesse, puis trempez la casserole dans l'eau froide pour accélérer le refroidissement. Ajoutez le reste du cognac.
- Lorsque la gélatine commence à prendre consistance, passez un couteau sous l'eau chaude et glissez-le entre la paroi du bol et le pâté. Trempez le bol dans l'eau chaude quelques secondes. Tapotez le fond du bol et secouez-le doucement. Démoulez.

• Versez délicatement la moitié de la gelée sur le pâté. Remettez-le au réfrigérateur. Lorsque la gelée est prise, répétez l'opération. Retirez alors la gelée qui a pu se répandre sur le plat.
• Garnissez de cresson.

205. Terrine aux noix

Pour 6 à 8 personnes

1 kg (2 lb 3 oz) de noix fraîches (pesées *avant* d'être épluchées)
300 g (10 oz) de quasi de veau
500 g (1 lb) de gorge de porc
300 g (10 oz) de foies de volailles
2 oeufs
1 oignon
1 gousse d'ail
3 c. à soupe (3 c. à table) d'huile d'olive
3 tranches de mie de pain trempées dans du lait
18 tranches fines de lard maigre
Sel et poivre

• Hachez menu l'ail et l'oignon.
• Faites chauffer les 3 cuillerées d'huile d'olive et faites blondir l'ail et l'oignon. Quand ils sont cuits, enlevez et dans la même huile faites revenir les foies qui doivent raidir mais rester roses à l'intérieur.
• Épluchez les noix.
• Hachez ensemble le quasi de veau, la gorge de porc et les noix. Ajoutez l'ail et l'oignon blondis, les oeufs battus un par un et la mie de pain écrasée dans le lait. Salez et poivrez.
• Chauffez le four à 200°C (400°F).
• Tapissez une terrine en porcelaine à feu avec les bardes de lard que vous laisserez dépasser tout autour.
• Étalez la moitié de la farce sur les bardes. Disposez les foies de volailles sur la farce. Versez le reste de la farce. Recouvrez avec les extrémités des bardes.
• Cognez la terrine. Soudez le couvercle avec un cordon de pâte faite de farine et d'eau.
• Mettez la terrine dans un plat à gratin rempli aux 3/4 d'eau très chaude.
• Enfournez pour 1 heure 15 minutes. Laissez refroidir avant de mettre au réfrigérateur pendant 24 heures au moins. Servez avec une salade d'endives et de betteraves ornée de quelques cerneaux de noix.

206. Gâteau de foie

Voilà la recette que toutes les ménagères bourguignonnes et économes confectionnent quand elles ont un beau lapin. Mais il va sans dire que vous pouvez faire ce gâteau de foie avec des foies de volailles ou du foie de veau. Je vous déconseille le foie de porc qui est souvent un peu amer.

Lucien Tendret a inclus cette recette dans son livre *La Table au pays de Brillat-Savarin*. Il la tenait de n'importe quelle paysanne de la région.

Pour 4 personnes

200 g (7 oz) de foie (lapin, volaille ou veau)
50 g (2 oz) de farine
2 oeufs entiers
2 jaunes d'oeufs
400 ml (1 2/3 tasse) de lait
2 c. à soupe (2 c. à table) de crème à 35 p. 100
2 c. à café (2 c. à thé) d'ail et de persil frais hachés ensemble
Sel et poivre
1 pointe de muscade
20 g (2/3 oz) de beurre pour le moule

- Broyez finement et passez au tamis les foies crus.
- Ajoutez la farine et mélangez bien. Incorporez les oeufs entiers, un par un en battant toujours, puis les 2 jaunes et délayez avec le lait.
- Battez la crème pour qu'elle soit bien légère. Incorporez-la au mélange.
- Parfumez avec l'ail et le persil hachés, remuez bien.
- Salez, poivrez et saupoudrez de muscade en poudre.
- Beurrez un moule métallique. Versez-y la préparation. Placez ce moule dans un autre plus haut que vous remplissez d'eau chaude à mi-hauteur.
- Chauffez le four à 180°C (350°F).
- Faites partir la cuisson quelques minutes à feu doux, puis enfournez pendant environ 45 minutes.
- Le gâteau est cuit quand une croûte dorée se forme sur les bords et que la lame d'un couteau plongée dans le gâteau ressort sèche.
- Démoulez sur le plat de service et nappez d'un coulis de tomates (recette n° 19).

207. Terrine de foie de veau au fromage

Pour 6 personnes

500 g (1 lb) de foie de veau
250 g (8 oz) de foies de volailles
50 g (2 oz) de beurre plus 15 g (1/2 oz) pour le moule
4 c. à soupe (4 c. à table) de madère
100 g (3 oz) de mie de pain
100 g (3 oz) de parmesan râpé
2 oeufs entiers
2 jaunes d'oeufs
500 ml (2 tasses) de gelée de viande (recette n° 5)
1 feuille de laurier
Sel et poivre

• Assurez-vous que les foies de volailles n'ont plus ni fiel, ni traces de fiel, ni déchets.
• Faites fondre les 50 g (2 oz) de beurre dans une poêle, à feu doux. Faites-y revenir le foie de veau avec la feuille de laurier coupée en petits morceaux.
• Quand le foie de veau est presque cuit, ajoutez les foies de volailles. Quand ils sont raidis, salez, poivrez et mouillez avec le madère. Laissez cuire de 5 à 6 minutes, toujours à feu doux.
• Enlevez les foies. Hachez-les finement.
• Mettez le pain à tremper dans le jus qui est resté dans la poêle après avoir enlevé les débris de laurier.
• Écrasez le pain pour obtenir une pâte homogène. Mélangez-la aux foies hachés. Tamisez.
• Incorporez les oeufs entiers un par un, puis les jaunes d'oeufs, puis le fromage râpé.
• Faites fondre 4 grosses c. à soupe (c. à table) de gelée et mélangez-la vigoureusement à cet appareil.
• Beurrez un moule métallique. Versez toute la préparation dedans. Placez le moule dans un récipient beaucoup plus haut dans lequel vous mettez de l'eau chaude jusqu'à mi-hauteur.
• Chauffez le four à 180°C (350°F). Faites démarrer la cuisson à feu doux, puis enfournez pendant environ 45 minutes.
• Démoulez tiède et nappez de gelée encore liquide mais prête à prendre et laissez au réfrigérateur jusqu'au lendemain.
• Servez avec une salade de laitue et tomates.

Recettes de foies gras

208. Foie gras de canard du Périgord
209. Bûche de Noël au foie gras
210. Ballottine de foie gras d'oie truffé
211. Pâté de foie gras
212. Foie gras de canard comme en Béarn
213. Foie gras de canard au sherry
214. Feuilleté de foie gras

Vous vous procurez le plus souvent le foie gras d'oie ou de canard sous forme de conserve. Les bonnes marques sont connues et notre propos n'est pas de faire de la publicité.

Quand vous devez faire entrer du foie gras dans une préparation culinaire, préférez les semi-conserves; vous éviterez ainsi l'écueil d'avoir un foie trop cuit dans votre plat.

Mais l'idéal, bien sûr, est d'avoir un foie frais et de le préparer vous-même.

Toutefois, la première difficulté est de bien choisir le foie. Voici comment en reconnaître la qualité:

• prenez le foie à deux mains, un lobe dans chaque main et éloignez les mains précautionneusement pour séparer les deux lobes;

• si la chair se casse comme un morceau de graisse de rognon, c'est le signe que le foie réduira beaucoup à la cuisson parce que trop graisseux;

• si la chair se tend comme un élastique, le foie ne fondra pas en cuisant, mais, trop nerveux, il risque d'être sec et sans beaucoup de parfum, une fois cuit;

• le foie idéal est celui dont la chair s'étire souplement avant de présenter une cassure franche.

Une autre opération importante pour obtenir le maximum de bienfait de ce mets délicieux est sa préparation.

• Commencez par faire tremper le foie pendant une heure dans une bassine d'eau tiède à 37°C (98°F). Puis faites-le égoutter.

• Séparez à la main le gros lobe du plus petit.

• Ouvrez chaque lobe en deux à l'aide d'un bon couteau, pour laisser apparaître le réseau de veines qui les irriguent. Avec la pointe du couteau, soulevez ces veines en partant du bout de chaque lobe et tirez-les vers vous, avec précaution, en vous aidant du couteau pour ne rien abîmer.

• Ôtez toutes les traces vertes laissées par la poche à fiel sur les lobes. Prenez bien garde de n'en pas laisser la moindre trace qui donnerait à votre foie une amertume bien désagréable.

• Le foie est alors prêt à être cuisiné.

208. Foie gras de canard du Périgord

Pour 6 personnes

600 g (1 lb 5 oz) de foie gras frais de canard
1 1/2 c. à café (1 1/2 c. à thé) de sel
1/4 c. à café (1/4 c. à thé) de poivre
1 pincée de quatre-épices
1 pincée de paprika
3 c. à soupe (3 c. à table) de sauternes
2 bocaux de verre d'une contenance de 350 g (12 oz) dont les caoutchoucs ont été stérilisés

- Préparez les foies comme il est dit en tête de ce chapitre.
- Mélangez sel, poivre et épices.
- Saupoudrez chaque partie de foie de ce mélange et mettez chaque moitié dans un bocal, en tassant bien.
- Fermez les bocaux. Plongez-les dans l'eau bouillante. L'eau doit passer par-dessus les bocaux pendant les 10 minutes que durera la cuisson, à partir de la reprise de l'ébullition.
- Laissez les bocaux reposer dans une couverture de laine jusqu'à complet refroidissement.
- Vous pouvez ensuite conserver ces foies au réfrigérateur (sans ouvrir les bocaux, naturellement) pendant 2, 3 ou même 15 jours.
- Servez-les avec des toasts chauds et du beurre très frais.
- Certains accompagnent le foie gras d'une salade. C'est affaire de goût. Je préfère m'abstenir, et savourer le foie gras pour lui-même.

209. Bûche de Noël au foie gras

Pour 6 personnes

600 g (1 lb 5 oz) de pâte à brioche (recette n°15)
375 g (13 oz) de foie gras frais
200 g (7 oz) de noix de veau
100 g (3 oz) de porc maigre
100 g (3 oz) de lard gras
1 petite boîte de pelures de truffes
30 ml (1 oz) de fine champagne
1 oeuf entier
1 jaune d'oeuf pour dorer
20 g (2/3 oz) de beurre pour le moule
500 ml (2 tasses) de bonne gelée (recette n° 7) ou de gelée en sachet
Sel et poivre
1 pincée de quatre-épices

- Faites la pâte à brioche et laissez-la reposer au frais.
- Parez le foie gras comme indiqué au début de ce chapitre.
- Coupez en aiguillettes 125 g (4 oz) de noix de veau et réservez-les.
- Hachez ensemble le reste du veau, le porc maigre et le lard gras. Liez ce hachis avec l'oeuf. Salez, poivrez et épicez. Ajoutez les pelures de truffes et leur jus, puis la fine champagne. Mélangez bien.
- Beurrez un moule à cake.
- Chauffez le four à 180°C (350°F).
- Étalez la pâte à brioche de l'épaisseur d'un doigt. Réservez-en suffisamment pour former un couvercle sur le moule.
- Foncez le moule bien beurré avec la plus grande partie de la pâte à brioche. Placez au fond une couche de farce, la moitié du foie gras coupé en escalopes, la moitié des aiguillettes de veau, une couche de farce, le reste du foie gras et des aiguillettes de veau et enfin recouvrez du reste de farce.
- Fermez le pâté avec la pâte à brioche que vous aviez réservée en ayant soin d'humecter les bords pour qu'ils se soudent bien.
- Pratiquez une cheminée au centre à l'aide d'un petit rouleau de papier d'aluminium.
- Dorez le couvercle avec le jaune d'oeuf délayé dans un peu d'eau salée et enfournez pendant 1 heure 30 minutes.

- Surveillez bien pour pouvoir protéger le dessus du pâté par une feuille de papier d'aluminium s'il dorait trop vite.
- Lorsque la bûche est tiède, coulez la gelée (encore liquide mais prête à prendre) par la cheminée. Faites refroidir complètement et prendre la gelée en mettant la brioche quelques heures au réfrigérateur.

---

210. Ballottine de foie gras d'oie truffé

Pour 6 à 8 personnes

400 à 500 g (14 oz à 1 lb) de foie gras d'oie frais
300 g (10 oz) de filet de porc frais
2 truffes
50 ml (1/4 tasse) de porto
2 c. à soupe (2 c. à table) de cognac
Des bardes de lard
Sel et poivre
1 forte pincée de quatre-épices
500 ml (2 tasses) de gelée de viande (recette n° 5)

- Parez le lobe de foie, dénervez-le, supprimez toute trace de fiel.
- Cloutez le foie de morceaux de truffes. Saupoudrez-le avec une partie du quatre-épices.
- Hachez très finement le filet de porc. Assaisonnez cette farce avec le reste des épices.
- Mettez dans le même plat, et en contact, le foie gras et le hachis. Mouillez avec le porto et laissez macérer toute la nuit.

Le lendemain:

- Retirez le foie et le hachis du porto. Enveloppez le foie dans le hachis. Enrobez le tout dans les bardes de lard et formez une sorte de gros saucisson. Ficelez la ballottine.
- Mettez-la dans une cocotte en porcelaine allant au feu. Arrosez-la avec le cognac. Mouillez avec une partie de la gelée fondue et la marinade au porto. Mettez le couvercle de la cocotte.

• Chauffez le four à 200°C (400°F). Placez la cocotte dans un grand plat rempli aux 3/4 d'eau froide et laissez cuire jusqu'à ce que le contact sur la langue d'une aiguille à brider enfoncée préalablement dans le foie soit insupportable*.

• Quand la ballottine sera tiède, sortez-la de la cocotte. Enveloppez-la dans un linge très serré que vous pouvez même coudre pour qu'il soit plus serré encore. Placez la ballottine sous une planchette sur laquelle vous aurez posé un poids de 1 kg (2 lb 3 oz) et laissez refroidir sous presse pendant une heure au moins.

• Enlevez alors les ficelles et le linge. Dressez la ballottine sur le plat de service. Nappez avec la gelée que vous aurez réservée et celle que vous aurez récupérée de la cuisson, après l'avoir filtrée.

---

* *Attention* en effectuant cette opération. Pour ne pas vous brûler, vous pouvez, à la place, faire cuire jusqu'à ce que la pointe d'un couteau piquée au centre de la ballottine en ressorte très chaude.

211. Pâté de foie gras

Pour 10 personnes

150 g (1 lb 10 oz) de pâte à pâté (recette n° 14)
1 foie gras d'oie d'environ 700 g (1 1/2 lb)
150 g (5 oz) de porc maigre
75 g (2 1/2 oz) de lard gras
2 foies de volailles
40 g (1 1/2 oz) de beurre
3 c. à soupe (3 c. à table) de porto
50 ml (1/4 tasse) de fine champagne
1 barde de lard
1 truffe
375 g (13 oz) de gelée de viande (recette n° 5)
Sel et poivre
1 pincée de noix muscade en poudre
1 pincée de quatre-épices
1 jaune d'oeuf pour dorer

- Faites la pâte à pâté et laissez-la reposer au frais.
- Parez le foie d'oie, dénervez-le, enlevez toute trace de fiel et cloutez-le de morceaux de truffes. Salez, poivrez et épicez. Arrosez-le de porto et de fine champagne et laissez au frais.
- Nettoyez les 2 foies de volailles.
- Broyez-les avec le porc maigre et le lard gras.
- Beurrez un moule.
- Abaissez la pâte et réservez la quantité nécessaire à la confection du couvercle du moule. Foncez le moule et les parois avec la plus grande partie de la pâte.
- Sortez le foie gras de sa marinade. Incorporez la marinade au hachis de viandes.
- Étendez une partie de ce hachis sur la pâte. Enfoncez un peu le foie gras dans la farce. Recouvrez du reste de la farce. Posez une barde de lard dessus puis placez le couvercle de pâte dont vous aurez humecté les bords pour qu'ils adhèrent bien.
- Chauffez le four à 220°C (425°F).

- Faites une cheminée dans le couvercle de pâte et maintenez les bords écartés en mettant un petit rouleau de papier d'aluminium.
- Dorez le couvercle avec le jaune d'oeuf délayé dans un peu d'eau salée.
- Enfournez pendant environ 1 heure. Au bout de 20 minutes de cuisson, baissez la chaleur à 190°C (375°F).
- Le pâté est cuit quand la croûte est bien dorée.
- Démoulez le pâté quand il est un peu refroidi. Faites fondre la gelée et faites-la pénétrer à l'intérieur du pâté en la faisant couler par la cheminée. Remuez le pâté en tous sens pour que la gelée se répartisse uniformément.
- Laissez refroidir 3 heures au réfrigérateur avant de servir.

212. Foie gras de canard comme en Béarn

Pour 6 personnes

Un foie de canard d'environ 700 g (1 1/2 lb)
2 tranches épaisses de pain de campagne
1/2 gousse d'ail
1 bon bouquet de persil frais ou 1 c. à café (1 c. à thé) de persil séché
Sel et poivre

- Parez le foie, enlevez les traces de fiel et dénervez-le. Salez, poivrez et laissez-le reposer toute une nuit, entouré d'un torchon, et au frais.
- Émiettez la mie des tranches de pain de campagne que vous avez laissé rassir.
- Hachez l'ail et le persil. Mélangez à la mie de pain écrasée.
- Chauffez le four à 180°C (350°F).
- Placez le foie dans une cocotte en porcelaine à feu, sans aucun assaisonnement ni matières grasses et enfournez pour quelques minutes.
- Le foie va rendre de la graisse. La vider.
- Roulez le foie dans le mélange ail-persil-mie de pain.
- Appuyez bien pour que le mélange imprègne bien le foie.
- Remettez dans la cocotte et au four. Arrosez de temps en temps avec le jus de cuisson. Au bout de 10 minutes, baissez la chaleur à 150°C (300°F). Il faut environ 35 minutes de cuisson en tout.
- Vous pouvez servir ce foie avec un vin de Jurançon.

213. Foie gras de canard au sherry

Pour 6 à 8 personnes

750 à 800 g (1 lb 10 oz à 1 lb 12 oz) de foie gras de canard
2 c. à soupe (2 c. à table) de cognac ou d'armagnac
100 g (3 oz) de crépine de porc
40 g (1 1/2 oz) de pelures de truffes
500 ml (2 tasses) de gelée de viande (recette n° 5)
50 ml (2 oz) de sherry (blanc de préférence)
Sel et poivre
1 pincée de quatre-épices

- Parez le foie gras de canard, dénervez-le et enlevez toute trace de fiel.
- Faites-le macérer dans une terrine bien fermée dans laquelle vous aurez mis aussi le sel, le poivre, les épices et le cognac, ainsi que les pelures de truffes. Roulez le foie sur toutes ses faces dans le mélange et laissez au frais.
- Faites fondre la gelée de viande après l'avoir parfumée avec la moitié du sherry.
- Roulez le foie dans la crépine de porc. Ficelez et plongez le foie dans la gelée prête à bouillir. Ajoutez la marinade.
- Faites frémir pendant 10 à 12 minutes. Une aiguille à brider introduite jusqu'au coeur du foie doit ressortir chaude.
- Enlevez le récipient du feu et laissez le foie refroidir dans le liquide.
- Prélevez la moitié du liquide de cuisson. Faites-le refroidir pour le dégraisser rapidement. Mettez-en 1 ou 2 c. à soupe (1 ou 2 c. à table) au réfrigérateur pour vérifier si la gelée va prendre à point, compte tenu que vous devrez ajouter le reste du sherry.
- Sinon, il vous faudra égoutter le foie et remettre la gelée au feu pour la réduire et la clarifier à l'aide du blanc et de la coquille concassée d'un oeuf, puis filtrer à travers un chinois, doublé d'une étamine humide, si nécessaire.
- Parfumez ensuite la gelée avec le sherry, dans lequel vous aurez chauffé les truffes.
- Enlevez la crépine du foie. Posez-le sur un plat. Coupez en petits morceaux les truffes chauffées dans le sherry et refroidies. Cloutez le foie gras avec ces morceaux de truffes.

- Nappez avec la gelée au sherry, en lustrant le foie, couche de gelée après couche de gelée.
- Tenez au frais, mais pas au réfrigérateur.
- S'il reste de la gelée, faites-en une neige et décorez-en le tour du plat.

214. Feuilleté de foie gras

Pour 10 personnes

750 g (1 lb 10 oz) de pâte feuilletée (recette n° 16)
500 g (1 lb) de foie gras d'oie frais
500 g (1 lb) de noix de veau
75 g (2 1/2 oz) de chair de porc
1 c. à soupe (1 c. à table) de beurre ramolli
1 c. à soupe (1 c. à table) de calvados
Sel et poivre
1 pointe de poudre de noix muscade
2 c. à café (2 c. à thé) de beurre pour la plaque de cuisson
1 jaune d'oeuf pour dorer
500 ml (2 tasses) de gelée de viande (recette n° 5)

- Faites la pâte feuilletée et tenez-la au frais.
- Parez et dénervez le foie gras. Enlevez toute trace de fiel.
- Hachez ensemble finement la noix de veau et la viande de porc. Mouillez avec le calvados. Incorporez le beurre ramolli. Mélangez.
- Abaissez la pâte feuilletée sur une épaisseur de 5 mm (1/4 po).
- Disposez dessus une couche de farce.
- Coupez le foie en escalopes d'environ 2 cm (1 po) d'épaisseur. Disposez-les sur la farce.
- Recouvrez du reste de farce.
- Rabattez la pâte par-dessus et faites bien adhérer la pâte.
- Vous devez avoir un pâté rectangulaire hermétiquement fermé.
- Ouvrez une ou deux cheminées sur le couvercle pour laisser échapper les vapeurs de cuisson. Maintenez les bords de ces cheminées écartés à l'aide d'un petit rouleau de papier d'aluminium.
- Dorez le couvercle avec le jaune d'oeuf délayé dans un peu d'eau salée.
- Beurrez la plaque de cuisson. Posez le pâté dessus.
- Chauffez le four à 220°C (425°F) et faites cuire jusqu'à ce que la croûte soit bien dorée.
- Quand le pâté est tiède, faites couler la gelée fondue par les cheminées. Remuez avec précaution le pâté dans tous les sens pour que la gelée l'imprègne partout.
- Faites prendre au frais pendant plusieurs heures.

Table des recettes de base, des sauces et des salades d'accompagnement

Avis: les numéros donnés sont ceux correspondant aux recettes et non aux pages.

RECETTES DE BASE

Court-bouillon, 1
Fond de viande, de volaille, de gibier
ou de poisson, 9
Fumet de poisson, 2
Gelée à l'estragon, 8
Gelée au madère ou au porto, 7
Gelée de gibier, 6
Gelée de poisson au vin blanc, 3
Gelée de viande, 5
Gelée de volaille, 4
Mousse ou mousseline, 13
Panade à la farine, 11
Panade à la frangipane, 12
Panade au pain, 10
Pâte à brioche, 15
Pâte à pâté, 14
Pâte demi-feuilletée, 17
Pâte feuilletée, 16

SALADES D'ACCOMPAGNEMENT

Salade acidulée, 40
Salade croquante au gingembre, 41
Salade de chou rouge au carvi, 48
Salade de concombre et de betteraves
à la crème, 46
Salade de riz à l'antillaise, 42
Salade de romaine (ou de laitue) à
l'orange, 45
Salade de tomates et d'oignons, 47
Salade exotique, 43
Salade hawaïenne, 44

SAUCES POUR PÂTÉS, TERRINES ET GALANTINES

Beurre blanc, 18
Coulis de tomates, 19
Crème au bacon, 21
Mayonnaise à l'ail, 33
Mayonnaise à l'estragon, 37
Mayonnaise au basilic, 35
Mayonnaise aux câpres, 34
Mayonnaise aux fines herbes, 36
Sauce à la menthe, 23
Sauce à l'oseille, 25
Sauce antiboise, 22
Sauce au cresson, 26
Sauce aux anchois, 27
Sauce aux canneberges (airelles) ou
aux bleuets (myrtilles), 20
Sauce aux champignons, 28
Sauce aux groseilles, 29
Sauce béchamel, 30
Sauce fraîche aillée, 24
Sauce froide au cari, 31
Sauce mayonnaise, 32
Sauce Périgueux à ma façon, 38
Sauce piquante aux tomates, 39

Index alphabétique des recettes par catégories

Avis: les numéros donnés sont ceux correspondant aux recettes et non aux pages.

ABATS

Ballottine de foie gras d'oie truffé, 210
Bûche de Noël au foie gras, 209
Feuilleté de foie gras, 214
Foie gras de canard au sherry, 213
Foie gras de canard comme en Béarn, 212
Foie gras de canard du Périgord, 208
Gâteau de foie, 206
Mousse de foie de canard aux raisins, 203
Pain de cervelle, 195
Pain de cervelle (variante), 196
Pâté de foie gras, 211
Pâté de foies de gibier au poivre rose de Dominique Truchon, 204
Pâté de Saint-Maurice, 198
Ris de veau en farce à l'oseille, 200
Terrine aux noix, 205
Terrine de cervelle aux écrevisses, 197
Terrine de foie de veau au fromage, 207
Terrine de foies de volailles dite «foie gras du pauvre», 202
Terrine de ris de veau aux pommes, 199
Terrine du bon Docteur, 201

FOIE GRAS

Ballottine de foie gras d'oie truffé, 210
Bûche de Noël au foie gras, 209
Feuilleté de foie gras, 214
Foie gras de canard au sherry, 213
Foie gras de canard comme en Béarn, 212
Foie gras de canard du Périgord, 208
Pâté de foie gras, 211

GIBIER

Alouettes en pâté chaud, 132
Aspics de cailles, 139
Ballottine de faisan, 143
Bécasses en croûte, 137
Brioches du braconnier, 154
Cailles en mousseline, 138
Crépinettes de marcassin ou de chevreuil, 161
Faisan aux noisettes en croûte, 144
Galantine d'oiseaux sauvages, 150
Hure de sanglier «grand buffet», 162
Mosaïque de perdreaux et de foie gras, 148

Oreiller de la belle Aurore, 151
Pain de lièvre muscadé, 159
Pâté d'alouettes au foie gras, 134
Pâté de lièvre, 157
Pâté de lièvre de Jean-Marie Gaultier, 158
Pâté en trois coups de fusil, 152
Pâté fin de faisan en croûte aux morilles des Peupliers, 147
Petits pâtés de cailles, 140
Rillettes des garennes, 155
Suprêmes de bécasses en gelée, 136
Terrine d'alouettes, 133
Terrine de bécasses aux pistaches, 135
Terrine de cailles en gelée, 142
Terrine de faisan à l'alsacienne, 145
Terrine de faisan au poivre vert, 146
Terrine de garenne à la bourguignonne, 153
Terrine de lapin de garenne aux noisettes, 156
Terrine de lièvre au cognac, 160
Terrine de perdrix, 149
Timbale de cailles au foie gras, 141

LÉGUMES

Couronne de coeurs de palmier, 70
Galantine maigre aux légumes, 55
Mousse d'avocats, 71
Mousse de tomates à la menthe, 68
Mousse froide d'aubergines, 51
Pain d'aubergines aux raisins, 49
Pain de chou-fleur, 57
Pâté aux trois légumes, 53
Pâté de légumes au poisson, 64
Pâté de pommes de terre, 56
Pâté soufflé au fromage, 62
Terrine aux primeurs, 58
Terrine d'asperges, 65
Terrine d'aubergines comme à Alger, 50
Terrine de coquillettes à l'oseille, 66
Terrine de légumes au cumin, 67
Terrine de légumes au fromage, 61
Terrine de légumes au poulet, 63
Terrine de l'été, 60
Terrine de quatre purées, 52
Terrine de riz aux olives, 69
Terrine légère, 54
Terrine paysanne, 59

POISSONS ET CRUSTACÉS

Ballottine d'anguille au saumon, 73

Ballottine de lotte aux coquilles Saint-Jacques, 86
Bar en croûte, 84
Couronne de saumon, 76
Galantine de thon, 83
Gâteau de poisson ménagère, 92
Haddock en mousseline au cari, 82
Homards en gelée, 98
Koulibiac de saumon, 75
Mousse de crabe, de crevettes ou de moules, 101
Pain de lotte, 87
Pâté d'anguille Éléonore, 72
Pâté de coquilles Saint-Jacques à l'oseille, 100
Pâté de poisson de l'Atlantique, 89
Rillettes de la mer, 102
Rillettes de truites, 79
Saumon en terrine à l'écossaise, 74
Terrine de homard, 97
Terrine de brochet aux champignons, 77
Terrine de Carême, 90
Terrine de colin au beurre blanc, 91
Terrine de lotte au crabe, 88
Terrine de merlan aux coquilles Saint-Jacques, 96
Terrine de merlan trois couleurs, 95
Terrine de poisson et de homard, 99
Terrine de poissons au safran, 93
Terrine de poissons d'eau douce, 78
Terrine de poissons fumés à la poutargue, 81
Terrine du pêcheur en rivière, 80
Terrine verte et rose, 94
Turban de soles en gelée, 85

VIANDE

Boeuf en gelée, 167
Bonnet de dame Jehanne, 176
Caillettes de porc à l'ardéchoise, 181
Cretons maison, 184
Épaule d'agneau en crépinette, 164
Filet mignon de porc en pâte, 180
Flan de veau au paprika, 188
Fromage de Pâques, 175
Fromage de tête, 173
Gigot d'agneau au foie gras, 165
Gigot d'agneau en croûte, 163
Graisse de rôti, 185
Jambon persillé de Bourgogne, 177
Jarret de veau en gelée, 191
Mousseline de jambon, 178
Mouton aux épices à l'ancienne, 166
Pain de veau aux tomates, 187
Papiton du Périgord, 182

Pâté au cochon, 183
Pâté bourguignon, 186
Pâté de foie de veau, 194
Pâté de viande à l'indienne, 172
Pâté en croûte à la russe, 169
Pâté muscade, 190
Pâtés pantin à la moelle, 170
Petits pains à la viande et aux olives, 171
Saucisson en brioche, 179
Terrine de boeuf bohémienne, 168
Terrine de veau au jambon, 192
Terrine fine aux herbes, 193
Tête fromagée à la façon de tante Armande, 174
Veau à l'orange en terrine, 189

VOLAILLE ET LAPIN

Ballottine de canard au foie gras, 105
Canard en terrine paysanne, 107
Compote de lapin en gelée, 122
Confit d'oie, 111
Cuisses d'oie confites à la périgourdine, 113
Friands de poulet au cari, 119
Galantine de canard au chambertin, 108
Galantine de lapin, 128
Mousseline de caneton au foie gras, 109
Oie en gelée, 112
Pâté de canard en croûte, 106
Pâté de lapin aux pruneaux, 129
Pâté de lapin en croûte, 126
Pâté de Noël, 110
Pâté porte-foin, 125
Petits moules de lapereau au concombre, 131
Petits pâtés au cumin, 115
Poulet en croûte avec sa farce, 117
Poulet en robe claire, 121
Rillettes d'oie aux cèpes, 114
Terrine de canard à l'orange, 103
Terrine de canard au poivre vert, 104
Terrine de lapin aux herbes de Provence, 127
Terrine de lapin aux poireaux, 130
Terrine de lapin de madame Zanni, 124
Terrine de lapin de ma grand-mère, 123
Terrine de poulet, 116
Terrine de poulet à l'hysope, 118
Terrine de volaille aux amandes et au citron, 120

344

Index des recettes
par ordre alphabétique

Avis: les numéros donnés sont ceux correspondant aux recettes et non aux pages.

A
Alouettes en pâté chaud, 132
Aspics de cailles, 139

B
Ballottine d'anguille au saumon, 73
Ballottine de canard au foie gras, 105
Ballottine de faisan, 143
Ballottine de foie gras d'oie truffé, 210
Ballottine de lotte aux coquilles Saint-
    Jacques, 86
Bar en croûte, 84
Bécasses en croûte, 137
Beurre blanc, 18
Boeuf en gelée, 167
Bonnet de dame Jehanne, 176
Brioches du braconnier, 154
Bûche de Noël au foie gras, 209

C
Cailles en mousseline, 138
Caillettes de porc à l'ardéchoise, 181
Canard en terrine paysanne, 107
Compote de lapin en gelée, 122
Confit d'oie, 111
Coulis de tomates, 19
Couronne de coeurs de palmier, 70
Couronne de saumon, 76
Court-bouillon, 1
Crème au bacon, 21
Crépinettes de marcassin ou de
    chevreuil, 161
Cretons maison, 184
Cuisses d'oie confites à la périgourdine,
    113

E
Épaule d'agneau en crépinette, 164

F
Faisan aux noisettes en croûte, 144
Feuilleté de foie gras, 214
Filet mignon de porc en pâte, 180
Flan de veau au paprika, 188
Foie gras de canard au sherry, 213
Foie gras de canard comme en Béarn,
    212
Foie gras de canard du Périgord, 208
Fond de viande, de volaille, de gibier ou
    de poisson, 9
Friands de poulet au cari, 119
Fromage de Pâques, 175
Fromage de tête, 173
Fumet de poisson, 2

G
Galantine de canard au chambertin, 108
Galantine de lapin, 128
Galantine de thon, 83
Galantine d'oiseaux sauvages, 150
Galantine maigre aux légumes, 55
Gâteau de foie, 206
Gâteau de poisson ménagère, 92
Gelée à l'estragon. 8
Gelée au madère ou au porto, 7
Gelée de gibier, 6
Gelée de poisson au vin blanc, 3
Gelée de viande, 5
Gelée de volaille, 4
Gigot d'agneau au foie gras, 165
Gigot d'agneau en croûte, 163
Graisse de rôti, 185

H
Haddock en mousseline au cari, 82
Homards en gelée, 98
Hure de sanglier «grand buffet», 162

J
Jambon persillé de Bourgogne, 177
Jarret de veau en gelée, 191

K
Koulibiac de saumon, 75

M
Mayonnaise à l'ail, 33
Mayonnaise à l'estragon, 37
Mayonnaise au basilic, 35
Mayonnaise aux câpres, 34
Mayonnaise aux fines herbes, 36
Mosaïque de perdreaux et de foie gras,
    148
Mousse d'avocats, 71
Mousse de crabe, de crevettes ou de
    moules, 101
Mousse de foie de canard aux raisins,
    203
Mousse de tomates à la menthe, 68
Mousse froide d'aubergines, 51
Mousseline de caneton au foie gras, 109
Mousseline de jambon, 178
Mousse ou mousseline, 13
Mouton aux épices à l'ancienne, 166

O
Oie en gelée, 112
Oreiller de la belle Aurore, 151

347

P

Pain d'aubergines aux raisins, 49
Pain de cervelle, 195
Pain de cervelle (variante), 196
Pain de chou-fleur, 57
Pain de lièvre muscadé, 159
Pain de lotte, 87
Pain de veau aux tomates, 187
Panade à la farine, 11
Panade à la frangipane, 12
Panade au pain, 10
Papiton du Périgord, 182
Pâte à brioche, 15
Pâte à pâté, 14
Pâté au cochon, 183
Pâté aux trois légumes, 53
Pâté bourguignon, 186
Pâté d'alouettes au foie gras, 134
Pâté d'anguille Éléonore, 72
Pâté de canard en croûte, 106
Pâté de coquilles Saint-Jacques à
    l'oseille, 100
Pâté de foie de veau, 194
Pâté de foie gras, 211
Pâté de foies de gibier au poivre rose de
    Dominique Truchon, 204
Pâté de lapin aux pruneaux, 129
Pâté de lapin en croûte, 126
Pâté de légumes au poisson, 64
Pâté de lièvre, 157
Pâté de lièvre de Jean-Marie Gaultier, 158
Pâte demi-feuilletée, 17
Pâté de Noël, 110
Pâté de poisson de l'Atlantique, 89
Pâté de pommes de terre, 56
Pâté de Saint-Maurice, 198
Pâté de viande à l'indienne, 172
Pâté en croûte à la russe, 169
Pâté en trois coups de fusil, 152
Pâte feuilletée, 16
Pâté fin de faisan en croûte aux morilles
    des Peupliers, 147
Pâté muscade, 190
Pâté porte-foin, 125
Pâté soufflé au fromage, 62
Pâtés pantin à la moelle, 170
Petits moules de lapereau au concombre,
    131
Petits pains à la viande et aux olives, 171
Petits pâtés au cumin, 115
Petits pâtés de cailles, 140
Poulet en croûte avec sa farce, 117
Poulet en robe claire, 121

R

Rillettes de la mer, 102
Rillettes de truites, 79
Rillettes des garennes, 155
Rillettes d'oie aux cèpes, 114
Ris de veau en farce à l'oseille, 200

S

Salade acidulée, 40
Salade croquante au gingembre, 41
Salade de chou rouge au carvi, 48
Salade de concombre et de betteraves à
    la crème, 46
Salade de riz à l'antillaise, 42
Salade de romaine (ou de laitue) à
    l'orange, 45
Salade de tomates et d'oignons, 47
Salade exotique, 43
Salade hawaïenne, 44
Sauce à la menthe, 23
Sauce à l'oseille, 25
Sauce antiboise, 22
Sauce au cresson, 26
Sauce aux anchois, 27
Sauce aux canneberges (airelles) ou aux
    bleuets (myrtilles), 20
Sauce aux champignons, 28
Sauce aux groseilles, 29
Sauce béchamel, 30
Sauce fraîche aillée, 24
Sauce froide au cari, 31
Sauce mayonnaise, 32
Sauce Périgueux à ma façon, 38
Sauce piquante aux tomates, 39
Saucisson en brioche, 179
Saumon en terrine à l'écossaise, 74
Suprêmes de bécasses en gelée, 136

T

Terrine aux noix, 205
Terrine aux primeurs, 58
Terrine d'alouettes, 133
Terrine d'asperges, 65
Terrine d'aubergines comme à Alger, 50
Terrine de bécasses aux pistaches, 135
Terrine de boeuf bohémienne, 168
Terrine de brochet aux champignons, 77
Terrine de cailles en gelée, 142
Terrine de canard à l'orange, 103
Terrine de canard au poivre vert, 104
Terrine de Carême, 90
Terrine de cervelle aux écrevisses, 197
Terrine de colin au beurre blanc, 91
Terrine de coquillettes à l'oseille, 66

Terrine de faisan à l'alsacienne, 145
Terrine de faisan au poivre vert, 146
Terrine de foie de veau au fromage, 207
→ Terrine de foies de volailles dite «foie gras du pauvre», 202
Terrine de garenne à la bourguignonne, 153
Terrine de homard, 97
Terrine de lapin aux herbes de Provence, 127
Terrine de lapin aux poireaux, 130
Terrine de lapin de garenne aux noisettes, 156
Terrine de lapin de madame Zanni, 124
Terrine de lapin de ma grand-mère, 123
Terrine de légumes au cumin, 67
Terrine de légumes au fromage, 61
Terrine de légumes au poulet, 63
Terrine de l'été, 60
Terrine de lièvre au cognac, 160
Terrine de lotte au crabe, 88
Terrine de merlan aux coquilles Saint-Jacques, 96
Terrine de merlan trois couleurs, 95
Terrine de perdrix, 149
Terrine de poisson et de homard, 99

Terrine de poissons au safran, 93
Terrine de poissons d'eau douce, 78
Terrine de poissons fumés à la poutargue, 81
Terrine de poulet, 116
Terrine de poulet à l'hysope, 118
Terrine de quatre purées, 52
Terrine de ris de veau aux pommes, 199
Terrine de riz aux olives, 69
Terrine de veau au jambon, 192
Terrine de volaille aux amandes et au citron, 120
Terrine du bon Docteur, 201
Terrine du pêcheur en rivière, 80
Terrine fine aux herbes, 193
Terrine légère, 54
Terrine paysanne, 59
Terrine verte et rose, 94
Tête fromagée à la façon de tante Armande, 174
Timbale de cailles au foie gras, 141
Turban de soles en gelée, 85

V
Veau à l'orange en terrine, 189

Table des matières

Avertissement 9

I. Avant-propos

Histoire et petites histoires du pâté et de ses dérivés 13

II. Recettes de base

Bases de farce 29
    A. Les panades 32
    B. Les mousses 34
Différentes pâtes pour enrober les pâtés 35

III. Sauces et salades d'accompagnement

Sauces pour pâtés, terrines et galantines 45
Quelques petites salades d'accompagnement 63

IV. Les pâtés, terrines et galantines

Recettes à base de légumes 75
Recettes à base de poissons et crustacés 107
Recettes à base de volaille et lapin 155
Recettes à base de gibier 205
Recettes à base de viande 259
Recettes à base d'abats 305
Recettes de foie gras 325

Table des recettes de base, des sauces et
    des salades d'accompagnement 337
Index alphabétique des recettes par catégories 341
Index des recettes par ordre alphabétique 345

DÉJA PARU:
Le Barbecue
La Pizza
Les Fondues

À PARAÎTRE:
Les Entrées chaudes et froides
Salades et vinaigrettes

Ouvrages parus chez les éditeurs du groupe Sogides

ANIMAUX

* **Art du dressage, L',** Chartier Gilles
Bien nourrir son chat, D'Orangeville Christian
Cheval, Le, Leblanc Michel
Chien dans votre vie, Le, Margolis Matthew et Swan Marguerite
* **Éducation du chien de 0 à 6 mois, L',** DeBuyser Dr Colette et Dr Dehasse Joël
Encyclopédie des oiseaux, Godfrey W. Earl
Mammifères de mon pays, Duchesnay St-Denis J. et Dumais Rolland
* **Mon chat, le soigner le guérir,** D'Orangeville Christian
Observations sur les mammifères, Provencher Paul
Papillons du Québec, Veilleux Christian et Prévost Bernard

Petite ferme, T. 1, Les animaux, Trait Jean-Claude
Vous et votre berger allemand, Eylat Martin
Vous et votre caniche, Shira Sav
Vous et votre chat de gouttière, Gadi Sol
Vous et votre chow-chow, Pierre Boistel
Vous et votre husky, Eylat Martin
Vous et votre labrador, Van Der Heyden Pierre
Vous et vos oiseaux de compagnie, Huard-Viau Jacqueline
Vous et votre persan, Gadi Sol
Vous et votre setter anglais, Eylat Martin
Vous et vos poissons d'aquarium, Ganiel Sonia
Vous et votre siamois, Eylat Odette

ARTISANAT/ARTS MÉNAGERS

Appareils électro-ménagers, Prentice-Hall of Canada
* **Art du pliage du papier,** Harbin Robert
Artisanat québécois, T. 1, Simard Cyril
Artisanat québécois, T. 2, Simard Cyril
Artisanat québécois, T. 3, Simard Cyril
Bon Fignolage, Le, Arvisais Dolorès A.
Coffret artisanat, Simard Cyril
Comment aménager une salle
Comment utiliser l'espace
Construire sa maison en bois rustique, Mann D. et Skinulis R.
Crochet Jacquard, Le, Thérien Brigitte
Cuir, Le, Saint-Hilaire Louis et Vogt Walter

Décapage-rembourrage
Décoration intérieure, La,
Dentelle, T. 1, La, De Seve Andrée-Anne
Dentelle, T. 2, La, De Seve Andrée-Anne
Dessiner et aménager son terrain, Prentice-Hall of Canada
Encyclopédie de la maison québécoise, Lessard Michel
Encyclopédie des antiquités, Lessard Michel
Entretenir et embellir sa maison, Prentice-Hall of Canada

Entretien et réparation de la maison, Prentice-Hall of Canada
Guide du chauffage au bois, Flager Gordon
J'apprends à dessiner, Nash Joanna
J'isole mieux, Eakes Jon
Je décore avec des fleurs, Bassili Mimi
Mécanique de mon auto, La, Time-Life Book
Menuiserie, La, Prentice-Hall of Canada
* Noeuds, Les, Shaw George Russell

Outils manuels, Les, Prentice-Hall of Canada
Petits appareils électriques, Prentice-Hall of Canada
Piscines, barbecues et patio
Terre cuite, Fortier Robert
Tissage, Le, Grisé-Allard Jeanne et Galarneau Germaine
Tout sur le macramé, Harvey Virginia L.
Trucs ménagers, Godin Lucille
Vitrail, Le, Bettinger Claude

ART CULINAIRE

À table avec soeur Angèle, Soeur Angèle
Art d'apprêter les restes, L', Lapointe Suzanne
* Art de la cuisine chinoise, L', Chan Stella
Art de la table, L', Du Coffre Marguerite
Barbecue, Le, Dard Patrice
Bien manger à bon compte, Gauvin Jocelyne
Boîte à lunch, La, Lambert-Lagacé Louise
Brunches & petits déjeuners en fête, Bergeron Yolande
Cheddar, Le, Clubb Angela
Cocktails & punchs au vin, Poister John
Cocktails de Jacques Normand, Normand Jacques
Coffret la cuisine
Confitures, Les, Godard Misette
Congélation de A à Z, La, Hood Joan
* Congélation des aliments, Lapointe Suzanne
* Conserves, Les, Sansregret Berthe
Cornichons, Ketchups et Marinades, Chesman Andrea
* Cuisine au wok, Solomon Charmaine
Cuisine chinoise, La, Gervais Lizette
Cuisine de Pol Martin, Martin Pol
Cuisine facile aux micro-ondes, Saint--Amour Pauline
Cuisine joyeuse de soeur Angèle, La, Soeur Angèle
* Cuisine micro-ondes, La, Benoit Jehane
Cuisine santé pour les aînés, Hunter Denyse

Cuisiner avec le four à convection, Benoit Jehane
Cuisinez selon le régime Scarsdale, Corlin Judith
* Faire son pain soi-même, Murray Gill Janice
Faire son vin soi-même, Beaucage André
* Fondues & flambées de maman Lapointe, Lapointe Suzanne
Fondues, Les, Dard Patrice
Guide canadien des viandes, Le, App. & Services Canada
* Guide complet du barman, Normand Jacques
Muffins, Les, Clubb Angela
* Nouvelle cuisine micro-ondes, La, Marchand Marie-Paul et Grenier Nicole
Nouvelle cuisine micro-ondes II, La, Marchand Marie-Paul, Grenier Nicole
Pâtes à toutes les sauces, Les, Lapointe Lucette
Pâtisserie, La, Bellot Maurice-Marie
Pizza, La, Dard Patrice
Poissons et fruits de mer, Sansregret Berthe
Recettes au blender, Huot Juliette
Recettes canadiennes de Laura Secord, Canadian Home Economics Association
Recettes de gibier, Lapointe Suzanne
Recettes de maman Lapointe, Les, Lapointe Suzanne
Recettes Molson, Beaulieu Marcel
Robot culinaire, Le, Martin Pol
Salades, sandwichs, hors-d'oeuvre, Martin Pol

BIOGRAPHIES POPULAIRES

Boy George, Ginsberg Merle
Daniel Johnson, T. 1, Godin Pierre
Daniel Johnson, T. 2, Godin Pierre
Daniel Johnson — Coffret, Godin Pierre
Duplessis, T. 1 — L'ascension, Black Conrad
Duplessis, T. 2 — Le pouvoir, Black Conrad
Duplessis — Coffret, Black Conrad
Dynastie des Bronfman, La, Newman Peter C.

Establishment canadien, L', Newman Peter C.
Frère André, Le, Lachance Micheline
Mastantuono, Mastantuono Michel
Maurice Richard, Pellerin Jean
Mulroney, Macdonald L.I.
Nouveaux Riches, Les, Newman Peter C.
Prince de l'église, Le, Lachance Micheline
Saga des Molson, La, Woods Shirley

DIÉTÉTIQUE

Contrôlez votre poids, Ostiguy Dr Jean-Paul
* Cuisine sage, Lambert-Lagacé Louise
Diététique dans la vie quotidienne, Lambert-Lagacé Louise
* Maigrir en santé, Hunter Denyse
* Menu de santé, Lambert-Lagacé Louise
Nouvelle cuisine santé, Hunter Denyse
Oubliez vos allergies et... bon appétit, Association de l'information sur les allergies
Petite & grande cuisine végétarienne, Bédard Manon

Plan d'attaque Weight Watchers, Le, Nidetch Jean
Recettes pour aider à maigrir, Ostiguy Dr Jean-Paul
* Régimes pour maigrir, Beaudoin Marie-Josée
Sage Bouffe de 2 à 6 ans, La, Lambert-Lagacé Louise
Weight Watchers — cuisine rapide et savoureuse, Weight Watchers
Weight Watchers-agenda 85 — Français, Weight Watchers
Weight Watchers-Agenda 85 — Anglais, Weight Watchers

DIVERS

Chaînes stéréophoniques, Les, Poirier Gilles
Chômage: mode d'emploi, Limoges Jacques
Conseils aux inventeurs, Robic Raymond
Protégeons-nous, Trebilcock Michael et Mcneil Patricia

Roulez sans vous faire rouler, T. 3, Edmonston Philippe
Savoir vivre d'aujourd'hui, Fortin Jacques Marcelle
Temps des fêtes au Québec, Le, Montpetit Raymond
Tenir maison, Gaudet-Smet Françoise
Votre système vidéo, Boisvert Michel, Lafrance André A.

ENFANCE

* Aider son enfant en maternelle, Pedneault-Pontbriand Louise
* Aidez votre enfant à lire et à écrire, Doyon-Richard Louise
Aidez votre enfant à lire et à écrire, Doyon-Richard Louise
Alimentation futures mamans, Gougeon Réjeanne et Sekely Trude
Années clés de mon enfant, Les, Caplan Frank et Theresa
* Autorité des parents dans la famille, Rosemond John K.
Avoir des enfants après 35 ans, Robert Isabelle
Comment amuser nos enfants, Stanké Louis

* Comment nourrir son enfant, Lambert-Lagacé Louise
Deuxième année de mon enfant, La, Caplan Frank et Theresa
* Développement psychomoteur du bébé, Calvet Didier
Douze premiers mois de mon enfant, Les, Caplan Frank
* En attendant notre enfant, Pratte-Marchessault Yvette
* Encyclopédie de la santé de l'enfant, Feinbloom Richard I.
Enfant stressé, L', Elkind David
Enfant unique, L', Peck Ellen
Femme enceinte, La, Bradley Robert A.

Fille ou garçon, Langendoen Sally, Proctor William
* Frères-soeurs, Mcdermott Dr John F. Jr.
Futur père, Pratte-Marchessault Yvette
* Jouons avec les lettres, Doyon-Richard Louise
* Langage de votre enfant, Le, Langevin Claude
Maman et son nouveau-né, La, Sekely Trude
* Massage des bébés, Le, Auckette Amélia D.
Merveilleuse histoire de la naissance, La, Gendron Dr Lionel
Mon enfant naîtra-t-il en bonne santé?, Scher Jonathan, Dix Carol

Pour bébé, le sein ou le biberon?, Pratte-Marchessault Yvette
Pour vous future maman, Sekely Trude
Préparez votre enfant à l'école, Doyon-Richard Louise
* Psychologie de l'enfant, Cholette-Pérusse Françoise
Secret du paradis, Le, Stolkowski Joseph
* Tout se joue avant la maternelle, Ibuka Masaru
Un enfant naît dans la chambre de naissance, Fortin Nolin Louise
Viens jouer, Villeneuve Michel José
Vivez sereinement votre maternité, Vellay Dr Pierre
Vivre une grossesse sans risque, Fried, Dr Peter A.

ÉSOTÉRISME

Coffret — Passé — Présent — Avenir
Graphologie, La, Santoy Claude
Hypnotisme, L', Manolesco Jean
* Interprétez vos rêves, Stanké Louis
* Lignes de la main, Stanké Louis
Lire dans les lignes de la main, Morin Michel

Prévisions astrologiques 1985, Hirsig Huguette
Vos rêves sont des miroirs, Cayla Henri
* Votre avenir par les cartes, Stanké Louis

HISTOIRE

Arrivants, Les, Collectif

Ramsès II, le pharaon triomphant, Kitchen K.A.

INFORMATIQUE

* Découvrir son ordinateur personnel, Faguy François

Guide d'achat des micro-ordinateurs, Le Blanc Pierre

JARDINAGE

Arbres, haies et arbustes, Pouliot Paul
Culture des fleurs, des fruits, Prentice-Hall of Canada
Encyclopédie du jardinier, Perron W.H.
Guide complet du jardinage, Wilson Charles

Petite ferme, T. 2 — Jardin potager, Trait Jean-Claude
Plantes d'intérieur, Les, Pouliot Paul
Techniques du jardinage, Les, Pouliot Paul
* Terrariums, Les, Kayatta Ken

JEUX & DIVERTISSEMENTS

Améliorons notre bridge, Durand Charles
* Bridge, Le, Beaulieu Viviane
Clés du scrabble, Les, Sigal Pierre A.
Collectionner les timbres, Taschereau Yves
* Dictionnaire des mots croisés, noms communs, Lasnier Paul
* Dictionnaire des mots croisés, noms propres, Piquette Robert

* Dictionnaire raisonné des mots croisés, Charron Jacqueline
Finales aux échecs, Les, Santoy Claude
Jeux de société, Stanké Louis
* Jouons ensemble, Provost Pierre
* Ouverture aux échecs, Coudari Camille
Scrabble, Le, Gallez Daniel
Techniques du billard, Morin Pierre
* Voir clair aux échecs, Tranquille Henri

LINGUISTIQUE

Améliorez votre français, Laurin Jacques

* **Anglais par la méthode choc, L',** Morgan Jean-Louis

Corrigeons nos anglicismes, Laurin Jacques

* **J'apprends l'anglais,** Silicani Gino

Notre français et ses pièges, Laurin Jacques

Petit dictionnaire du joual, Turenne Auguste

Secrétaire bilingue, La, Lebel Wilfrid

Verbes, Les, Laurin Jacques

LIVRES PRATIQUES

Bonnes idées de maman Lapointe, Les, Lapointe Lucette

Temps c'est de l'argent, Le, Davenport Rita

MUSIQUE ET CINÉMA

Wolfgang Amadeus Mozart raconté en 50 chefs-d'oeuvre, Roussel Paul

* **Belles danses, Les,** Dow Allen
* **Guitare, La,** Collins Peter

NOTRE TRADITION

Coffret notre tradition

Écoles de rang au Québec, Les, Dorion Jacques

Encyclopédie du Québec, T. 1, Landry Louis

Encyclopédie du Québec, T. 2, Landry Louis

Histoire de la chanson québécoise, L'Herbier Benoît

Maison traditionnelle, La, Lessard Micheline

Moulins à eau de la vallée du Saint-Laurent, Adam Villeneuve

Objets familiers de nos ancêtres, Genet Nicole

Vive la compagnie, Daigneault Pierre

OUVRAGES DE RÉFÉRENCE

Acheter ou vendre sa maison, Brisebois Lucille

Acheter et vendre sa maison ou son condominium, Brisebois Lucille

Bourse, La, Brown Mark

Choix de carrières, T. 1, Milot Guy

Choix de carrières, T. 2, Milot Guy

Choix de carrières, T. 3, Milot Guy

Comment rédiger son curriculum vitae, Brazeau Julie

Dictionnaire économique et financier, Lafond Eugène

Faire son testament soi-même, Me Poirier Gérald et Lescault Nadeau Martine (notaire)

Faites fructifier votre argent, Zimmer Henri B.

Je cherche un emploi, Brazeau Julie

Loi et vos droits, La, Marchand Paul-Émile

Règles d'or de la vente, Les, Kahn George N.

Stratégies de placements, Nadeau Nicole

Vente, La, Hopkins Tom

PHOTOGRAPHIE (ÉQUIPEMENT ET TECHNIQUE)

* **Apprenez la photographie avec Antoine Desilets,** Desilets Antoine

Chasse photographique, La, Coiteux Louis

8/Super 8/16, Lafrance André

Initiation à la Photographie-Canon, London Barbara

Initiation à la Photographie-Minolta, London Barbara

Initiation à la Photographie-Nikon, London Barbara

Initiation à la Photographie-Olympus, London Barbara

Initiation à la Photographie-Pentax, London Barbara

Initiation à la photographie, London Barbara

* **Je développe mes photos,** Desilets Antoine
* **Je prends des photos,** Desilets Antoine
* **Photo à la portée de tous,** Desilets Antoine

Photo guide, Desilets Antoine

* **Technique de la photo, La,** Desilets Antoine

PSYCHOLOGIE

Âge démasqué, L', De Ravinel Hubert
* Aider mon patron à m'aider, Houde Eugène
* Amour de l'exigence à la préférence, Auger Lucien
Au-delà de l'intelligence humaine, Pouliot Élise
Auto-développement, L', Garneau Jean
Bonheur au travail, Le, Houde Eugène
Bonheur possible, Le, Blondin Robert
Chimie de l'amour, La, Liebowitz Michael
* Coeur à l'ouvrage, Le, Lefebvre Gérald
Coffret psychologie moderne
Colère, La, Tavris Carol
* Comment animer un groupe, Office Catéchèse
* Comment avoir des enfants heureux, Azerrad Jacob
* Comment déborder d'énergie, Simard Jean-Paul
Comment vaincre la gêne, Catta Rene-Salvator
* Communication et épanouissement personnel, Auger Lucien
* Communication dans le couple, La, Granger Luc
Comprendre la névrose et aider les névrosés, Ellis Albert
* Contact, Zunin Nathalie
* Courage de vivre, Le, Kiev Docteur A.
Courage et discipline au travail, Houde Eugène
Dynamique des groupes, Aubry J.-M. et Saint-Arnaud Y.
Élever des enfants sans perdre la boule, Auger Lucien
* Émotivité et efficacité au travail, Houde Eugène
* Être soi-même, Corkille Briggs, D.
* Facteur chance, Le, Gunther Max
* Fantasmes créateurs, Les, Singer Jérôme
* J'aime, Saint-Arnaud Yves
Journal intime intensif, Progoff Ira
* Mise en forme psychologique, Corrière Richard

* Parle-moi... J'ai des choses à te dire, Salome Jacques
Penser heureux, Auger Lucien
* Personne humaine, La, Saint-Arnaud Yves
* Première impression, La, Kleinke Chris, L.
Prévenir et surmonter la déprime, Auger Lucien
* Psychologie dans la vie quotidienne, Blank Dr Léonard
* Psychologie de l'amour romantique, Braden docteur N.
* Qui es-tu grand-mère? Et toi grand-père?, Eylat Odette
* S'affirmer & communiquer, Beaudry Madeleine
* S'aider soi-même, Auger Lucien
* S'aider soi-même davantage, Auger Lucien
* S'aimer pour la vie, Wanderer Dr Zev
* Savoir organiser, savoir décider, Lefebvre Gérald
* Savoir relaxer et combattre le stress, Jacobson Dr Edmund
* Se changer, Mahoney Michael
* Se comprendre soi-même par des tests, Collectif
* Se concentrer pour être heureux, Simard Jean-Paul
Se connaître soi-même, Artaud Gérard
* Se contrôler par biofeedback, Ligonde Paultre
* Se créer par la Gestalt, Zinker Joseph
* S'entraider, Limoges Jacques
* Se guérir de la sottise, Auger Lucien
Séparation du couple, La, Weiss Robert S.
Sexualité au bureau, La, Horn Patrice
Tendresse, La, Wölfl Norbert
* Vaincre ses peurs, Auger Lucien
Vivre à deux: plaisir ou cauchemar, Duval Jean-Marie
* Vivre avec sa tête ou avec son coeur, Auger Lucien
Vivre c'est vendre, Chaput Jean-Marc
* Vivre jeune, Waldo Myra
* Vouloir c'est pouvoir, Hull Raymond

ROMANS/ESSAIS

Adieu Québec, Bruneau André
Bien-pensants, Les, Berton Pierre
Bousille et les justes, Gélinas Gratien
Coffret Establishment canadien, Newman Peter C.
Coffret Joey

C.P., Susan Goldenberg
Commettants de Caridad, Les, Thériault Yves
Deux innocents en Chine Rouge, Hébert Jacques
Dome, Jim Lyon

Emprise, L', Brulotte Gaétan
IBM, Sobel Robert
Insolences du Frère Untel, Les, Untel Frère
ITT, Sobel Robert
J'parle tout seul, Coderre Émile
Lamia, Thyrand de Vosjoli P.L.
Mensonge amoureux, Le, Blondin Robert

Nadia, Aubin Benoît
Oui, Lévesque René
Premiers sur la lune, Armstrong Neil
Telle est ma position, Mulroney Brian
Terrorisme québécois, Le, Morf Gustave
Un doux équilibre, King Annabelle
Vrai visage de Duplessis, Le, Laporte Pierre

SANTÉ ET ESTHÉTIQUE

Allergies, Les, Delorme Dr Pierre
Art de se maquiller, L', Moizé Alain
* **Bien vivre sa ménopause**, Gendron Dr Lionel
Bronzer sans danger, Doka Bernadette
* **Cellulite, La**, Ostiguy Dr Jean-Paul
Cellulite, La, Léonard Dr Gérard J.
Exercices pour les aînés, Godfrey Dr Charles, Feldman Michael
Face lifting par l'exercice, Le, Runge Senta Maria
Grandir en 100 exercices, Berthelet Pierre
* **Guérir ses maux de dos**, Hall Dr Hamilton
Médecine esthétique, La, Lanctot Guylaine
Obésité et cellulite, enfin la solution, Léonard Dr Gérard J.
Santé, un capital à préserver, Peeters E.G.
Travailler devant un écran, Feeley, Dr Helen
Coffret 30 jours
30 jours pour avoir de beaux cheveux, Davis Julie

30 jours pour avoir de beaux ongles, Bozic Patricia
30 jours pour avoir de beaux seins, Larkin Régina
30 jours pour avoir de belles cuisses, Stehling Wendy
30 jours pour avoir de belles fesses, Cox Déborah
30 jours pour avoir un beau teint, Zizmor Dr Jonathan
30 jours pour cesser de fumer, Holland Gary, Weiss Herman
30 jours pour mieux organiser, Holland Gary
30 jours pour perdre son ventre, Burstein Nancy
30 jours pour perdre son ventre (homme), Matthews Roy, Burnstein Nancy
30 jours pour redevenir un couple amoureux, Nida Patricia K., Cooney Kevin
30 jours pour un plus grand épanouissement sexuel, Schneider Alan, Laiken Deidre

SEXOLOGIE

Adolescente veut savoir, L', Gendron Lionel
Fais voir, Fleischhaner H.
Guide illustré du plaisir sexuel, Corey Dr Robert E.
Helga, Bender Erich F.
Plaisir partagé, Le, Gary-Bishop Hélène

* **Première expérience sexuelle, La**, Gendron Lionel
* **Sexe au féminin, Le**, Kerr Carmen
* **Sexualité du jeune adolescent**, Gendron Lionel
* **Sexualité dynamique, La**, Lefort Dr Paul
* **Shiatsu et sensualité**, Rioux Yuki

SPORTS

Collection sport: dirigée par **LOUIS ARPIN**
100 trucs de billard, Morin Pierre
5BX Le programme pour être en forme
Apprenez à patiner, Marcotte Gaston
Arc et la Chasse, L, Guardo Greg
* **Armes de chasse, Les**, Petit Martinon Charles
* **Badminton, Le**, Corbeil Jean
* **Canoe-kayak, Le**, Ruck Wolf

* **Carte et boussole**, Kjellstrom Bjorn
* **Chasse au petit gibier, La**, Paquet Yvon-Louis
Chasse et gibier du Québec, Bergeron Raymond
Chasseurs sachez chasser, Lapierre Lucie

* **Comment se sortir du trou au golf,** Brien Luc
* **Comment vivre dans la nature,** Rivière Bill
* **Corrigez vos défauts au golf,** Bergeron Yves
Devenir gardien de but au hockey, Allaire François
Encyclopédie de la chasse au Québec, Leiffet Bernard
Entraînement, poids-haltères, L', Ryan Frank
Exercices à deux, Gregor Carol
Golf au féminin, Le, Bergeron Yves
Grand livre des sports, Le, Le groupe Diagram
Guide complet du judo, Arpin Louis
* **Guide complet du self-defense,** Arpin Louis
Guide d'achat de l'équipement de tennis, Chevalier Richard, Gilbert Yvon
* **Guide de survie de l'armée américaine**
Guide des jeux scouts, Association des scouts
Guide du judo au sol, Arpin Louis
Guide du self-defense, Arpin Louis
Guide du trappeur, Le, Provencher Paul
Hatha yoga, Piuze Suzanne
* **J'apprends à nager,** Lacoursière Réjean
* **Jogging, Le,** Chevalier Richard
Jouez gagnant au golf, Brien Luc
Larry Robinson, le jeu défensif, Robinson Larry
Lutte olympique, La, Sauvé Marcel
* **Manuel de pilotage,** Transports Canada
* **Marathon pour tous,** Anctil Pierre
* **Médecine sportive,** Mirkin Dr Gabe
Mon coup de patin, Wild John
* **Musculation pour tous,** Laferrière Serge
Natation de compétition, La, Lacoursière Réjean
Partons en camping, Satterfield Archie, Bauer Eddie

Partons sac au dos, Satterfield Archie, Bauer Eddie
Passes au hockey, Les, Champleau Claude
Pêche au Québec, La, Chamberland Michel
Pêche à la mouche, La, Marleau Serge
Pêche à la mouche, Vincent Serge-J.
* **Planche à voile, La,** Maillefer Gérald
* **Programme XBX,** Aviation Royale du Canada
Provencher, le dernier coureur des bois, Provencher Paul
Racquetball, Corbeil Jean
Racquetball plus, Corbeil Jean
Raquette, La, Osgoode William
* **Règles du golf, Les,** Bergeron Yves
Rivières et lacs canotables, Fédération québécoise du canot-camping
* **S'améliorer au tennis,** Chevalier Richard
Secrets du baseball, Les, Raymond Claude
Ski de fond, Le, Caldwell John
Ski de fond, Le, Roy Benoît
* **Ski de randonnée, Le,** Corbeil Jean
Soccer, Le, Schwartz Georges
* **Sport, santé et nutrition,** Ostiguy Dr Jean
Stratégie au hockey, Meagher John W.
Surhommes du sport, Les, Desjardins Maurice
* **Taxidermie, La,** Labrie Jean
Techniques du billard, Morin Pierre
* **Technique du golf,** Brien Luc
Techniques du hockey en URSS, Dyotte Guy
* **Techniques du tennis,** Ellwanger
* **Tennis, Le,** Roch Denis
Tous les secrets de la chasse, Chamberland Michel
Vivre en forêt, Provencher Paul
Voie du guerrier, La, Di Villadorata
Yoga des sphères, Le, Leclerq Bruno

ANIMAUX

Guide du chat et de son maître, Laliberté Robert
Guide du chien et de son maître, Laliberté Robert

Poissons de nos eaux, Melançon Claude

ART CULINAIRE ET DIÉTÉTIQUE

Armoire aux herbes, L', Mary Jean
Breuvages pour diabétiques, Binet Suzanne
Cuisine du jour, La, Pauly Robert
Cuisine sans cholestérol, Boudreau-Pagé
Desserts pour diabétiques, Binet Suzanne
Jus de santé, Les, Brunet Jean-Marc

Mangez ce qui vous chante, Pearson Dr Leo
Mangez, réfléchissez et devenez svelte, Kothkin Leonid
Nutrition de l'athlète, Brunet Jean-Marc
Recettes Soeur Berthe — été, Sansregret soeur Berthe
Recettes Soeur Berthe — printemps, Sansregret soeur Berthe

ARTISANAT/ARTS MÉNAGERS

Décoration, La, Carrier Diane
Diagrammes de courtepointes, Faucher Lucille
Douze cents nouveaux trucs, Grisé-Allard Jeanne

Encore des trucs, Grisé-Allard Jeanne
Mille trucs madame, Grisé-Allard Jeanne
Toujours des trucs, Grisé-Allard Jeanne

DIVERS

Administrateur de la prise de décision, L', Filiatreault P., Perreault, Y.G.
Administration, développement, Laflamme Marcel
Assemblées délibérantes, Béland Claude
Assoiffés du crédit, Les, Féd. des A.C.E.F.
Baie James, La, Bourassa Robert
Bien s'assurer, Boudreault Carole
Cent ans d'injustice, Hertel François
Ces mains qui vous racontent, Boucher André-Pierre
550 métiers et professions, Charneux Helmy
Coopératives d'habitation, Les, Leduc Murielle
Dangers de l'énergie nucléaire, Les, Brunet Jean-Marc
Dis papa c'est encore loin, Corpatnauy Francis
Dossier pollution, Chaput Marcel
Énergie aujourd'hui et demain, De Martigny François
Entreprise, le marketing et, L', Brousseau

Forts de l'Outaouais, Les, Dunn Guillaume
Grève de l'amiante, La, Trudeau Pierre
Guide de l'aventure, Bertolino Nicole et Daniel
Hiérarchie ethnique dans la grande entreprise, Rainville Jean
Impossible Québec, Brillant Jacques
Initiation au coopératisme, Béland Claude
Julius Caesar, Roux Jean-Louis
Lapokalipso, Duguay Raoul
Lune de trop, Une, Gagnon Alphonse
Manifeste de l'infonie, Duguay Raoul
Mouvement coopératif québécois, Deschêne Gaston
Obscénité et liberté, Hébert Jacques
Philosophie du pouvoir, Blais Martin
Pourquoi le bill 60, Gérin-Lajoie P.
Stratégie et organisation, Desforges Jean, Vianney C.
Trois jours en prison, Hébert Jacques
Vers un monde coopératif, Davidovic Georges
Vivre sur la terre, St-Pierre Hélène
Voyage à Terre-Neuve, De Gébineau comte

ENFANCE

Aidez votre enfant à choisir, Simon Dr Sydney B.
Deux caresses par jour, Minden Harold
* **Enseignants efficaces,** Gordon Thomas
Être mère, Bombeck Erma

Parents efficaces, Gordon Thomas
Parents gagnants, Nicholson Luree
Psychologie de l'adolescent, Pérusse-Cholette Françoise
1500 prénoms et significations, Grisé Allard J.

ÉSOTÉRISME

* **Astrologie et la sexualité, L'**, Justason Barbara
Astrologie et vous, L', Boucher André-Pierre
* **Astrologie pratique, L'**, Reinicke Wolfgang
Faire sa carte du ciel, Filbey John
* **Géomancie, La**, Hamaker Karen
Grand livre de la cartomancie, Le, Von Lentner G.
* **Grand livre des horoscopes chinois, Le**, Lau Theodora
Graphologie, La, Cobbert Anne

* **Horoscope et énergie psychique**, Hamaker-Zondag
Horoscope chinois, Del Sol Paula
Lu dans les cartes, Jones Marthy
* **Pendule et baguette**, Kirchner Georg
* **Pratique du tarot, La**, Thierens E.
Preuves de l'astrologie, Comiré André
Qui êtes-vous? L'astrologie répond, Tiphaine
Synastrie, La, Thornton Penny
Traité d'astrologie, Hirsig Huguette
Votre destin par les cartes, Dee Nerys

HISTOIRE

Administration en Nouvelle-France, L', Lanctot Gustave
Crise de la conscription, La, Laurendeau André
Histoire de Rougemont, Bédard Suzanne
Lutte pour l'information, La, Godin Pierre

Mémoires politiques, Chaloult René
Rébellion de 1837, Saint-Eustache, Globensky Maximilien
Relations des Jésuites T. 2
Relations des Jésuites T. 3
Relations des Jésuites T. 4
Relations des Jésuites T. 5

JEUX & DIVERTISSEMENTS

Backgammon, Lesage Denis

LINGUISTIQUE

Des mots et des phrases, T. 1, Dagenais Gérard
Des mots et des phrases, T. 2, Dagenais Gérard

Joual de Troie, Marcel Jean

NOTRE TRADITION

Ah mes aïeux, Hébert Jacques

Lettre à un Français qui veut émigrer au Québec, Dubuc Carl

OUVRAGES DE RÉFÉRENCE

Règles d'or de la vente, Les, Kahn George N.

PSYCHOLOGIE

* **Adieu**, Halpern Dr Howard
* **Agressivité créatrice**, Bach Dr George
* **Aimer son prochain comme soi-même**, Murphy Joseph
* **L'Anti-stress**, Eylat Odette
Arrête! tu m'exaspères, Bach Dr George
Art d'engager la conversation et de se faire des amis, L', Gabor Don
* **Art d'être égoïste, L'**, Kirschner Josef
* **Art de convaincre, L'**, Ryborz Heinz
* **Au centre de soi**, Gendlin Dr Eugène

* **Auto-hypnose, L'**, Le Cron M. Leslie
Autre femme, L', Sevigny Hélène
* **Bien dans sa peau grâce à la technique Alexander**, Stransky Judith
Ces vérités vont changer votre vie, Murphy Joseph
Chemin infaillible du succès, Le, Stone W. Clément
Clefs de la confiance, Les, Gibb Dr Jack
Comment aimer vivre seul, Shanon Lynn

* **Comment devenir des parents doués,** Lewis David
* **Comment dominer et influencer les autres,** Gabriel H.W.
Comment s'arrêter de fumer, Mc Farland J. Wayne
* **Comment vaincre la timidité en amour,** Weber Éric
Contacts en or avec votre clientèle, Sapin Gold Carol
* **Contrôle de soi par la relaxation,** Marcotte Claude
Couple homosexuel, Le, McWhirter David P., Mattison Andrew M.
Découvrez l'inconscient par la parapsychologie, Ryzl Milan
* **Devenir autonome,** St-Armand Yves
* **Dire oui à l'amour,** Buscaglia Léo
Enfants du divorce se racontent, Les, Robson Bonnie
* **Ennemis intimes,** Bach Dr George
Espaces intérieurs, Les, Eisenberg Dr Howard
États d'esprit, Glasser Dr William
* **Être efficace,** Hanot Marc
Être homme, Goldberg Dr Herb
* **Fabriquer sa chance,** Gittenson Bernard
Famille moderne et son avenir, La, Richards Lyn
Gagner le match, Gallwey Timothy
Gestalt, La, Polster Erving
Guide de l'urgence-stress, Reuben Dr David
Guide du succès, Le, Hopkins Tom
L'Harmonie, une poursuite du succès, Vincent Raymond
* **Homme au dessert, Un,** Friedman Sonya
* **Homme nouveau, L',** **Bodymind,** Dychtwald Ken
* **Jouer le tout pour le tout,** Frederick Carl
Maigrir sans obsession, Orbach Susie
Maîtriser la douleur, Bogin Meg
Maîtriser son destin, Kirschner Josef
Manifester son affection, Bach Dr George
* **Mémoire, La,** Loftus Elizabeth
* **Mémoire à tout âge, La,** Dereskey Ladislaus
* **Mère et fille,** Horwick Kathleen
* **Miracle de votre esprit,** Murphy Joseph
* **Mort et après, La,** Ryzl Milan
* **Négocier entre vaincre et convaincre,** Warschaw Dr Tessa
Nouvelles Relations entre hommes et femmes, Goldberg Herb

* **On n'a rien pour rien,** Vincent Raymond
* **Oracle de votre subconscient,** Murphy Joseph
Paradigme holographique, Le, Wilber Ken
Parapsychologie, La, Ryzl Milan
* **Parlez pour qu'on vous écoute,** Brien Micheline
* **Partenaires,** Bach Dr George
Passion du succès, La, Vincent Raymond
* **Pensée constructive et bon sens,** Vincent Dr Raymond
* **Penser mieux,** Lewis Dr David
Personnalité, La, Buscaglia Léo
Personne n'est parfait, Weisinger Dr H.
Pourquoi ne pleures-tu pas?, Yahraes Herbert, McKnew Donald H. Jr., Cytryn Leon
Pouvoir de votre cerveau, Le, Brown Barbara
Prospérité, La, Roy Maurice
* **Psy-jeux,** Masters Robert
* **Puissance de votre subconscient, La,** Murphy Dr Joseph
* **Qui veut peut,** Sher Barbara
Reconquête de soi, La, Paupst Dr James C.
* **Réfléchissez et devenez riche,** Hill Napoléon
* **Réussir,** Hanot Marc
Rythmes de votre corps, Les, Weston Lee
Se vider dans la vie et au travail, Pines Ayala M.
* **Secrets de la communication,** Bandler Richard
* **Self-control,** Marcotte Claude
* **Succès par la pensée constructive, Le,** Hill Napoléon
Technostress, Brod Craig
* **Thérapies au féminin, Les,** Brunet Dominique
Tout ce qu'il y a de mieux, Vincent Raymond
Triomphez de vous-même et des autres, Murphy Dr Joseph
Vaincre la dépression par la volonté et l'action, Marcotte Claude
* **Vieillir en beauté,** Oberleder Muriel
* **Vivre c'est vendre,** Chaput Jean-Marc
* **Vivre heureux avec le strict nécessaire,** Kirschner Josef
Votre perception extra-sensorielle, Milan Dr Ryzl
* **Voyage vers la guérison,** Naranjo Claudio

ROMANS/ESSAIS

À la mort de mes 20 ans, Gagnon P.O.
Affrontement, L', Lamoureux Henri
Bois brûlé, Roux Jean-Louis
100 000e exemplaire, Le, Dufresne Jacques
C't'a ton tour Laura Cadieux, Tremblay Michel
Cité dans l'oeuf, La, Tremblay Michel
Coeur de la baleine bleue, Poulin Jacques
Coffret petit jour, Martucci Abbé Jean
Colin-Maillard, Hémon Louis
Contes pour buveurs attardés, Tremblay Michel
Contes érotiques indiens, Schwart Herbert
Crise d'octobre, Pelletier Gérard
Cyrille Vaillancourt, Lamarche Jacques
Desjardins Al., Homme au service, Lamarche Jacques
De Z à A, Losique Serge
Deux Millième étage, Le, Carrier Roch
D'Iberville, Pellerin Jean
Dragon d'eau, Le, Holland R.F.
Équilibre instable, L', Deniset Louis
Éternellement vôtre, Péloquin Claude
Femme d'aujourd'hui, La, Landsberg Michele
Femmes et politique, Cohen Yolande
Filles de joie et filles du roi, Lanctot Gustave

Floralie où es-tu, Carrier Roch
Fou, Le, Châtillon Pierre
Français langue du Québec, Le, Laurin Camille
Hommes forts du Québec, Weider Ben
Il est par là le soleil, Carrier Roch
J'ai le goût de vivre, Delisle Isabelle
J'avais oublié que l'amour, Doré-Joyal Yves
Jean-Paul ou les hasards de la vie, Bellier Marcel
Johnny Bungalow, Villeneuve Paul
Jolis Deuils, Carrier Roch
Lettres d'amour, Champagne Maurice
Louis Riel patriote, Bowsfield Hartwell
Louis Riel un homme à pendre, Osler E.B.
Ma chienne de vie, Labrosse Jean-Guy
Marche du bonheur, La, Gilbert Normand
Mémoires d'un Esquimau, Metayer Maurice
Mon cheval pour un royaume, Poulin J.
Neige et le feu, La, Baillargeon Pierre
N'Tsuk, Thériault Yves
Orphelin esclave de notre monde, Labrosse Jean
Oslovik fait la bombe, Oslovik
Parlez-moi d'humour, Hudon Normand
Scandale est nécessaire, Le, Baillargeon Pierre
Vivre en amour, Delisle Lapierre

SANTÉ

Alcool et la nutrition, L', Brunet Jean-Marc
Bruit et la santé, Le, Brunet Jean-Marc
Chaleur peut vous guérir, La, Brunet Jean-Marc
Échec au vieillissement prématuré, Blais J.
Greffe des cheveux vivants, Guy Dr
Guérir votre foie, Brunet Jean-Marc
Information santé, Brunet Jean-Marc
Libérez-vous de vos troubles, Saponaro Aldo
Magie en médecine, Silva Raymond

Maigrir naturellement, Lauzon Jean-Luc
Mort lente par le sucre, Duruisseau Jean-Paul
40 ans, âge d'or, Taylor Eric
Recettes naturistes pour arthritiques et rhumatisants, Cuillerier Luc
Santé de l'arthritique et du rhumatisant, Labelle Yvan
* Tao de longue vie, Le, Soo Chee
Vaincre l'insomnie, Filion Michel, Boisvert Jean-Marie, Melanson Danielle
Vos aliments sont empoisonnés, Leduc Paul

SEXOLOGIE

* Aimer les hommes pour toutes sortes de bonnes raisons, Nir Dr Yehuda
* Apprentissage sexuel au féminin, L', Kassorla Irene
* Comment faire l'amour à un homme, Penney Alexandra

* Comment faire l'amour à une femme, Morgenstern Michael
* Comment faire l'amour ensemble, Penney Alexandra
* Comment séduire les filles, Weber Éric

Dépression nerveuse et le corps, La, Lowen Dr Alexander

Drogues, Les, Boutot Bruno

* Femme célibataire et la sexualité, La, Robert M.

* Jeux de nuit, Bruchez Chantal

* Massage en profondeur, Le, Bélair Michel

Massage pour tous, Le, Morand Gilles

* Orgasme au féminin, L', L'heureux Christine

* Orgasme au masculin, L', Boutot Bruno

* Orgasme au pluriel, L', Boudreau Yves

Première fois, La, L'Heureux Christine

Rapport sur l'amour et la sexualité, Brecher Edward

Sexualité expliquée aux adolescents, La, Boudreau Yves

Sexualité expliquée aux enfants, La, Cholette Pérusse F.

SPORTS

Baseball-Montréal, Leblanc Bertrand

Chasse au Québec, Deyglun Serge

Chasse et gibier du Québec, Guardo Greg

Exercice physique pour tous, Bohemier Guy

Grande forme, Baer Brigitte

Guide des pistes cyclables, Guy Côté

Guide des rivières du Québec, Fédération canot-kayac

Lecture des cartes, Godin Serge

Offensive rouge, L', Boulonne Gérard

Pêche et coopération au Québec, Larocque Paul

Pêche sportive au Québec, Deyglun Serge

Raquette, La, Lortie Gérard

Santé par le yoga, Piuze Suzanne

Saumon, Le, Dubé Jean-Paul

Ski nordique de randonnée, Brady Michael

Technique canadienne de ski, O'Connor Lorne

Truite et la pêche à la mouche, La, Ruel Jeannot

Voile, un jeu d'enfants, La, Brunet Mario

ASTROLOGIE

Ciel de mon pays, Le, T. 1, Haley Louise   Ciel de mon pays, Le, T. 2, Haley Louise

BIOGRAPHIES

Papineau, De Lamirande Claire   Personne ne voudra savoir, Schirm François

DIVERS

Défi québécois, Le, Monnet François-Marie

Dieu est Dieu nom de Dieu, Clavel Maurice

Hybride abattu, L', Boissonnault Pierre

Montréal ville d'avenir, Roy Jean

Nouveau Canada à notre mesure, Matte René

Pour une économie du bon sens, Pelletier Mario

Québec et ses partenaires, A.S.D.E.Q.

Qui décide au Québec?, Ass. des économistes du Québec

15 novembre 76, Dupont Pierre

Relations du travail, Centre des dirigeants d'entreprise

Schabbat, Bosco Monique

Syndicats en crise, Les, Dupont Pierre

Tant que le monde s'ouvrira, Gagnon G.

Tout sur les p'tits journaux, Fontaine Mario

HISTOIRE

Canada — Les débuts héroïques, Creighton Donald

HUMOUR

Humour d'Aislin, L', Mosher Terry-Aislin

LINGUISTIQUE

Guide raisonné des jurons, Pichette Jean

NOTRE TRADITION

À diable-vent, Gauthier Chassé Hélène

Barbes-bleues, Les, Bergeron Bertrand

Bête à sept têtes, La, Légaré Clément

C'était la plus jolie des filles, Deschênes Donald

Contes de bûcherons, Dupont Jean-Claude

Corbeau du mont de la Jeunesse, Le, Desjardins Philémon

Menteries drôles et merveilleuses, Laforte Conrad

Oiseau de la vérité, L', Aucoin Gérald

Pierre La Fève, Légaré Clément

PSYCHOLOGIE

Esprit libre, L', Powell Robert

ROMANS/ESSAIS

Aaron, Thériault Yves

Aaron, 10/10, Thériault Yves

Agaguk, Thériault Yves

Agaguk, 10/10, Thériault Yves

Agénor, Agénor, Agénor et Agénor, Barcelo François

Ah l'amour, l'amour, Audet Noël

Amantes, Brossard Nicole

Après guerre de l'amour, L', Lafrenière J.

Aube, Hogue Jacqueline

Aventure de Blanche Morti, L', Beaudin Beaupré Aline

Beauté tragique, Robertson Heat

Belle épouvante, La, Lalonde Robert

Black Magic, Fontaine Rachel

Blocs erratiques, Aquin Hubert

Blocs erratiques, 10/10, Aquin Hubert

Bourru mouillé, Poupart Jean-Marie

Bousille et les justes, Gélinas Gratien

Bousille et les justes, 10/10, Gélinas Gratien

Carolie printemps, Lafrenière Joseph

Charles Levy M.D., Bosco Monique

Chère voisine, Brouillet Chrystine

Chère voisine, 10/10, Brouillet Chrystine

Chroniques du Nouvel-Ontario, Brodeur Hélène

Confessions d'un enfant, Lamarche Jacques

Corps vêtu de mots, Le, Dussault Jean

Coup de foudre, Brouillet Chrystine

Couvade, La, Baillie Robert

Cul-de-sac, 10/10, Thériault Yves

De mémoire de femme, Andersen Marguerite

Demi-Civilisés, Les, 10/10, Harvey Jean-Charles

Dernier havre, Le, 10/10, Thériault Yves

Dernière chaîne, La, Latour Chrystine

Des filles de beauté, Baillie Robert

Difficiles lettres d'amour, Garneau Jacques

Dix contes et nouvelles fantastiques, Collectif

Dix nouvelles humoristiques, Collectif

Dompteurs d'ours, Le, Thériault Yves

Double suspect, Le, Monette Madeleine

En eaux troubles, Bowering George

Entre l'aube et le jour, Brodeur Hélène

Entre temps, Marteau Robert

Entretiens avec O. Létourneau, Huot Cécile

Esclave bien payée, Une, Paquin Carole

Essai sur l'Hindouisme, Dussault Jean-Claude

Été de Jessica, Un, Bergeron Alain

Et puis tout est silence, Jasmin Claude

Été sans retour, L', Gevry Gérard

Faillite du Canada anglais, La, Genuist Paul

Faire sa mort comme faire l'amour, Turgeon Pierre

Faire sa mort comme faire l'amour, 10/10, Turgeon Pierre

Femme comestible, La, Atwood Margaret

Fille laide, La, Thériault Yves

Fille laide, La, 10/10, Thériault Yves

Fleur aux dents, La, Archambault Gilles

Fragiles lumières de la terre, Roy Gabrielle

French Kiss, Brossard Nicole

Fridolinades, T. 1 (45-46), Gélinas Gratien

Fridolinades, T. 2 (43-44), Gélinas Gratien

Fridolinades, T. 3 (41-42), Gélinas Gratien

Fuites & poursuites, Collectif

Gants jetés, Les, Martel Émile

Grand branle-bas, Le, Hébert Jacques

Grand Elixir, Le, De Lamirande Claire

Grand rêve de madame Wagner, Le, Lavigne Nicole

Histoire des femmes au Québec, Collectif Clio

Holyoke, Hébert François

Homme sous vos pieds, L', Gevry Gérard

Hubert Aquin, Lapierre René

Improbable autopsie, L', Paré Paul

Indépendance oui mais, Bergeron Gérard

IXE-13, Saurel Pierre

Jazzy, Doerkson Margaret

Je me veux, Lamarche Claude

Je tourne en rond mais c'est autour de toi, Beaulieu Michel

Laura Colombe, contes, Monfils Nadine

Liaison parisienne, Une, Blais Marie-Claire

Littérature et le reste, La, Marcotte Gilles

Livre, Un, Brossard Nicole

Livres de Hogg, Les, Callaghan Barry

Liv Ullmann Ingmar Bergman, Garfinkel Bernie

Long des paupières brunes, Le, Ross Rollande

Maîtresse d'école, La, Dessureault Guy

Manufacture de machines, La, Hébert Louis-Philippe

Manuscrit trouvé dans une valise, Hébert Louis-Philippe

Marquée au corps, Atwood Margaret

Mauvais frère, Le, Latour Christine

Mémoires de J.E. Bernier, Les, Terrien Paul

Mère des herbes, La, Marchessault, Jovette

Miroir persan, Le, Pavel Thomas

Mort après la mort, La, Bouchard Claude

Mort vive, La, Ouellette Fernand

Mur de Berlin P.Q., Le, Forest Jean

Mythe de Nelligan, Le, Laose Jean

Nourrice!... Nourrice!..., Forest Jean

Océan, L', suivi de Murmures, Blais Marie-Claire

Olives noires, Les, Dubé Danielle

Ombre derrière le coeur, Une, Bilodeau Camille

Orbe du désir, L', Dussault Jean

Ours, L', Engel Marian

Pan-cul, Le, Cayla Henri

Passe, La, Szucsany Désirée

Petites violences, Monette Madeleine

Philosophe-chat, Le, Savoie Roger

Pins parasols, Les, Archambault Gilles

Plaisirs de la mélancolie, Archambault Gilles

Pour une civilisation du plaisir, Dussault Jean

Première personne, La, 10/10, Turgeon Pierre

Première personne, La, Turgeon Pierre

Printemps peut attendre, Le, Dahan André

Prochainement sur cet écran, Turgeon Pierre

Québec sans le Canada, Le, Harbron John D.

Réformiste, Le, Godbout Jacques

Rendez-vous, Le, Hébert François

Représentation, La, Beaulieu Michel

Salut bonhomme, Dropaott Papartchou

Sauver le monde, Sanger Clyde

Scouine, La, Laberge Albert

Scouine, La, 10/10, Laberge Albert

Silences à voix haute, Harel Jean-Pierre

Simple soldat, Un, Dubé Marcel

Simple soldat, Un, 10/10, Dubé Marcel

Société de conservation, La, Gamma groupe

Sold Out, Brossard Nicole

Sortie d'elle-s mutante, Beaulieu Germaine

Surveillant, Le, Brulotte Gaétan

Sylvie Stone, Beaulieu Michel

Tayaout, 10/10, Thériault Yves

Temps du Carcajou, Le, 10/10, Thériault Yves

Tit-Coq, Gélinas Gratien

Tit-Coq, 10/10, Gélinas Gratien

Tout le portrait de sa mère, Latour Christine

Tout un été l'hiver, Beaudry Marguerite
Tragédie polaire, Svirsky Grigori
37 1/2AA, Leblanc Louise
Triangle brisé, Le, Latour Christine
Trois soeurs de personne, Les, Robert Suzanne
Tu regardais intensément Geneviève, Ouellette Fernand

Un, deux, trois, Turgeon Pierre
1 Place du Québec Paris VIe, Saint-Georges
Velue, La, Monfils Nadine
Vendeurs du temple, Les, Thériault Yves
Vulpera, Robert Suzanne

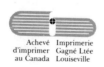

Achevé Imprimerie
d'imprimer Gagné Ltée
au Canada Louiseville